인간 삶과 교육

Human Life and Education (2nd ed.)

진성희 저

학지사

2판 머리말

　인간은 태어나서 죽음에 이를 때까지 배움과 성찰을 끊임없이 반복하며 삶을 영위한다. 인간생활에 있어 교육은 삶의 질을 개선하는 데 큰 공헌을 하고 있으며, 평생학습시대인 현대에는 그 기여의 정도가 깊어지고 있다. 역사적으로 사회는 끊임없이 발전해 왔고 그에 따른 인재상이 변화함에 따라 교육은 지속적으로 사회의 요구를 반영해 왔다. 최근 생성형 인공지능의 발전은 그동안 당연하게 여겨 왔던 지식이란 무엇이고, 우리는 미래에 인간다운 삶을 영위하기 위해 어떤 능력을 함양하고 준비해야 하는가에 대한 깊이 있는 논의의 장을 만들어 주었다. 이러한 혁신의 시대에 대학생들이 미래의 꿈을 설계하고 실현하고자 하는 일은 도전적일 수 있다. 이 책은 미래사회의 다양한 직업환경에서 활동할 예비 전문가들이 자기주도적인 평생학습자로서 자신의 삶을 계획하고 교육현상에 대한 문제의식과 안목을 갖도록 도와주는 교양도서이다.

　급변하는 현대사회에서 삶의 주체로서 자신의 삶을 개척하기 위해서는 자신의 과거에 대한 성찰과 함께 현재에 대한 탐색활동을 충분히 해야 한다. 이를 기반으로 구체적인 목표를 설정하고 그것을 달성하기 위해 끊임없이 자신의 능력과 소질을 계발해야 한다. 이를 위해 제1~2장에서는 배움의 필요성 및 의미를 비롯하여 대학생다운 학습 태도와 자신의 목표지향성 및 학습스타일에 대해 탐색하는 활동을 한다. 제3~5장에서는 자기주도학습에 대한 이해를 바탕으로 현재와 미래의 행복한 삶을 실현할 수 있는 자신만의 비전을 수립하고 목표를 설정한다.

　미래 청소년들을 위한 행복한 교육환경을 마련하기 위해서는 삶의 전반에 걸쳐 함께하는 교육과 관련된 현상과 문제에 대해 피상적인 이해수준을 넘어 깊이 있는 안목을 가져야 한다. 교육을 최고의 가치로 여겨 온 우리나라는 격동하는 근대화시기에 세계가 놀랄 만한 경제성장과 민주사회를 실현하였지만, 전 국민의 높은 교육열에서 파생된 경쟁적인 교육시스템은 청소년들에게 세상에서 가장 힘든 시기를 보내야 하는 운명을 남겨 주었다. 이러한 교육문제를 해결하고자 정부는 교육과 관련된 많은 제도를 개편해 왔지만, 이러한 일부의 제도 개편이 대한민국이 직면한 교육의 문제들을 해결할 것이라고 기대하는 국민은 많지 않다. 다수의 국민이 우리의 교육현상에 대해 비판적으로 바라보고 무엇이 올바른 방향인지에 대한 교육적 안목이 생겼을 때 교육문제는 비로소 해결이 가능하다고 본다. 이와 관련하여 제6~11장에서는 한국의 교육현상에 대해 다양한 관점에서 바라보고 관련 이슈들에 대해 동료들과 토론활동을 함으로써 자신만의 생각을 정립한다.

　제12~13장에서는 세계적인 관점에서 한국의 교육에 대한 비판적인 안목으로 강점과 약점을 분석하고 미래지향적인 개선방안에 대해 논의한다. 그리고 미래사회의 발전방향에 대한 이해를 바탕으로 자신의 꿈을 실현할 수 있는 적합한 학습방법 및 계획을 수립하는 활동을 한다. 이를 통해 대학생들이 시대적 변화와 트렌드에 대한 이해를 바탕으로 자신의 과거에 대한 성찰, 현재에 대한 탐색, 미래에 대한 설계활동을 하고 이를 실현할 수 있는 마음가짐과 구체적인 계획 수립을 성공적으로 할 수 있도록 돕는다.

　이 책은 대학생을 대상으로 하는 진로설계교육, 자기주도학습, 평생학습과 관련된 교양도서로 활용 가능하다. 그뿐만 아니라 교직을 이수하는 학생들에게 교육학개론 교재로 활용함으로써 한국의 전반적인 교육에 대한 관심을 유도하고 예비 교육실천가로서 자신만의 교육철학을 수립하는 데 도움을 줄 수 있다. 이를 위해서는 주제별로 동료 학습자와의 적극적인 토론 활동을 통해 관련 주제에 대한 깊이 있는 이해를 바탕으로 비판적 사고력과 의사소통능력을 함양하기를 바란다. 그리고 시시각각 변화하는 교육현상 및 제도에 대한 정확한 이해를 위해서는 최신의 자료를 찾아볼 것을 추천한다.

〈인간 삶과 교육〉이라는 교과목을 함께 수업하면서 의미 있는 피드백을 주신 임고운, 오정희, 최유선 교수님께 감사를 전한다. 그리고 책이 출판될 수 있도록 도와주신 학지사 송무성 차장님, 차형근 선생님, 송새롬 선생님께 감사드린다. 마지막으로, 하와이에서의 안식년 동안 책 집필에 집중할 수 있도록 배려하고 응원해 준 가족들과 함께 출간의 기쁨을 나누고 싶다.

2024년 2월
진성희

차례

제1장
나의 삶과 교육

학습목표

1. 인간의 삶과 교육과의 관계에 대해 설명할 수 있다.

2. 학습에 대한 바람직한 이해를 통해 대학생다운 학문탐구의 태도를 갖추기 위해 노력한다.

1. 인간 삶과 교육

우리는 지난 12년 동안 인생에서 공부를 주요활동으로 많은 시간과 노력을 투자해 왔다. 지난 여러분의 인생을 되돌아보고 각 시기별 공부가 여러분의 인생에서 얼마만큼의 비중을 차지했는지를 생각해 보도록 하자.

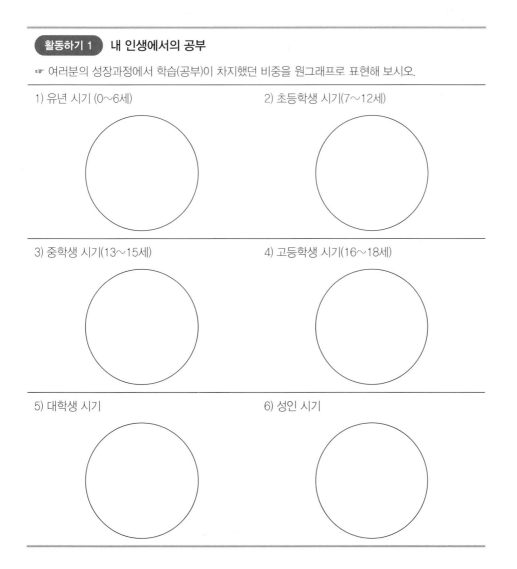

활동하기 1　　내 인생에서의 공부

☞ 여러분의 성장과정에서 학습(공부)이 차지했던 비중을 원그래프로 표현해 보시오.

1) 유년 시기 (0~6세)

2) 초등학생 시기(7~12세)

3) 중학생 시기(13~15세)

4) 고등학생 시기(16~18세)

5) 대학생 시기

6) 성인 시기

1) 배움의 필요성

인간의 삶은 태어나면서부터 죽음에 이르기까지 끊임없는 배움과 성찰의 반복된 과정으로 채워진다. 영아기 때는 부모로부터 언어 및 생활양식에 대해서 배우고, 어린이집 또는 유치원에 다니기 시작하면서 선생님으로부터 그리고 주변 어른과 동료로부터 인지적 · 정의적 · 신체적 학습을 본격적으로 시작하게 된다. 이후 학교교육을 중심으로 학습이 삶에서 중요한 위치를 차지하다가 일반 성인 또는 직장인이 되어서도 변화하는 세상에 적응하기 위해 우리는 끊임없이 의미 있는 새로운 것들을 찾아 배우면서 생활한다. 이와 같이 교육은 인간의 삶과 떼려야 뗄 수 없는 긴밀한 관계에 있으며 특정 시기에는 인생의 매우 중요한 부분을 차지하게 되는데 대학생 시절도 이에 해당한다.

우리의 삶에 있어 교육이 매우 중요하다는 것은 '내 인생에서 후회되는 일'에 대한 연령별 조사 결과에서도 확인할 수 있다(박성혁, 2015). 남자와 여자 모두에게 있어 10대에서 40대까지 가장 후회되는 일이 공부를 열심히 하지 않은 것에 대한 후회였고, 70대까지 배움에 대한 후회는 상위 5순위 안에 드는 중요한 일이다. 이는 공부가 인생에 중요한 일이며 그러한 공부를 충분히 하지 않았을 때 후회가 되는 일이라는 것에 대한 증거를 제시한다.

최근 의료기술의 발달로 인해 100세 시대에 돌입하면서 삶을 바라보는 관점이 달라지고 있다. 한국의 경우 기대수명이 약 70세 정도였던 1990년대에는 20년 동안의 학령기에 학습한 지식과 기술을 기반으로 이후 40년 동안 경제활동을 하는 생산기를 거쳐 약 10년간의 황혼기를 누리고 생을 마감하였다. 이 시기에는 사회의 급속한 변화가 없었기 때문에 20년 동안 학습한 것을 활용하여 이후 40년 동안 경제생활을 하는 데 어려움이 없었다. 그러나 과학기술이 급격한 속도로 발전하고 있는 현대사회에서는 20년간의 학령기 동안 학습한 지식과 기술을 가지고 이후 40년 동안 하나의 직업에서 성공적으로 생활하는 데는 한계가 있다. 왜냐하면 직업환경을 포함한 사회가 빠르게 변화하기 때문에 대학 졸업 후에도 끊임없이 새로운 것을 배워서 사회에

〈표 1-1〉 내 인생에서 후회되는 일(위: 남자, 아래: 여자)

순위	10대	20대	30대	40대	50대	60대	70대
1	공부 좀 할걸	공부 좀 할걸	공부 좀 할걸	공부 좀 할걸	공부 좀 할걸	돈 좀 모을걸	아내 눈에 눈물 나게 한 것
2	엄마한테 대들지 말걸	엄마 말 좀 잘 들을걸	돈 모아 집 사 둘걸	술 어지간히 마실걸	겁 없이 돈 날린 것	술 줄이고 건강 챙길걸	노후자금 모아 둘걸
3	친구랑 다투지 말걸	그 여자 잡을걸	그 회사 그냥 다닐걸	땅 좀 사 둘걸	아내한테 못할 짓 한 것	아내한테 못할 짓 한 것	배우고 싶었는데
4	게임 끊을걸	돈 좀 아껴 쓸걸	그 여자와 결혼할걸	그 여자와 결혼할걸	인생 대충 산 것	배우고 싶었는데	애들 공부 더 시킬걸
5	욕 배우지 말걸	사고 치지 말걸	아랫사람 에게 잘해 줄걸	아내한테 못할 짓 한 것	부모님께 효도할걸	노는 것 좀 배워 둘걸	술 줄이고 건강 챙길걸

순위	10대	20대	30대	40대	50대	60대	70대
1	공부 좀 할걸	공부 좀 할걸	공부 좀 할걸	공부 좀 할걸	애들 교육 신경 더 쓸걸	애들에게 더 잘할걸	배우고 싶었는데
2	엄마한테 거짓말한 것	엄마 말 좀 잘 들을걸	이 남자랑 결혼한 것	애들 교육 신경 더 쓸걸	결혼 잘못 한 것	배우고 싶었는데	죽은 남편 에게 더 잘해 줄걸
3	친구랑 다투지 말걸	친구랑 다투지 말걸	전공 선택 잘못한 것	내 인생 즐겨 볼걸	공부 좀 할걸	돈 좀 모아 둘걸	돈 좀 모아 둘걸
4	학교 잘못 고른 것	더 화끈하게 놀걸	결혼 후 직장 그만둔 것	그 남자와 결혼할걸	인생 대충 산 것	이 집안에 시집 온 것	부모님께 잘할걸
5	좋은 친구 사귈걸	사표 낸 것	부모님께 잘할걸	부모님께 잘할걸	돈 좀 잘 굴릴걸	부모님께 잘할걸	평생 고생만 한 것

적응해 나가야 하기 때문이다. 미래학자들이 10년 주기로 다음 직업을 준비하라고 말하듯이 현대사회에서는 하나의 직업을 평생 유지하기보다는 시기에 따라 자신의 능력에 부합하는 다양한 직업을 가질 가능성이 크다.

〈표 1-2〉 인간의 기대수명의 증가

- 1960~2000년대 기대수명: 70세

학령기 (약 20년)	생산기 (약 40년)	황혼기 (약 10년)

- 최근 기대수명: 100세(2022년 한국인의 기대수명: 83.5세)

학령기 (약 30년)	제1생산기 (약 30년)	제2생산기 (약 20년)	황혼기 (약 20년)

※ 과학-의료기술의 발달로 100세를 넘어 150세 도달 가능성이 높음.

최근 '생애주기별 연령지표'에 대한 다양한 의견이 제시되고 있는데 확실한 것은 자신의 인생에 대한 비전을 가지고 꿈을 이루기 위해 노력하거나 경제활동을 할 수 있는 연령이 늦춰졌다는 것이다. 이러한 생활을 충실하게 하기 위해서는 인생에 걸쳐 필연적으로 할 수밖에 없는 배움을 보다 효과적이고 효율적으로 할 수 있는 방법에 대해 이해하는 것이 필요하다. 이와 함께 교육을 중요한 가치로 여기는 한국의 교육과 관련된 사회문제에 대해서 비판적으로 성찰하는 활동 또한 필요하다. 이는 앞으로 100세 시대를 살아갈 여러분에게 꼭 필요한 활동이다.

2) 지식의 발달과 평생학습사회

인간은 수천 년 동안 진화를 거듭해 오면서 자신들이 가지고 있던 문화양식과 전통을 다음 세대에 전수함으로써 시대가 지남에 따라 지식이 축적되어 왔다. 인간은 자신이 습득한 지식을 타인과 교류하는 특이한 동물이다. 다른 동물들도 서로 신호를 통해 정보를 주고받기는 하지만 자신이 습득한 지식을 전달하지는 못한다. 인간은 사회적 동물로서 초기에는 서로 의사소통을 통해 지식을 교류하였지만 지능이 발전하면서 텍스트를 통해 지식을 전달하였다. 원시시대에는 동굴변화를 통해 지식을 전수하였고, 이후에는 인쇄술의 발달로 인해 종이와 같은 아날로그 책자로 전달되었으며, 최근에는 텍스트, 시각자료, 영상 등 디지털 자료로 개발되고 전달되고 있다. 이에 따라 지식의 전달 및 축적 속도가 급속도로 빨라졌다.

네트워크 및 데이터 저장 기술이 발전함에 따라 데이터의 전송 및 축적 속도는 상상을 뛰어넘는 수준에 이르렀다. IBM 마케팅 클라우드에 의하면 현재 전 세계에 축적된 데이터의 90% 이상이 2015년 이후에 생산된 것이라고 한다. 이러한 현상은 디지털 기술의 발전이 지식발전에 지대한 영향을 미치고 있다는 것을 보여 준다. 다시 말해 지식이 이렇게 급속도로 성장하고 있는 현실에서는 특정 시기에 학습한 내용으로 세상을 보고 해석하고 행동하기에는 부족하므로 끊임없이 학습해야 한다. 그리고 인간은 이렇게 넘쳐 나는 지식과 정보를 기억하는 데 한계가 있기 때문에 인간에게 요구되는 능력 또한 달라지고 있다.

우리는 방송, 뉴스, 책 등에서 평생교육 또는 평생학습사회라는 단어를 많이 접하게 된다. 평생교육은 개념적 접근으로 학교교육뿐만 아니라 인간이 태어나면서부터

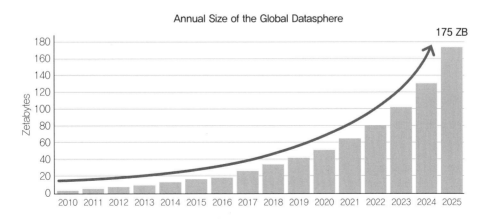

[그림 1-1] 전 세계 데이터 생산량 추이(단위: 제타바이트, 출처: IDC, 2018)

평생에 걸쳐 이루어지는 활동을 강조한 것이다. 이러한 평생교육을 실현하기 위해서는 개인의 노력만으로 이루어지는 것이 아니라 지속적으로 학습할 수 있는 사회가 구축되어야 한다. 평생학습사회가 그러한 사회를 의미하며 사회제반시설과 지원시스템이 학습이 이루어질 수 있도록 구축되어 개인이 학습하는 행위가 일상화될 수 있도록 지원해야 한다. 따라서 각 지역마다 이름은 다소 상이할 수 있으나 평생학습지원센터가 설립되었고 학교에서 교육을 실천하는 사람이 교사이듯이 평생교육을 기획, 진행, 분석, 평가의 업무를 수행하는 직업군으로 평생교육사가 있다. 평생교육사에 대한 정보는 "평생교육사 자격관리(https://lledu.nile.or.kr/)" 웹페이지를 참고한다.

2. 학습의 의미

1) 배움의 의미

일반적으로 배움이란 지식의 축적으로 생각하는 경우가 많다. 채인선 동화작가의 『배운다는 건 뭘까?』라는 책에서도 배운다는 것은 보고, 듣고, 읽고, 묻고, 따라 하는 것인데, 그 방법은 사람마다 다르고 평생을 걸쳐 해야 하는 것으로 표현하고 있다. 표준국어대사전에서도 '배우다'의 의미를 ① 새로운 지식이나 교양을 얻다, ② 새로운 기술을 익히다, ③ 남의 행동, 태도를 본받아 따르다, ④ 경험하여 알게 되다, ⑤ 습관이나 습성이 몸에 붙다라는 다섯 가지의 의미로 제시하고 있다.

배움에 대한 자기주도적 이해에 초점을 둔 입장은 노장철학 분야의 석학인 최진석 교수의 저서 『생각하는 힘, 노자인문학』에서도 찾아볼 수 있다. 그는 이 책의 '자기표현이 안 되는 공부는 끊어라'에서 평생을 배우다 세월을 보내 버리면 다른 사람의 생각만 배우다가 생을 마감하게 된다고 경고하면서 배움을 끊으라고 권하고 있다.

　　"학생들이 죽어라고 배우는 모습을 두고 우리는 공부를 열심히 한다고 표현합니다. 그런데 공부를 열심히 하면 할수록 자기를 표현하려는 내적 배짱은 점점 줄어들 공산이 큽니다. 자기를 표현하려는 내적 충동이 점점 거세되어 버려요. 공부하는 내용으로 자신이 채워져서 그것이 주도권을 가져 버리면 표면적으로는 똑똑한 사람으로 보일 수도 있지만, 실상은 바보일 가능성이 큽니다. 우리나라 학생들이 대답은 잘하면서도, 질문은 잘하지 못하는 현상이 이와 어느 정도 연관이 있을 것입니다."

　　이와 같은 최진석 교수의 의견은 아마도 배움을 하지 말라는 의미가 아니라 다른 사람의 생각만을 습득하고 따라 하는 수동적 배움은 그만하라는 의미로 받아들여진다. 이에 대해 보다 적극적인 입장에서 교육철학자 강남순 교수는 "계속 배우라, 책속에 길이 있다"는 글을 발표하기도 했다. 그리고 배움의 의미와 종류에 대해 주장하면서 최진석 교수의 의견에 반박하였다. 배움은 소극적인 배움과 적극적인 배움으로 구분할 수 있는데 강남순 교수는 소극적인 배움을 정보의 축적으로서의 배움, 적극적 배움을 '나'가 개입된 성찰적 배움으로 설명하고 있다.

　　현실의 세계에는 다른 사람의 지식만을 축적하는 것을 넘어 그것을 기반으로 새로운 것을 창출하는 능력을 갖기를 기대한다. 이런 관점에서 교육연구자인 김성길의 저서『배움의 의미』에서 배움이란 "의미 찾기"와 "의미 만들어 내기"로 표현하고 있다. 배움의 주체가 배우는 사람에게 있어야 하는데 남이 가르치는 것을 있는 그대로 암기하는 데 급급한 배움은 진정한 의미의 배움이라고 보기 힘들다. 그러나 학교라는 물리적 환경이 아니더라도 '나'가 주체가 되어 일상생활을 할 때 그 안에서 의미를 찾거나 만들 수 있다면 진정한 의미의 배움을 실천하고 있다고 볼 수 있다.

읽기자료 1

계속 배우라, 책 속에 길이 있다

우연히 "그만 배워라. 책 속에 길이 있다는 건 거짓"이라는 표제어로 공유되고 있는 한참 지난 한 인터뷰 기사를 보게 되었다. 이 기사는 『생각하는 힘. 노자 인문학』의 저자인 최진석 교수와의 인터뷰이다. 기사는 '기고문'이 아닌 '인터뷰'이기에 최진석 교수의 생각이 얼마만큼 제대로 전달된 것인지 추정할 근거가 나에게는 전혀 없다. 그러나 그 인터뷰는 최교수의 의도와 상관없이 독자들에게 왜곡된 메시지를 전달할 수 있다는 생각이 들었다. 이 글은 인터뷰 기사 자체에 대한 것이라기보다 그 인터뷰 기사로 인해 생각하게 된 두 가지 질문, '배움이란 무엇인가', 그리고 '책과 나의 관계란 무엇인가'에 관한 단상이다.

1. "그만 배워라"가 아니라, '계속' 배워야 하는 이유

인터뷰 기사에서 최 교수는 "배우는 데만 집중하면 거기에 빠져 자기를 표현할 수 있는 능력이 거세돼 버린다. 평생 남의 생각을 읽고, 남의 똥 치우다 가는 거다."라고 말한다. 그런데 여기에서 "그만 배워라."라고 성급하게 결론을 내리는 것은 위험하다. 오히려 '진정한 배움이란 무엇인가'라는 근원적 물음으로 돌아가야 한다.

도대체 '배움'이란 무엇인가. 진정한 인문학적 배움이란 '나' 속에 갇힌 '자기충족적 깨달음'만이 아니다. 나-타자-세계의 상호연관성에 대한 치열한 성찰이며 깨우침이다. 이러한 의미의 배움이란 '나'를 '타자'와 '세계'로 확장하는 것이며, 나의 '인식론적 사각지대'에 대한 지속적 인식을 통하여 그것을 넘어서고 확장하는 중요한 기능을 한다. 이러한 맥락에서 보자면, '배움'이란 '정보의 축적'이 아니다. 이 '세계 내 존재로서의 나'에 대한 성찰과 인식을 통하여, 그 '나'를 '타자'와 '세계'로 확장하는 과정이다. 그러한 배움이 이루어지는 통로는 매번 참으로 다양하며, 대체 불가능한 하나의 '사건'으로 경험될 뿐이다.

인간은 누구나 각각의 인식론적 한계는 물론 자신의 정황에 한계 지어진 존재라는 점에서 그 한계들을 넘어서기 위한 '부단한 배움'이 없을 때 독선과 아집에 빠지게 된다. 배움을 멈춘 인간은 '나'를 찾는 것조차 불가능하게 된다. 따라서 "그만 배워라."가 아니라, '어떤 종류의 배움이 왜곡된 배움이며, 어떤 종류의 배움이 우리에게 필요한 것인가'라는 근원적 물음이 먼저 제시되어야 하는 것이다. 이 점에서, '배움 일반'이란 없다. 크게 보자면 두 종류의 배움이 있기 때문이다. '나'가 부재한 정보의 축적으로서의 배움과 '나'가 개입된 성찰적 배움.

2. 두 가지 종류의 배움

또한 배움에는 나–타자–세계에 대한 '거시적 배움'이 있고 '미시적 배움'이 있다고 할 수 있다. 나–타자–세계를 들여다보는 두 가지 접근방식이기도 하다. 예를 들어서 노자의 『도덕경』은 '거시적 배움' 의미를 담고 있다. 그러나 이 『도덕경』 자체에서 21세기 현대사회가 지닌 매우 구체적인 다양한 정황들에 대한 '미시적 배움'을 얻을 수는 없다. 인류 보편가치가 되고 있는 정의, 인권, 평화, 평등, 생명 등과 연계된 문제들은 '거시적 접근방식'만으로는 전혀 알 수가 없다. 예를 들어서 현대사회에서 젠더, 인종, 종교, 계층, 섹슈얼리티, 국적, 장애 등 다양한 조건 속에 놓여진 '모든' 사람이 '함께–살아감'에서 매우 중요한 다양한 정의들의 문제들은 노자의 철학과 같이 거시적 배움이 가능한 책만으로 배울 수는 없다. 그러한 책들은 구체적인 미시적 배움이 요청되는 정황과 연계시킬 수 없기 때문이다. 젠더정의(gender justice), 인종적 정의(racial justice), 퀴어정의(queer justice), 생태정의(eco–justice), 장애인들을 위한 정의(justice for the disabled), 나이차별을 넘어서는 정의(justice for the aged), 또는 지구적 정의(global justice) 등 다양한 '미시적 배움'을 주는 책들을 끈기 있게, 지속적으로 읽어야 하는 이유이다. 우리에게 필요한 것은 거시적 배움과 미시적 배움 사이를 복합적으로 그리고 끊임없이 오가는 배움이다.

3. 책 속에 길이 있는 이유

최 교수는 이어서 "책 속에 길이 있다는 말은 거짓이다. 책 속에는 책을 쓴 사람의 길이 있을 뿐, 나의 길은 없다. 나의 길은 나에게만 있다."고 한다. 이 말은 '반쪽 진리'를 담고 있지만 나머지 반은 오류이다. '배움이란 무엇을 의미하는가'를 재규정해야 하는 것처럼, '책이란 무엇인가'를 다시 들여다보아야 한다. 도대체 책이란 무엇인가. '나'와 '저자' 사이에 근원적인 분리와 단절이 있다고 이미 전제하고 있는 이러한 말은 이미 책의 의미, 저자 또는 독자의 역할, 그리고 읽기의 기능과 효과에 대한 '근대적인' 이해를 전제로 한다. 여기에서 롤랑 바르트의 『저자의 죽음(The Death of the Author)』은 중요한 통찰을 준다. 근대적 이해로 볼 때, '저자'는 한 권의 책이 담고 있는 '의미'들을 독점하며, '독자'는 수동적인 수혜자일 뿐이다. 그러나 이러한 이해는 '저자 기능'에 대한 근대적 오류의 하나이다. 책이 출판되자마자 저자는 사라진다. 소위 '저자의 본래적 의도(original intention)'와 상관없이, 독자는 제2, 제3의 '저자'로 기능하면서 '자기만큼' 책 속에서 의미를 찾아내고, 만들어 간다. 즉, 최 교수의 주장과 같이 "책 속에는 책을 쓴 사람의 길이 있을 뿐"이 아니라는 것이다. 한 권의 책을 통해서 '나'는 나의 갈망, 욕구, 희망, 가치관과 만나고 또 새롭게 그것들을 창출하고 구성한다. 즉, 한 권의 책은 언제나 '나'를 통해서 다시 태어날 가능성이 있다는 것이다. 한 권의 '좋은' 책이 우리에게 가져오는 것은 맹목적 '정보'가 아닌 다층적 '세계들'이다. '나의 존재함'이란 개별적 존재로서의 '나'로부터 시작하는 것임에도 불구하고, 그 '개별적 나'는 타자와의 절대적 분리 속에서는 불가능하다. 좋은 책은 바로 나-타자-세계의 다양한 존재 방식을 담은 '다층적 세계(worlds)'와의 만남을 담고 있다. 따라서 저자가 한 권의 책에서 제시하는 그 '세계'는 그 저자만의 세계가 아니라, '나'와도 깊숙이 연관되어 있는 다양한 '세계들'인 것이다. 한 권의 책이 심오한 세계들로의 초청장이 되는 이유이다. 이 점에서 인간은 '홀로'이면서 동시에 '함께-존재'라는 것, 그 '홀로-함께 존재'로서 이 세계에 개입해야 하는 책임성, '좋은' 책이 우리에게 인식하게 하는 중요한 통찰이다.

출처: 강남순 (2017). 배움에 관하여. 도서출판 동녘, pp. 274-279.

생각해 보기

1) 저자가 제시한 네 가지 유형의 배움을 제시하시오. 저자는 어떤 유형의 '배움'을 강조하고 있는가?

2) 여러분은 현재 어떤 유형의 배움을 하고 있고 그러한 배움은 여러분의 자기계발에 어떤 도움을 주고 있는가?

3) 저자가 강조하는 배움의 의미는 대학생으로서 새로운 배움의 길을 출발하는 여러분에게 어떠한 도전 혹은 결심을 주는가?

2) 학습을 바라보는 관점: 객관주의 vs. 구성주의

학습을 이해하기 위해서는 인식과 지식의 기원과 구조에 대해 탐구하는 학문인 인식론적 접근에 대해 미리 살펴볼 필요가 있다. 대표적인 인식론에는 객관주의(Objectivism)와 구성주의(Constructivism)가 있다. 객관주의는 인간의 경험과는 독립적으로 인간 외부에 실세계가 존재한다고 가정한다. 사회적·문화적·시대적 제약을 벗어나 모든 경우에 적용할 수 있는 절대적인 진리인 지식이 존재한다고 믿는다. 따라서 개인의 사전 지식이나 경험에 따라 전달되는 지식의 이해 정도에는 차이가 있을 수 있지만, 그 지식의 본질적인 속성은 동일하므로 완벽한 이해를 추구하는 것이 궁극적인 목표가 된다. 객관주의에 근거한 교수학습은 그 지식을 잘 알고 있는 교수자의 설명에 의해 학습자에게 전달되며, 학습자는 전달된 지식을 수동적으로 받아들이는 과정으로 이루어진다. 오랫동안 교육은 객관주의적 인식론에 근거해 왔기에 교수자 중심의 설명식 강의법이 주를 이루어 왔다. 학습자 스스로가 세계에 대해 해석하고 판단하는 활동에 대해서는 등한시해 왔다.

객관주의 인식론에 근거한 심리학적 접근으로 행동주의와 인지주의가 있다. 행동주의(Behaviorism)에서 바라보는 학습이란, "경험의 결과로 나타나는 관찰할 수 있는 행동의 변화 또는 환경조성에 따른 학습자의 긍정적인 행동의 변화"라고 정의한다. 다시 말해, 우리가 무엇인가를 학습했다는 것은 그것을 통해 인간 행동에 변화가 있었을 때 학습했다고 보는 것이다. 예를 들어, 우리가 객관주의적 인식론에 대해서 학습했다는 것은 객관주의적 인식론의 정의에 대해 머리로 이해만 했다면 학습했는지 알 수 없다. 이에 대해 학습자가 언어로 설명할 수 있을 때 행동주의에서는 학습이 이루어졌다고 보는 것이다. 대표적인 학자로는 파블로프(Ivan Pavlov)와 스키너(Burrhus Frederic Skinner) 등이 있다. 행동주의와 관련하여 스키너가 제안한 강화이론이 있다. 이는 인간이 어떤 행동을 했을 때 그 행동이 바람직한 행동이면 칭찬이나 보상과 같은 강화를 주어 그 바람직한 행동이 빈번하게 나타나도록 한다. 반면, 그 행동이 부정적인 행동이라면 벌이나 보상제거와 같은 좋지 않은 경험을 제공함으로써 그 부정적인 행동의 발생빈도를 낮추는 현상을 설명한 이론이다.

그러나 행동주의는 인간이 학습하는 데 있어 문제해결능력과 비판적 사고력과 같이 그 학습의 결과가 행동의 변화로 즉시 나타나지 않는 것을 설명하는 데는 한계가 있다. 이러한 문제의식으로 등장한 것이 인지주의(Cognitivism)이다. 인지주의에서 바라보는 학습이란, "이해를 통한 학습자의 인지구조의 변화"로 정의된다. 인지주의의 대표적인 이론이 정보처리이론이다. 정보처리이론이란 현대 컴퓨터를 개발한 이론적 근거를 제공한 것으로서, 인간이 오감을 느끼는 감각기관을 통해 정보를 받아들여 감각등록기라는 곳에 입력이 되고, 입력된 정보에 인간이 주의를 집중했을 때 단기기억장치에 입력된다. 단기기억장치에 들어온 정보는 일정 시간이 지나면 망각되기 때문에 리허설이나 부호화를 통해 장기기억장치에 입력이 되어야 인간의 인지구조가 변화해서 학습이 이루어졌다고 보는 입장이다. 추후 필요한 상황에서 장기기억장치에 입력된 정보를 인출하여 사용할 수 있을 때 학습이 이루어졌다고 본다. 예를 들어, 시험을 볼 때 학습한 내용을 장기기억장치에 잘 보관하고 있는 경우에는 인출하여 답안지 작성을 잘할 수 있다.

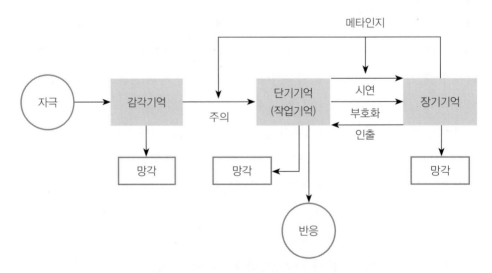

[그림 1-2] 정보처리이론에서의 학습과정

구성주의에서는 지식이 인간과는 별개로 외부에 독립적으로 존재하는 것이 아니라, 지식을 가진 사람의 마음에 존재하는 것으로 가정한다. 지식이란 개인의 사회적 경험을 바탕으로 개인의 인지적 작용에 의해 지속적으로 구성 또는 재구성된다. 따라서 객관주의에서는 학습을 수동적인 활동으로 보았으나 구성주의에서 학습은 개인적인 경험에 근거하여 의미를 찾고 만드는 능동적이며 적극적인 활동이다. 구성주의에서 학습은 경험을 기반으로 이루어지기 때문에 학습이 이루어지도록 하는 경험을 설계하는 것이 매우 중요하다. 구성주의에서는 의미를 구성하는 주요 요인으로서 개인의 인지적 작용을 강조하는 입장을 인지적 구성주의, 사회적 상호작용을 강조하는 입장을 사회적 구성주의라고 한다. 다시 말해, 어떤 경험을 통해 의미를 구성하는 방법이 학습자의 개인적인 사고와 인지 활동에 의한 것이라면 인지적 구성주의이고, 다른 동료 학습

피아제(Jean Piaget)

비고츠키(Lev Vygotsky)

자 또는 교수자와의 의사소통을 포함한 상호작용에 의한 것이라면 사회적 구성주의로 본다. 인지적 구성주의의 대표적 학자는 피아제(Jean Piaget)이고 사회적 구성주의의 대표적 학자는 비고츠키(Lev Vygotsky)이다. 구성주의에 의한 교수학습방법으로는 문제중심학습, 프로젝트중심학습, 토론/토의 학습, 협동학습 등이 있다.

활동하기 2 **객관주의 vs. 구성주의**

☞ 사례 1: 초등학교 1학년인 지아가 학교에 갔다가 책가방을 잃어버리고 집에 왔다. 객관주의적 또는 구성주의적 인식론을 가지고 있는 부모라면 어떠한 방식으로 가방을 찾겠는가?

☞ 사례 2: 한밭대학교 2학년 동민 군을 포함한 팀원들이 프로젝트를 진행하는 과정에서 어려움에 부딪혔다. 이에 담당 교수님을 찾아가 질문을 하였다. 객관주의적 또는 구성주의적 인식론을 가지고 있는 교수님이라면 어떠한 방식으로 팀원들이 가지고 있는 문제를 해결할 수 있도록 하겠는가?

3. 학습을 통한 나의 성장

1) 대학교육의 가치

현대 대학의 형태를 지닌 최초의 대학은 1088년에 설립된 이탈리아의 볼로냐 대학이고 이후 영국, 프랑스, 독일 등지에서 수도원을 중심으로 대학이 설립되었다. 초기 대학은 종교단체의 후원이나 종교인들에 의해 설립되어 무엇보다 종교가 최우선시 되었고 모든 학문의 탐색 또한 성서 중심이었지만 오늘날의 인문학, 사회과학, 자연과학 등을 다루었다. 이후 전 세계의 대학은 학생들의 분석적 지성과 윤리적 지성 함양을 통한 개인의 성장과 국가의 경쟁력 강화, 보편적인 민주 시민 양성이라는 목적을 달성하기 위해 운영되고 있다.

2023년 국제통화기금(IMF)의 세계경제 전망 자료에 따르면 우리나라의 경제력은 세계 191개 나라 중 13위에 해당되는 GDP 규모를 달성하였다. 1950년 한국전쟁으로 인해 거의 모든 것을 잃었던 우리나라가 지난 70여 년 만에 이렇게 빠른 성장을 할 수 있었던 가장 큰 이유는 '교육'을 통한 개인과 국가의 경쟁력 강화를 들 수 있다. 이러한 과정에서 국민들은 대학에 진학함으로써 좋은 직업을 얻고 사회의 지도자로 성장한 사례들을 경험하게 되면서 교육열이 나날이 높아지게 되었다. 이로 인해 우리나라의 중요한 가치 중 하나는 '교육'이며 부모들은 자녀들의 교육을 위해 희생하고 국가와 사회에서도 국민들의 교육을 위한 제도 및 환경 개선에 노력을 기울여 왔다. 뿐만 아니라 우리나라의 민주주의 실현은 1970~1980년대 대학생들의 민주화 운동으로부터 발전되었다. 전국의 많은 대학생이 사회를 개혁하기 위해 자신을 희생하면서 불의에 맞서 싸웠던 노력의 결과, 오늘날 우리나라의 민주주의가 발전할 수 있었던 것이다. 이와 같이 우리나라의 사례에서만 보더라도 대학은 개인의 성장, 국가의 발전, 민주주의 실현에 크게 기여해 왔다고 볼 수 있다.

그렇다면 오늘날의 대학은 무엇을 하는 곳인가? 아리스토텔레스는 청소년기부터

21세까지의 시기를 정신과 인성이 형성되는 시기라 하였는데 우리나라의 청소년들은 지성을 함양하는 데만 몰두해 있다. 이르면 초등학교 저학년 때부터 대학을 입학할 때까지 즐기고 싶은 욕구를 억누른 채 대학입학이라는 목표를 달성하기 위해 학업에만 전념하는 청소년들이 많다. 그러나 더 큰 문제는 학생이 스스로 대학에 가고 싶어서가 아니라 부모의 기대나 사회의 분위기 때문에 많은 시간 실제로 공부를 하는 것이 아닌 공부하는 척하면서 보내는 시간이 많다는 것이다. 어떤 과정을 거쳤던 대학교에 입학하여 신입생이 되면 이제부터는 자유로운 생활을 할 수 있겠지라는 생각을 하겠지만, 졸업 후 취업이라는 관문이 남아 있기에 마음 편하게 즐기는 학생들은 점점 줄어들고 있다. 어떤 대학생은 명확한 진로설정을 하고 그 목적을 달성하기 위해 제한된 시간을 쪼개 가면서 입시 때만큼 바쁜 생활을 하는 학생들도 있다. 또는 자신이 정말 바라는 것은 아니지만 주변 다른 친구들이 하니까, 또는 부모님이 원하시니까 고등학교 때 막연하게 대학입시라는 것을 위해 공부를 했던 것처럼 여러 종류의 필요하다는 자격증 취득, 어학공부, 학점 취득 등의 활동으로 나름 바쁘게 지내는 학생들도 있다. 그리고 무엇인가를 해야겠지만 마땅히 할 것도 없고 하고 싶은 것도 없이 방황하며 졸업만 하자라는 식으로 수동적으로 생활하는 학생들도 상당수 있다. 대학생들과 상담을 해 보면, "편하고 돈을 잘 버는 직업을 갖고 싶어요."라고 말하는 학생들이 간혹 있는데 내가 "내가 아는 바로는 그런 것은 없는데 혹시 알게 되면 알려 달라."고 웃으면서 답하면 "그렇지요?"라고 되묻는다. 본인들이 적극적으로 무엇인가를 할 수 없다고 말하는 듯하다.

좀 오래되기는 했으나 2014년에 EBS에 방영된 〈다큐 프라임-왜 우리는 대학에 가는가〉는 예상치 못했던 대학생들의 생활을 공개하면서 일반인들의 관심을 불러일으켰다. 오늘날 대학은 꿈을 찾고 공부하고 싶은 전공에 대해 깊이 있게 학습하는 곳이 아닌 취업을 위해 준비하는 곳으로 전락하여 많은 대학생이 안락함과 즐거움을 버린 채 앞만 보고 숨 가쁘게 달려가고 있는 모습을 집중적으로 보여 줬다. 예를 들어, 밤늦은 도서관에서 번호표를 뽑으려고 줄을 서는 학생들, 24시간 운영하는 카페에서 노트북을 켜고 공부하는 학생들의 모습 등이다. 특히 대학에서의 혼밥은 흔한 일상이며, 각자 자신의 일을 하다가 밥만 함께 먹는 '밥터디' 그리고 취업을 위해 준비하는 시간이 많다 보니 스스로 자발적 아웃사이더의 생활을 하는 학생들이 상당히 많다고 보도하였다. 물론 대학교육에 대한 학생들의 기대는 원하는 곳에 취업이 잘 되도록 교육을 해 달라는 요구가 가장 높다. 그렇다고 이 프로그램이 방영된 2014년이나 2023년 현재도 모든 학생이 이렇지는 않다. 대학생활의 모습은 매우 다양하지만 취업만을 위해 사회생활을 포기한 학생들이 원하는 곳에 취업한 이후 자신의 삶에 얼마나 만족하고 사는지는 알 수 없다. 한국경영자총협회에 따르면, 원하는 대기업에 입사한 사람들 중 약 25%가 1년 이내에 퇴사하고, 그 이유는 조직 적응 실패라고 한다. 대학에서 다른 사람들과의 관계를 끊고 혼자만의 스케줄대로 몇 년 동안 생활한 것이 큰 조직에 적응하는 데 긍정적인 영향을 미쳤을 것이라고 누구도 생각하지는 않을 것이다. 즉, 인성과 사회성을 강조하는 조직에 적응하기 위해서는 나와 다른 사람들과 많이 부딪혀 보고 함께 생활해 본 경험이 큰 자양분이 될 수 있기 때문이다.

사회가 급변하여 미래를 예측하기 어려워지면서 국가와 사회는 대학에 요구하는 것이 많아졌다. 미래사회에 적응할 수 있는 인재를 양성할 수 있도록 대학의 시스템과 교육방식을 바꾸라는 것이다. 대학은 더 이상 지식의 독점적 생산자가 아니기도 하지만, 지식을 공급하는 전달자로만 남아 있을 수도 없고, 학생도 지식의 소비자의 역할만 해서는 안 된다. 대학교육이 '실용'이 강조되면서 졸업 후 무엇을 할 것인지 결정하고 그것을 준비할 수 있는 교육을 제공한다면 특수목적으로 운영되는 직업교육기관이나 학원과의 차별성이 없어질 것이다. 오히려 대학은 학생이 살아가면서 자신이 하고 싶은 일이 생겼을 때 주도적으로 준비하고 성취할 수 있는 능력을 함양하는 데 중점을 둬야 할 것이다. 지식의 소비자가 아니라 지식을 생산하면서 세상을 바꿀 수 있는 지식인이 될 수 있는 방향으로 교육의 경험을 제공해야 한다. 개인적으로 저자는 대학생인 여러분이 미래사회의 긍정적 변화를 이끌어 갈 새로운 지식을 만들어 가는 과정을 즐기는 정신의 모험가가 되기를 응원한다.

2) 대학생다운 학습태도

대학을 입학할 때, 우리는 심사숙고하여 자신이 배우고 싶은 전공을 선택한다. 전공이 자신의 적성에 맞는지, 취업에 유리한지, 자신의 성적으로 선택할 수 있는지 등에 대해 종합적으로 고려한다. 그런데 막상 전공을 선택하여 입학한 이후에는 그렇게 고민하여 선택한 전공공부를 어떻게 해야 하는지에 대해서는 깊이 있게 생각하지 않는 것 같다. 대학생들은 자신이 수강한 수업에서 다뤄지는 지식이나 기술을 습득하는 것을 목적으로 공부를 한다.

지식에는 교과목에서 다뤄지는 이론적 지식과 과정지식이 있다. 과정지식이라 함은 이론적 지식을 보다 더 잘 습득하게 하는 학습하는 방법에 대한 지식인 학습역량을 의미하기도 한다. 21세기 학습역량으로는 비판적 사고, 창의력, 소통, 협업, 시민의식이 강조되고 있는데 전공에서 다뤄지는 이론적 지식과 함께 이러한 과정지식인 학습역량을 함양해야 한다. 요즘에는 대부분의 대학수업이 이론을 설명식 강의만으로 전달하는 수업은 점점 줄어들고 있고 학습역량 함양을 위해 학습자 중심의 학습활동이 주가 되는 수업이 점점 많아지고 있는데 매우 바람직하다고 볼 수 있다.

대학에서의 공부를 어떻게 해야 하는가에 대해 미국의 심리학자인 하워드 가드너(Howard Gardner)는 그의 책 『인간은 어떻게 배우는가?』에서 대학생들이 학문을 대하는 태도에 대해 다음과 같이 제시하였다.

> "나는 대학생들에게 주요 학문의 사고방식에 대한 이해를 심어 주는 교육을 해야한다고 생각한다. 내가 선정한 학문은 과학, 수학, 예술, 역사다. 학생들이 이러한 학문분야의 실질적인 주제에 대해 깊이 공부하는 것이 중요하다. 그러나 어떤 학문인지 혹은 주제인지는 중요하지 않다. (…)
>
> 학생들은 과학자, 기하학자, 예술가, 역사가들이 어떻게 생각하고 행동하는지 알 수 있도록 자신의 능력껏 사례들을 충분하고 깊이 있게 탐구해야 한다. 각 학생들은 하나의 예술이나 과학 또는 역사적 시대를 탐구하는 것만으로도 이 목표를 달성할

수 있다. 이렇게 한 분야에 집중하도록 하는 목적은 학생들을 그 분야의 소(小) 전문
가로 만들려는 것이 아니라 이와 같은 사고방식으로 세상을 잘 이해할 수 있게 하려
는 것임을 강조하고 싶다. 나중에 이 학문을 좀 더 폭넓게 다루거나 그중 한 분야를
직업으로 선택하고 싶다면, 그렇게 하기 위한 시간과 도구를 찾을 수 있을 것이다."

　하워드 가드너는 대학생들이 어떤 학문을 학습하는 데 있어 이론이나 개념을 기억
하고 이해하기보다는 그러한 이론이나 개념이 어떠한 사고과정에 의해 발견 또는 개
발되었는지에 대해 집중하여 학습하라는 것이다. 예를 들면, 기계공학전공 학생들은
기계공학자들이 세상을 바라보는 사고방식에 대해 학습하기를 기대하고, 언어를 전
공하는 학생들은 언어학자들이 어떤 문제에 부딪혔을 때 해결하는 사고방식에 대해
학습하기를 기대한다는 것이다. 이러한 점에서 대학공부를 시작하는 첫걸음으로 학
생들이 전공에서 다루는 이론적 지식을 이해함과 동시에 그러한 이론을 비판적으로
바라보는 고차원적 사고활동이 수반되는 학습을 하길 기대한다.

📖 **읽기자료 2**

대학의 이념 서문

　대학은 학자와 학생들이 공동체를 이루고 진리를 터득하는 것을 중요한 과제로 삼는다. 대
학은 자산을 소유한 재단이나 국가 등에 의해서도 설립될 수 있다. 그러나 어떤 과정을 통해
설립되었든 상관없이 대학은 하나의 독립된 자치단체다. 초기의 대학은 교황의 교서, 황제의
칙령, 국가의 법령 등에 의해 공식적으로 인가되었다. 그러나 어떤 기관이 인가했더라도 대학
의 독립적 존재와 독자적 운영을 가로막을 수는 없다.

　무엇보다 중요한 점은 대학의 창설자가 진정으로 대학의 독립성을 바라고 인정해야 한다는
것이다. 창설자가 국가라고 해도 대학의 고유성을 인정하고 존중해야 한다. 그래야 민족이나
국가를 초월하는 보편적인 이념으로 대학의 독자적 지위를 확고하게 만들 수 있고, 단기적 이
해관계에 휘둘리지 않는 거시적 안목으로 진리를 추구할 수 있다.

　대학은 가르치고 배울 자유를 요구하고, 그 자유가 어떤 외압에도 흔들리지 않고 보장되기

를 바란다. 가르치고 배울 자유는 진리를 탐구하기 위한 기본 조건이다. 안팎으로 어떤 정치적 힘이 작용하더라도 간섭받지 않고 가르치고 배울 수 있어야 비로소 진리 탐구가 가능해진다.

대학도 학교지만 아주 독특한 유형의 학교다. 대학은 학생에게 강의를 제공하고 연구에 참여하게 한다. 학생은 이런 과정을 통해 대학생활에 필요한 지적 수단을 갖추게 된다. 학생은 대학의 이념을 이해하고, 자율적으로 책임을 인식하며, 교수를 비판적으로 따르는 연구자다. 즉, 대학의 학생은 대단히 자유롭게 배움의 자유를 누릴 수 있는 존재다.

대학은 사회와 국가에 필요한 그 시대의 가장 바람직한 의식을 만들어 낸다. 그러기 위해서 학생과 교수는 인간적인 공동체를 형성하고, 오직 진리탐구를 목표로 추구한다. 교수는 진리탐구가 업무인 독특한 직업을 가진 사람이다. 언제 어디서든 어떤 조건도 없이 진리를 탐구하는 것은 인간만이 가질 수 있는 권리이고, 이를 현실에서 실천하는 것이 대학 공동체 내의 학생과 교수다.

국가권력은 대학을 보호해야 한다. 대학이 사회와 국가를 이끌어 가는 데 필요한 지식과 지적 수양을 제공하기 때문이다. 사회와 국가를 이끌어 가는 여러 실무적 역량의 바탕에 진리탐구의 힘이 존재한다는 것은 부인할 수 없는 사실이다. 대학이 수행하는 진리탐구의 힘은 학문연구의 결과물로 나타나기도 하지만, 대학의 지적 교육 과정 그 자체를 통해 얻어지기도 한다.

설령 대학이 수행하는 진리탐구의 전망이 불확실할지라도, 그것을 포기하거나 그 가치를 낮게 평가해서는 안 된다. 어떤 대가를 치르더라도 진리탐구를 수행하겠다는 의지가 있어야만 인간은 현실의 한계를 넘어 높은 경지에 오를 수 있다. 대학은 우리 사회를 위해 그런 역할을 대신 해야 하는 곳이다. 대학은 현실의 경계를 초월할 수 있는 정신의 함양을 중요한 목적으로 삼는다.

진리가 무엇이며 그것을 어떻게 터득하는지에 대해 쉽게 말할 수는 없다. 그 해답은 대학생활을 통해 얻을 수 있지만, 그러나 완전한 해답을 얻는 것은 불가능하다. 그러면 우리는 왜 이처럼 불완전한 해답을 추구하며 대학에서 인생의 가장 아름다운 시간을 보내야 하는가?

대학의 목적은 근원적인 지적 욕구를 실현하는 데 있다. 이 근원적인 지적 욕구란 결국 내가 누구인지 알고자 하는 것, 그리고 그 앎을 통해 내가 무엇을 할 수 있는지 찾고자 하는 것이다. 이런 욕구는 대학생활에서 다양한 형태의 관찰, 체계적 사고, 객관화하는 훈련, 그리고 자기비판을 통해 실현된다. 우리는 이런 지적 욕구를 바탕으로 자기 능력의 한계를 인식하고, 자신의 무지를 경험적으로 깨우치며, 지적 탐구에 따르기 마련인 어려움을 정신력으로 극복한다.

우리의 지적 욕구는 본질적으로 지식의 통합과 전체성을 추구한다. 물론 지적 욕구가 구체적으로 실현되는 곳은 대부분 전문적인 영역이지만, 그런 전문적인 영역에서 얻어진 지식은 결국 전체를 구성하는 부분에 불과하다. 우리는 전문적 영역에서 얻은 개별적 지식과 다양한 학문의 원리들을 끊임없이 통합함으로써 근원적인 지적 욕구를 실현한다. 연구해야 할 대상과 고민해야 할 문제는 무한하게 다양하지만, 그런 다양성이 서로 충돌하거나 배척하지 않게 연결해 줄 학문적 통찰력을 우리는 대학생활에서 기를 수 있다.

대학은 학문을 통해 진리를 추구할 뿐 아니라, 진리를 전수하는 것을 직업으로 삼는 사람들을 조직적으로 통합한다. 진리는 학문 연구를 통해 추구되므로, 연구는 대학의 가장 중요한 과제다. 그러나 진리가 좁은 의미의 학문 연구를 통해서만 얻어지는 것은 아니다. 우리는 인간 본연의 정신, 존재, 이성을 바탕으로 진리에 다가간다. 그러므로 좋은 인적자원을 대학의 구성원으로 받아들이는 것은 대학 발전을 위해 필수적인 조건이다.

진리는 전수되어야 한다. 따라서 다음 세대를 가르치는 것은 진리 추구 다음으로 중요한 대학의 과제다. 그러나 단순히 지식이나 기술을 전달하는 것만으로 진리를 전수한다고 말할 수는 없다. 진리는 전문적 영역의 지식이나 기술을 넘어서서, 더욱 심오한 인간 정신을 형성하기 때문이다. 그러므로 이를 추구하고 전수하는 연구와 교육이 함께 중요할 수밖에 없다. 그런 점에서 대학은 이런 인간 정신을 형성하여 전수하는 '넓은 의미의 교육'을 시행하는 곳이라고 할 수 있다.

대학의 이념은 우리가 영원히 도달할 수 없을지도 모르는 하나의 이상을 향해 나아가는 것이다. 우리는 현실에서 그 이상을 향해 한 걸음씩 다가갈 뿐이다.

– 칼 야스퍼스(1984)의 『대학의 이념』 중 서문에서

생각해 보기

1) 야스퍼스가 말하는 대학은 어떤 곳인가?
2) 야스퍼스가 말하는 대학의 가치(의미)와 오늘날 우리 사회에서 대학생들이 이해하는 대학의 가치(의미)는 어떻게 다른가?
3) 여러분이 생각하는 대학생다움이란 무엇인가?

제2장
학습하는 사람의 심리

---

1. 나의 학습동기수준을 이해하고 나에게 맞는 동기유발방법을 찾아 적용할 수 있다.

2. 나의 성취목표지향성을 확인하고 그에 부합하는 학습전략을 실천할 수 있다.

1. 학습동기

1) 학습동기의 의미와 유형

학습동기란 학습을 이끄는 매우 중요한 정의적 특성이다. 정보처리이론에 따르면 학습자들이 수업에 주의를 집중했을 때 학습이 이루어진다고 설명하는데 사실은 학습자들이 배우고자 하는 의욕이 있을 때 수업에 집중할 수 있는 것이다. 반대로, 학습자들은 흥미가 없거나, 왜 배워야 하는지 모르는 과목이나 내용에 대해서는 노력을 하지 않기 때문에 좋은 학습결과를 기대하기 어렵다. 그러므로 학습에 대해 이해하기 위해서는 학습동기를 어떻게 향상시키고 유지할 수 있는지에 대한 이해가 선행되어야 한다. 학습동기란 동기의 하위개념으로 학습과 관련된 동기를 의미한다. 동기(motive)란 행동을 일으키고, 행동을 지속하게 하며, 행동의 방향과 목표를 결정하는 내적인 힘이다. 동기는 행동의 방향과 목표를 결정하고 그러한 방향으로 행동을 하도록 마음먹게 하면서 그 행동을 지속하도록 유지시켜 주는 힘이 있다. 이런 관점에서 학습동기란 학습자로 하여금 일련의 학습을 지속시키도록 하는 내적 · 외적 조건이다.

학습동기의 중요성을 강조한 켈러(John Keller)는 학습자들이 학습상황에 의미를 부여하고 흥미를 느낄 때 더 높은 학업성취도를 달성할 수 있다고 하였다. 즉, 학습자가 학습할 대상이 자신의 삶이나 진로와 관련 있어 의미가 있다고 판단할 때 동기가 유발된다고 하였다. 동기가 유발되면 학습초기 학습자들은 주의를 집중하고 노력을 기울인다. 그러나 학습을 수행하는 과정에서 요구되는 기초적인 지식이나 기술이 부족하면 지속동기를 갖기 어렵다. 예를 들어, 고등학생 때 문과였는데 취업에 유리하다는 이유로 공학계열 전공을 선택하여 입학한 학생들이 있다. 이들 중 일부는 자신들이 이과계열 학생들보다 더 열심히 해야 한다는 각오를 가지고 노력을 기울이지만 아무리 노력해도 성과가 나오지 않으면 학습동기가 지속되지 못해 결국 전과를 고려하게 된다. 그리고 노력의 결과로 얻은 학습결과가 공정하다고 판단되면서 인지적으로 성장했다고 느낄 때, 학습자들은 다음에 유사 대상에 대해 동기가 유발된다. 이와 같이 학습동기는 학습을 수행하기 이전에 갖는 초기 학습동기와 함께 지속동기가 있을 때 효과적인 학습결과를 산출할 수가 있으며 평가결과가 공정하다고 판단될 때 새로운 학습과제에 대한 긍정적 동기형성에 영향을 미친다.

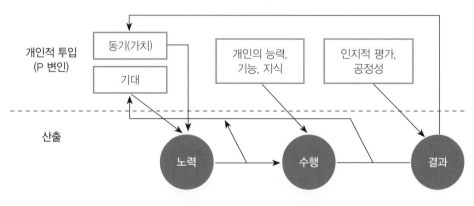

[그림 2-1] 학업성취와 동기와의 관계

학습동기의 유형은 내재적 동기와 외재적 동기로 구분할 수 있다. 내재적 동기란 학습 자체에 흥미를 느끼고 의미를 부과하여 학습행동을 유발하는 것이다. 내재적 동기에 의한 학습은 학습 그 자체에 만족감을 느끼는 경향성이 있으며, 이런 학습자들은 학습 지향적인 특징을 가진다. 학습하는 것 자체에 흥미, 호기심, 즐거움 등을 느껴 학습을 지속하는 경우가 이에 해당된다. 이에 반해 외재적 동기는 학습 그 자체에는 흥미가 없으나 학습을 통한 외적 보상을 받거나 불이익을 피하기 위해서 학습을 하는 것을 의미한다. 학습을 하는 이유가 학습 자체에 있다기보다 외적인 결과에 있다. 이러한 사람은 목표지향적인 경향을 가지고 있다. 외재적 동기에 의한 학습은 그 보상이 지속되지 못하면 학습동기가 없어질 가능성이 크고, 학습자 자신에게 학습의 주도권이 있는 것이 아니라 타인에 의해 부여되는 속성이 있어 학습동기를 지속하는 데 한계가 있다. 따라서 학습자의 입장에서는 자신에게 흥미와 의미가 있는 학습 과제와 대상이 무엇인지를 탐색하여 내재적 동기에 의한 학습활동에 주도적으로 참여하는 것이 긍정적인 학습결과를 산출할 수 있다.

　내재적 동기와 외재적 동기에 대해 과학적으로 접근하기 위해 1971년 에드워드 데시(Edward Deci)는 Soma Puzzle 실험을 대학생 두 집단에게 실시하였다. 실험내용은 정해진 시간 동안 Soma Cube를 이용하여 특정모양이나 새로운 모양을 만드는 과제를 수행하는 것이다. 실험은 3일 동안 3단계로 진행하였고 실제 실험의 목적은 과제수행시간을 마치고 8분 동안의 휴식시간 동안의 행동을 관찰하는 것이었다. 첫날은 두 집단의 대학생들에게 아무 보상 없이 퍼즐과제를 하도록 하였다. 이후 8분 동안 대학생들은 평균 3분 45초 동안 퍼즐과제를 더 수행하였다. 둘째 날에는 A집단에는 과제 완수 시 1달러의 보상을 제공하였고 B집단에는 보상을 제공하지 않았다. 그러자 휴식시간에 A 집단이 약 5분 동안 퍼즐을 하는 것으로 나타났다. 셋째 날에는 첫째 날처럼 두 집단 모두 보상을 제공하지 않은 조건에서 퍼즐과제를 수행하였다. 그러자 A집단은 휴식시간에 약 3분 동안 퍼즐활동을 하였는데 B집단은 전날보다 퍼즐시간이 늘었다. 이 실험을 통해 우리가 알 수 있는 것은 외적 보상은 일시적 의욕을 부여하는 면이 있지만, 그 외적 보상이 없어지면 오히려 원래 가지고 있는 내적 동기를 감소시킨다는 것을 알 수 있다. 이러한 현상을 설명하는 개념으로 '과잉정당화 효과'가 있다. 과잉정당화는 돈, 음식, 상품과 같은 물질적 보상이 칭찬, 관심과 같은 심리적 보상보다 과잉정당화 효과를 일으킬 경향이 더 높다. 특히 어떤 일을 얼마나 잘했는지를 따지지 않고 그저 그 일을 수행한 것만으로 보상하는 경우에 과잉정당화 효과가 일어날 가능성이 높다.

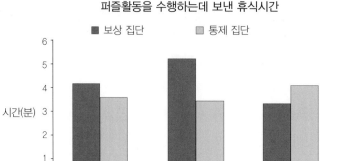

퍼즐활동을 수행하는데 보낸 휴식시간

[그림 2-2] Soma Puzzle 실험의 결과(Deci, 1971)

다음 사례는 신문에 게재되었던 실제 우리나라에서 있었던 일로 Soma Puzzle 실험의 결과와 관련있다. 만약 여러분이 카페 사장이었다면 어떻게 문제를 해결했을지 생각해 보자.

 생각해 보기

어느 동네에 카페 하나가 있었다. 그 카페는 조용하고 넓어서 사람들이 차를 마시면서 공부를 하거나 책을 읽기에 좋은 장소로 알려져 많은 사람이 이용하였다. 그런데 어느 날 갑자기 카페 주변에 버스킹하는 청년들이 나타나 로큰롤(Rock'N' Roll)과 같은 시끄러운 음악을 신나게 연주하고 노래를 부르기 시작하였다. 카페 주인은 점차 카페를 찾는 손님이 줄어드는 이유가 밖에서 나는 시끄러운 음악이라고 판단하여 버스킹하는 청년들을 쫓아낼 묘안을 생각해 냈다. 결국 얼마 지나지 않아 버스킹하는 청년들이 나타나지 않았다. 여러분이 만약 카페 주인이었다면 어떻게 문제를 해결했겠는가?

많은 연구에서는 내재적 동기가 외재적 동기보다 성과에 효과가 있다고 하는데, 학교현장이나 비즈니스 환경을 살펴보면 학생들의 학습동기를 유발하거나 직장인들의 업무수행 동기를 촉진하기 위해 다양한 외재적 동기 전략을 사용하고 있다. 유치원에 입학하자마자 규칙을 잘 지키거나 숙제를 잘했을 때 모았던 칭찬 스티커, 초등학교에 입학하면서 받기 시작했던 상장 등이 이에 해당된다. 그리고 이 수업에서도 발표를 하면 발표점수 가산점을 주고 있는데 교육학 전문가인 저자 본인은 효과가 없는데도 사용하고 있는 것일까? 비즈니스 환경에서도 우리는 잘 알려진 삼성전자가 매출이 좋아서 직원들에게 성과급을 100%를 주었다거나 지난 코로나 시기에 잘 나갔던 넥슨이 성과급을 많이 지급하여 많은 청년에게 희망의 기업이 되기도 하였다. 이와 관련한 명쾌한 의견을 연구에 기반하여 제공한 대니얼 핑크(Daniel Pink)의 "The puzzle of motivation"을 Ted 플랫폼에서 보고 다음 토론 주제에 대해서 생각해 보도록 하자.

활동하기 1

☞ 자신의 경험을 기반으로 생각했을 때 보상(인센티브)은 효과가 없는가?

  1) 보상이 있어 무엇인가를 열심히 했던 경험은 무엇인가?

  2) 보상은 어떠할 때 효과가 있다고 생각하는가?

  3) 기업은 직원의 동기를 부여하기 위해 왜 성과급을 제공하는가?

---

2) 숙달목표지향성과 수행목표지향성

학습동기는 학습자로 하여금 학습목표와 방향을 결정하는 힘이 있다. 여러분은 어떤 성취목표지향성을 가지고 있는지 먼저 진단해 보도록 하자.

활동하기 2 **나의 성취목표지향성 진단하기**

☞ 다음 질문지를 읽고 솔직하게 응답하고 항목별로 점수의 합계를 산출하시오

문 항	전혀 아니다	아니다	보통 이다	그렇다	매우 그렇다	합계
1. 나는 새로운 것을 배울 수 있는 도전적인 과제를 좋아한다.	①	②	③	④	⑤	
2. 내가 공부하는 이유는 수업내용을 완벽하게 이해하고 싶기 때문이다.	①	②	③	④	⑤	
3. 나는 수업에서 가능한 한 많은 것을 배우고 싶다.	①	②	③	④	⑤	
4. 수업을 통해 나의 능력을 향상시키는 것은 중요하다.	①	②	③	④	⑤	
5. 나는 수업에서 나의 능력을 향상시킬 수 있는 기회를 찾는다.	①	②	③	④	⑤	
6. 나는 교수님이 내 주신 과제의 내용을 이해하지 못할까 봐 여러 번 확인한다.	①	②	③	④	⑤	
7. 나는 주어진 시간 내에 완벽하게 과제를 끝마치지 못할까 봐 두렵다.	①	②	③	④	⑤	
8. 나는 수업내용을 완벽하게 이해하지 못할까 봐 두렵다.	①	②	③	④	⑤	
9. 나는 수업에서 반드시 알아야 하는 것을 배우지 못할까 봐 걱정한다.	①	②	③	④	⑤	
10. 내가 공부하는 이유는 수업시간에 배운 내용을 이해하지 못할까 봐 두렵기 때문이다.	①	②	③	④	⑤	
11. 나의 목표는 다른 학생들보다 좋은 성적을 받는 것이다.	①	②	③	④	⑤	
12. 나는 다른 학생들보다 좋은 점수를 받는 상상을 하면 의욕이 생긴다.	①	②	③	④	⑤	
13. 다른 학생들과 비교했을 때 내 실력이 더 좋을 때 매우 뿌듯하다.	①	②	③	④	⑤	
14. 나는 다른 친구들보다 공부를 잘하는 것이 중요하다.	①	②	③	④	⑤	
15. 수업시간에 내가 다른 학생들에 비해 더 잘한다는 것은 나에게 중요하다.	①	②	③	④	⑤	
16. 나의 목표는 전공친구들과 비교하여 나쁜 성적을 받지 않는 것이다.	①	②	③	④	⑤	
17. 나는 전공친구들보다 나쁜 성적을 받게 될까 봐 걱정한다.	①	②	③	④	⑤	
18. 내가 공부하는 이유는 다른 친구들보다 좋은 성적을 받기 위해서이다.	①	②	③	④	⑤	
19. 내가 공부하는 이유는 단지 다른 친구들보다 나쁜 성적을 받는 것이 싫기 때문이다.	①	②	③	④	⑤	
20. 내가 수업을 열심히 듣는 이유는 다른 학생들에게 뒤떨어지지 않기 위해서이다.	①	②	③	④	⑤	

학습스타일을 진단한 결과를 다음 표에 작성하시오. 합계가 가장 높은 점수가 여러분의 목표지향성이다. 그러나 두 개가 동일하거나 그 차이가 미미할 때 여러분은 두 가지 성향을 모두 가지고 있다고 볼 수 있다.

문항	합계	목표구분
1~5번		숙달접근
6~10번		숙달회피
11~15번		수행접근
16~20번		수행회피

목표는 학습자가 어떤 목표를 지향하는가에 따라 두 가지로 구분한다. 자기향상을 목적으로 하는 숙달목표(mastery goal) 지향과 다른 학습자와의 비교를 통한 수행목표(performance goal) 지향으로 구분할 수 있다. 숙달목표는 학습 자체에 가치를 부여하여 새로운 지식과 기술을 획득하려는 것에 중점이 있는 것을 의미한다. 수행목표는 다른 학습자와의 비교를 통해 자신의 역량과 능력이 어떻게 평가될 것인가에 중점을 두어 평가목표라고도 한다. 성취목표지향성은 숙달목표 접근, 숙달목표 회피, 수행목표 접근, 수행목표 회피의 네 가지 유형의 목표 유형으로 구분된다.

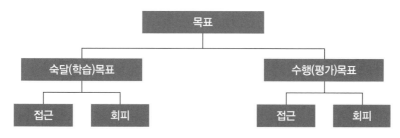

[그림 2-3] 성취목표지향성의 유형

숙달목표 접근의 학습자는 자신의 내적 흥미와 자기발전을 위해서 학습하고 새로운 지식의 습득과 자신의 능력을 향상시키기 위해서 끊임없이 노력한다. 남과 비교하는 것이 아니라 자신이 설정한 목표를 달성하기 위해 도전적이고 새로운 과제를 수행하는 데 노력을 기울인다. 만약 그러한 과정에서 실수를 한다고 해도 실수경험을 학습의 일부로 여기고 자기발전의 밑거름으로 사용하는 경향이 있다. 학습결과에 대한 다른 사람의 평가에 크게 의존하지 않고 자신이 설정한 목표를 달성함으로써 성취감과 만족감을 느낀다. 이에 반해 숙달목표 회피의 학습자는 자신이 학습하는 내용에 대해서 잘못 이해하지 않기 위해서 또는 과제를 끝까지 못하는 것을 회피하기 위해서 학습을 한다. 다시 말해서 학습과 관련하여 자신이 잘못하고 있다거나 틀리는 것이 싫어서 학습하는 것이다.

수행목표 접근의 학습자는 남들에게 자신의 능력을 과시하려고 하고 실수를 실패로 여기면서 자신의 능력이 부족한 증거로 생각한다. 따라서 실패를 회피하기 위해 쉬운 과제를 선택하고 모험이나 새로운 것을 도전하려는 의지가 부족하다. 자신의 능력이 뛰어남을 보여 주거나 결과가 성공적일 때는 자신감도 높고 도전적인 과제를 즐기면서 긍정적 정서를 가지게 되지만 결과가 실패라고 인식할 경우 자기가치에 손상을 입게 되는 경향이 있다. 수행목표 회피의 학습자는 남들에게 자신이 아주 못하는 사람으로 평가받는 것을 피하거나 가장 나쁜 성적을 받지 않는 것을 목표로 설정한다. '중간만 하면 된다.' 또는 '꼴찌만 아니면 되지.'와 같은 생각으로 학습하는 유형이 이에 속한다고 볼 수 있다.

이론적으로 숙달목표지향적인 사람이 수행목표지향적인 사람보다 수준 높은 성과를 산출할 가능성도 크고 중간에 포기하는 경향도 낮을 수 있다. 그렇다고 수행목표지향적인 사람이 낮은 성과만을 산출하는 것은 아니다. 오히려 단기간에 다른 사람과의 경쟁을 통해 목표를 달성함으로써 급성장할 수 있는 기회도 만들 수 있다. 그러나 성인이 된 여러분이 이제와서 목표지향성을 바꾸기는 쉽지 않다. 다만 자신의 목표지향성을 이해하고 그에 부합하는 학습활동과 진로를 설정해야 자신이 처한 환경에 만족할 수 있다.

3) 귀인이론

귀인(歸因, attribution)이란 어떤 행위에 대한 인과적 설명이다. 어떤 사건이나 결과에 대해 개인이 지각하는 원인으로, 사람들이 자신들의 행동결과가 왜 일어났는지에 대한 해답을 찾는 것으로 정의된다. 인간은 어떤 사건이나 행위에 대해 원인을 찾으려는 경향성을 가지고 있다. 귀인이론은 인간이 어떤 사건의 성패에 대한 원인을 무엇으로 설명하는지 그리고 그러한 원인이 후속 행동에 어떠한 영향을 미치는지를 연구하는 동기이론이다.

학습자들은 자신의 학습결과의 원인을 ① 능력, ② 노력, ③ 과제난이도, ④ 운의 네 가지로 구분하여 설명하려 한다. 예를 들어, 자신의 능력이 좋아서 성적이 좋았다거나 노력을 하지 않아서 성적이 나빴다거나, 문제가 너무 어려워서 성적이 나빴다거나, 운이 좋아서 성적이 좋았다는 등과 같이 학습결과의 원인을 설명한다. 학자들은 이와 같은 네 가지의 귀인의 유형을 원인소재, 안정성, 통제성의 세 가지 차원으로 구분하여 제시하였다.

〈표 2-1〉 귀인 유형별 원인의 소재, 안정성, 통제 가능성과의 관계

	원인의 소재	안정성	통제 가능성
능력	개인 내부	안정	통제 불가
노력	개인 내부	불안정	통제 가능
운	개인 외부	불안정	통제 불가
과제난이도	개인 외부	안정	통제 불가

만약 중간고사 성적에서 매우 낮은 점수를 받은 학생에게 그 이유를 물으면, 나는 원래 공부를 못한다거나, 중간고사 공부를 전혀 하지 않았다와 같이 능력이나 노력과 관련된 이유를 많이 제시한다. 실패의 원인을 노력에 두면 다음에는 더 열심히 할 가능성이 있지만, 능력에 두면 안정적인 특성으로 아무리 노력해도 소용없다고 판단하여 자포자기하기가 쉽다. 또는 그 원인을 운이나 과제난이도와 같이 환경적인 탓으

로 돌릴 경우, 이 두 가지는 모두 개인이 통제가 불가능하므로 향후 행동에 긍정적인 영향을 미치지 못한다. 따라서 학자들은 내적 귀인이면서 통제가 가능한 '노력'만이 미래 학습행동에 긍정적인 영향을 미칠 수 있다고 하였다.

앞에서 소개한 숙달목표 및 수행목표와 귀인을 서로 관련지어 설명할 수 있다. 숙달목표지향의 학습자들은 학습실패의 원인을 대체로 노력에서 찾기 때문에 끈기를 가지고 끊임없이 도전하려는 경향이 있다. 반면에 수행목표지향의 학습자들은 학습실패의 원인을 능력부족으로 보는 경향이 높기 때문에 숙달목표지향성에 비해 쉽게 좌절하고 포기하기 쉽다. 따라서 성취목표와 귀인이론에 따르면 효과적인 학습활동을 위해서는 숙달목표를 가지고 학습의 성패의 원인을 노력에서 찾을 때 보다 발전적인 학습자의 모습을 기대할 수 있다.

[그림 2-4] 성취목표 유형과 귀인과의 관계

2. 학습스타일

활동하기 3 학습스타일 진단하기

☞ 다음의 40개 문항을 읽고, 각 문항의 내용이 자신에게 해당되면 체크 칸에 O를, 아니면 X를 하시오. 40개의 문항이 완료되면 문항 옆에 O를 세로로 세서 합을 적으시오.

구분	학습스타일 진단 점수표							
	문항	결과	문항	결과	문항	결과	문항	결과
문항번호	1		3		2		5	
	4		6		9		10	
	12		7		13		11	
	18		8		21		14	
	22		15		23		20	
	24		16		30		25	
	34		17		31		26	
	36		19		33		27	
	37		28		38		29	
	40		32		39		35	
합								
학습자 유형	적극적 학습자		숙고하는 학습자		논리적인 학습자		실용적인 학습자	

문항	체크
1. 나는 내 행동이 어떤 결과를 초래할지 깊이 생각하지 않고 곧바로 실행하는 편이다.	
2. 나는 문제를 풀 때 단계별로 차근차근 푼다.	
3. 나는 철저하게 준비해서 해결할 만한 충분한 시간이 주어지는 과제를 좋아한다.	
4. 나는 새로운 경험을 좋아한다.	
5. 나는 새로운 아이디어나 방식을 접하면 그것을 어떻게 적용해 볼지 곧바로 생각한다.	
6. 나는 나에게 맡겨진 일을 철저하게 완수한다는 자부심을 가지고 있다.	
7. 나는 자료를 신중하게 해석해서 무작정 결론은 내리지 않도록 주의한다.	
8. 나는 어떤 일을 결정한 때 모든 대안을 신중하게 검토한다.	
9. 나는 체계적인 것을 좋아하고, 어떤 사항을 분명한 패턴에 맞추어 생각하려고 한다.	
10. 나는 정해진 규정을 준수한다.	

11. 나는 산만하고 엉성한 토론을 싫어한다.	
12. 나는 기존의 것과 다른 새로운 것에 도전하기를 즐긴다.	
13. 나는 순간적으로 어떤 생각을 해 내지 못한다.	
14. 나는 가능하면 빨리 요점을 이야기하려고 한다.	
15. 나는 가능한 한 많은 자료를 얻으려고 노력하고, 자료가 많으면 많을수록 좋은 생각이 떠오르는 데 도움이 된다고 생각한다.	
16. 나는 토론을 할 때 내 의견을 내세우기에 앞서 다른 사람의 의견을 듣는 편이다.	
17. 나는 토론을 할 때 토론에 참여하는 사람들끼리 서로의 견해를 주고받는 장면을 보는 것을 좋아한다.	
18. 나는 어떤 상황을 미리 준비하기보다는 그 상황에 직면하여 대응하기를 선호한다.	
19. 나는 빡빡한 마감시간에 맞추기 위해 허겁지겁 작업하는 것을 좋아하지 않는다.	
20. 나는 다른 사람들의 생각을 실용성의 관점에서 판단하는 경향이 있다.	
21. 나는 완벽주의자이다.	
22. 나는 토론을 할 때 나의 의견을 자발적으로 말한다.	
23. 나는 다른 사람의 논증에서 허술한 점을 발견하려고 한다.	
24. 나는 듣기보다는 말하기를 즐긴다.	
25. 나는 어떤 일을 수행하기에 앞서 우수하고 실용적인 방법을 생각해 낸다.	
26. 나는 보고서는 요점에 충실하고 간단명료해야 한다고 생각한다.	
27. 나는 핵심 주제에서 벗어나는 교수자를 좋아하지 않는다.	
28. 나는 보고서를 작성할 때 완성 전에 초안이나 개요를 여러 차례 써 본다.	
29. 나는 배운 것을 실제로 적용할 수 있는지 열심히 시험해 본다.	
30. 나는 논리적인 과정을 거쳐 해답에 도달하려고 노력한다.	
31. 나는 토론할 때 냉정하고 객관적인 편이다.	
32. 나는 토론할 때 소극적인 자세를 취한다.	
33. 나는 현재의 상황을 장기적인 안목으로 확대하여 해석할 수 있기를 원한다.	
34. 나는 어떤 일이 잘못되면 쉽게 회피하고자 한다.	
35. 나는 비현실적인 생각이나 충분히 검토되지 않는 갑작스러운 생각을 무시하는 경향이 있다.	
36. 나는 구체적인 목표나 제한적인 계획을 세우는 것이 너무 형식적이라고 생각한다.	
37. 나는 일상적이고 세부적인 일에 쉽게 싫증을 낸다.	
38. 나는 어떤 것의 토대가 되는 기본적인 전제나 원칙, 이론에 대해 탐구하는 것을 즐긴다.	
39. 나는 주관적이거나 모호한 주제들을 좋아하지 않는다.	
40. 나는 위기상황이 주는 흥분을 즐긴다.	

학습스타일(학습양식, Learning style)이란 학습하는 방식과 성향으로 학습자마다 다르게 나타난다. 이는 학습자마다 정보를 지각하고 처리하는 방식이 다르기 때문이다. 학습스타일은 학문적으로는 '학습자가 외부로부터 정보를 지각하고 처리하는 과정에서 선호하는 방식'을 의미한다. 학생마다 선호하는 학습방법, 학습환경, 학습자료가 다르기 때문에 어떤 학습자에게는 효과적인 것이 다른 학습자에게는 효과적이지 않을 수 있다. 따라서 자신에게 맞는 학습스타일을 먼저 파악하고 효과적인 학습전략을 수립해야 한다.

학습스타일을 구분하는 유형은 학자들마다 상이하나 여기에서는 펠더(Felder, R. M.) 교수가 제안한 학습스타일 진단도구를 활용하였다. 그는 정보를 지각하는 형태(감각적 vs. 직관적), 정보를 받아들이는 선호방식(시각적 vs. 언어적), 사고를 조직화하는 과정(귀납적 vs. 연역적), 정보를 처리하는 방법(활동적 vs. 성찰적), 이해하는 과정(연속적 vs. 포괄적)을 고려하여 진단도구를 통해 학습스타일을 네 가지로 구분하였다. 진단도구를 통해 확인할 수 있는 학습스타일은 적극적 학습자, 숙고하는 학습자, 논리적 학습자, 실용적 학습자이다.

첫 번째 학습스타일은 적극적 학습자이다. 적극적 학습자는 새로운 것을 적극적으로 시도하면서 정보를 기억하고 이해하려는 경향이 있어 열정적이고 부지런하며 개방적이다. 문제에 대한 브레인스토밍을 통해 새로운 아이디어를 제안하는 것을 즐기며, 토론활동을 좋아하기 때문에 필기만 하는 수동적인 수업은 선호하지 않는다. 특히 적극적 학습자는 새로운 상황이나 변화에 쉽게 흔들리거나 동요되지 않는 장점이 있다. 반면, 충분한 생각과 준비 없이 행동하려는 경향이 강하고, 새로운 시도를 많이 하지만 치밀하게 체계적으로 수행하는 것을 어려워하며, 장기간 동안 지속적으로 열심히 해야 하는 것에 쉽게 싫증을 느끼는 단점도 있다.

두 번째 유형은 숙고하는 학습자이다. 주의가 깊고, 사전에 철저하게 자료를 수집하거나 다른 사람의 충고 등을 참고하여 치밀하게 계획을 세우기 때문에 적극적 학습자처럼 성급하게 행동으로 옮기지 않는다. 조용히 생각해 보면서 결론에 도달하기 전까지 문제를 여러 각도에서 조망하고 다양한 가능성을 찾는다. 그렇기 때문에 학습도 여럿이 함께하기보다는 혼자 하는 것을 선호한다. 반면, 혼자 숙고하는 경향 때문에 자신의 마음을 정리하고 어떤 일을 결정하는 데 지체하는 경향이 있고, 과도하게 조심스러워 모험을 하지 않으려는 경향이 있다. 뿐만 아니라 단체활동에 참여하는 것을 꺼리고, 다른 사람에게 소극적인 사람으로 인식될 가능성이 크다.

세 번째 학습스타일은 논리적인 학습자이다. 합리적이고 체계적인 방법론에 따라 차근차근 생각하는 스타일이며, 주제 전체를 이해하기 위해 부분적으로 분석하고 종합을 통해 전체를 이해하는 과정을 거친다. 명확한 이론이나 구조에 맞추어 생각하는 것을 선호하고, 탐구적인 질문을 통해 이론을 검증하거나 확인하는 것을 선호한다. 반면, 기존 이론이나 규칙이 아닌 새로운 관점을 찾아내는 데 능숙하지 않고, 주관적 판단이나 창의적인 생각을 꺼리는 경향이 있으며, 그러한 일에 가치를 부여하지 않는 특징이 있다.

네 번째 학습스타일은 실용적인 학습자이다. 실용적이며 현실적인 성향으로 문제에 대한 해결 방안을 찾아 최선의 해결안을 선택하는 것을 좋아한다. 새로운 생각이나 이론, 기술이 실제로 효과가 있는지를 검증하는 활동을 즐기며, 아이디어를 재빨리 실행에 옮기기 때문에 사무적으로 시간을 낭비하지 않는다. 반면, 실용성이 명확하지 않은 일을 기피하며, 여러 대안을 충분히 심사숙고하지 않고 결정하는 성향이 있고, 처음 떠오른 해결방법에 집착하는 경향이 있다.

제3장

자기주도학습법

---

1. 자기주도학습의 의미를 이해하고 대학공부에 자기주도학습전략을 적용할 수 있다.

2. 책을 읽는 과정에서 효과적인 독서전략을 적절하게 적용할 수 있다.

3. 손필기의 장점에 대해 이해하고 수업시간에 노트필기 전략을 실천할 수 있다.

1. 자기주도학습

1) 자기주도학습의 개념 및 특징

자기주도학습(self-directed learning)은 교사주도학습(teacher-directed learning)의 상반된 개념으로 이제는 학술적 개념이라기보다 일반인들도 일상적으로 사용하는 용어가 되었다. 자기주도학습은 타인에 의해 학습을 하는 것이 아니라 학습자 스스로가 자율성과 주도성을 가지고 학습을 수행해 나가는 것을 의미한다. 자기주도학습은 성인교육학을 집대성한 놀스(Malcolm Knowles)에 의해서 정립되었는데, 그의 정의에 의하면 자기주도학습은 "개별 학습자가 스스로 자신의 학습에 있어서 주도권을 가지고 학습요구를 진단하고, 학습목표를 설정하며, 학습에 필요한 인적·물적 자원을 확보하고, 적합한 학습전략을 선택 및 실행하여 성취한 학습결과를 스스로 평가하는 과정과 활동"이다.

자기주도학습의 개념을 보다 구체적으로 살펴보기 위해 상반된 개념인 교사주도학습과 비교해 보면 다음과 같다.

- 교사주도학습에서는 학생을 본질적으로 수동적인 존재로 이해하지만, 자기주도학습에서는 학생을 자기주도성 또는 자율적인 능력과 욕구를 가진 존재로 인정한다.
- 교사주도학습에서는 학생이 가지고 있는 경험보다는 교과나 단원을 중심으로 한 교사의 교육내용을 더 중요한 학습자원으로 생각하는 반면, 자기주도학습에서는 학생들의 다양한 경험이 교사나 전문가들의 교육내용과 더불어 풍부한 학습자원으로 여겨진다.
- 교사주도학습에서는 동일한 연령의 학생은 동일한 내용을 학습할 인지적인 준비수준이 같다고 가정되지만, 자기주도학습에서는 각 학생마다 학습의 준비수

준이 다르다고 가정한다.

- 교사주도학습에서는 학생들이 교과중심으로 학습을 경험하기 때문에 교과내용이 중심이 되는 반면에, 자기주도학습에서는 학생들이 과제중심 또는 문제해결중심으로 학습하는 것을 중요하게 생각한다.
- 교사주도학습에서 학생이 공부를 하는 이유는 칭찬이나 상과 같은 보상을 받거나 벌을 받지 않기 위한 것인 반면에, 자기주도학습에서는 학생의 성취욕구, 호기심, 자기존중감 등과 같은 내재적 동기가 공부를 하고자 하는 동기가 된다.

자기주도학습의 정의를 보면, 누구나 자기주도학습자가 될 수 있는 가능성은 있으나 모든 학습자가 자기주도학습자는 아니다. 특히 우리나라와 같이 부모의 교육열이 높고 사교육의 기회에 많이 노출되어 있는 청소년들의 경우에는 자기주도학습자 되기가 더욱 어려운 환경이다. 그런데 이런 청소년들이 대학에 입학을 하게 되면, 그동안 부모와 선생님들에 의해 학습목표가 설정되고 학습에 필요한 자원을 제공받았던 학습환경에서 벗어나 오롯이 학습자 자신이 학습의 주도권을 가질 수밖에 없는 상황에 놓여진다.

자기주도학습을 가능하게 하는 학습자의 특징은 무엇인가? 굴리엘미노(Lucy Guglielmino)는 자기주도학습이란 학습자 개인에게 주어지는 책임감을 바탕으로 스스로 학습하는 과정이라고 하면서 자기주도학습자의 특성을 ① 학습기회에 대한 개방성, ② 효과적인 학습자의 자아개념, ③ 학습의 주도성과 독립성, ④ 학습에 대한 책임 수용, ⑤ 학습에 대한 사랑, ⑥ 다양하게 학습하려는 창의성, ⑦ 미래에 대한 긍정적 태도, ⑧ 기본 학습기능과 문제해결기능을 사용하는 능력의 8가지를 제안하였다. 캔디(Philip Candy)는 자기주도학습자의 특징으로 개인적 자율성을 가진 인성적 특성, 스스로 교육하려고 하는 의지와 능력을 기반으로 한 자기관리, 공적인 상황에서 학습을 계획하는 학습통제능력, 그밖에 비공식적 상황에서 개별적 또는 비제도적으로 이루어지는 자습 등이 포함된다고 하였다. 국내외 자기주도학습과 관련된 선행연구를 분석해 보면 자기주도학습자들은 내재적 동기가 강하고, 학습과 관련하여 스스로 잘 할 수 있다고 생각하는 자기효능감이 높으며, 학습하는 방법 및 과정을 관리하는 능력이 뛰어나다. 뿐만 아니라 학습을 하는 데 있어 어려움에 부딪히면 스스로 해결할 수 있는 능력이 있다.

활동하기 1 **자기주도학습능력 진단하기**

☞ 나의 자기주도학습능력은 어느 정도일까? 아래 문항을 잘 읽고 평소 느끼고 생각하는 정도와 가장 일치한다고 생각하는 번호에 체크(√)하시오.

	[학습할 때 나는 _____]	그렇지 않다	그저 그렇다	그렇다	매우 그렇다
		0	1	2	3
1	미래에 대한 확실한 목표와 희망이 있다.				
2	구체적인 목표 점수나 순위를 생각하며 공부한다.				
3	누가 시키지 않아도 스스로 공부한다.				
4	공부하는 것이 즐겁고 재미있다.				
5	시험 대비를 위해 항상 공부하며 숙제도 잘 한다.				
6	공부할 때 중요 내용을 파악하면서 밑줄을 긋거나 표시한다.				
7	예습과 복습을 중요시한다.				
8	책 읽기를 좋아하며 요점을 파악하면서 읽는다.				
9	계획을 세우며, 세운 계획을 잘 실천하는 편이다.				
10	오늘 해야 할 공부를 내일로 미루지 않는다.				
11	혼자 공부하는 시간을 정해서 매일 공부한다.				
12	이해가 안 되면 책을 통해 다시 공부한다.				
13	시험공부는 계획적, 단계적으로 하며 몰아서 하지 않는다.				
14	공부할 분량을 정해 놓고 공부한다.				
15	최소 1일 1시간은 집중해서 공부한다.				
16	공부가 잘 되는 나만의 공부장소가 있다.				
17	끝까지 스스로 공부해도 모르는 것이 있으면 선생님이나 튜터에게 물어본다.				
18	항상 격려해 주며 동기를 부여해 주는 사람이 있다.				

자기주도학습능력 진단결과에 대한 해석은 다음과 같다.

〈표 3-1〉 자기주도학습능력 진단결과 해석기준

점수	평가
40점 이상	자기주도학습이 습관화되어 있어 성공적인 학습이 가능함.
30~39점	자기주도학습이 가능해진 단계로 학생이 자발적으로 목표를 세우고 공부하려고 노력하나 자신에 대한 믿음과 자신감이 충만하지는 않음.
20~29점	자기주도학습이 어느 정도 형성되어 있으나 지속적인 동기부여와 함께 적극적인 실천력이 필요함.
0~19점	자기주도학습이 거의 형성되지 않은 상태이며, 자기주도학습의 이해와 실천력이 절실히 요구됨.

2) 자기주도학습능력의 구성요인

자기주도학습능력은 대학에서의 성공적인 학습을 위해 중요한 요인 중 하나이다. 많은 연구자가 초·중·고등학교에서의 학습능력과 대학에서 요구하는 학습능력에는 구별되는 특징이 있음을 보고해 왔다. 대학에서의 학습활동은 교사 중심의 학교생활에서 학습자 자신의 자율성이 강조되는 학교생활로 변화되고, 교육과정 중심의 학습으로부터 폭넓은 학문체제 중심의 학습으로 양상이 달라지기 때문이다. 따라서 대학에서 자기주도학습능력은 대학생들의 학업성취에 매우 큰 영향을 미치는 요인이다. 자기주도학습능력은 학습자가 동기에 의해 학습을 선택하고, 자기효능감을 기반으로 학습을 계획하고 수행하며 학습에 영향을 미치는 외부의 환경을 통제하거나 활용하는 자발적인 학습능력을 의미하며 그 하위요인으로 메타인지, 자기효능감, 내적동기, 대인관계활용능력, 생활태도관리능력이 있다.

첫째, 메타인지능력은 학습과 사고를 조절하고 관리하는 능력으로써, 쉽게 말해 자신이 무엇을 모르는지 인지하고 그것을 알기 위해서는 어떻게 해야 하는지 구체적인 계획을 세우며 실행하는 것과 관련된 능력이다. 소위 공부를 잘하는 학습자들이 그렇지 않은 학생들에 비해 가지고 있는 능력으로 알려져 있다. 구체적인 전략으로는 학습계획 수립, 학습 과정 준비 및 실행, 학습결과 평가를 기반으로 학습을 개선하는 일련의 본질적인 학습 기능을 수행하는 인지적 능력들이 포함된다.

둘째, 자기효능감은 학습수행능력에 대한 신념을 의미하는 것으로, 학습자 스스로가 자신이 학습을 얼마나 잘할 수 있다고 믿고 있는지의 정도를 말한다. 이미 일상적인 용어처럼 많은 사람에게 회자되고 있듯이 자기효능감은 학습상황뿐만 아니라 모든 영역에서 적용되고 있는 심리적 특성으로 그 수행의 결과에 긍정적인 영향을 미치는 요인이다. 자기효능감은 과거 긍정적인 정서적 경험에 의해 생성된다. 예를 들어, 유사한 과제를 수행했던 경험, 어려운 과제를 극복해서 성공적으로 수행했던 경험, 자신과 유사한 능력의 다른 학습자가 우수하게 수행하는 것을 관찰한 경험 등은 자기효능감을 향상시키는 데 긍정적인 영향을 미친다. 대체로 자기효능감이 높은 학습자들은 학습 및 과제 수행에 시간과 노력을 더 많이 투자하고 학습과정에서 부딪히는 어려움을 극복하기 위해 인내하며, 학습성패의 원인을 노력에 귀인하여 다음 학습에 더 많은 노력을 기울이는 경향이 있다.

셋째, 학습 자체에 흥미와 가치를 느끼는 내적동기이다. 앞에서 설명했듯이 내적동기가 강하면 학습에 몰입하여 노력을 기울이게 된다. 대학에서 공부를 하는 데 있어 내적동기를 높이기 위해서는 자신이 어떤 것에 관심이 있고 적성이 맞는지, 자신의 진로는 무엇인지를 먼저 결정하는 것이 좋으며, 이렇게 될 때 내적동기가 높은 학습대상을 찾기가 수월해진다.

넷째, 학습과 관련하여 학습자 자신과 직·간접적으로 연결되어 있는 주변인들을 활용하는 대인관계활용능력이다. 대학에서는 학습과 관련하여 동료로부터 정보를 얻거나, 선배로부터 자문이나 도움을 구할 수 있다. 또한 교수님께 상담을 요청하여 진로 및 전공 공부와 관련하여 자문을 구하거나 SNS를 통해 관련분야 전문가들에게 도움을 요청할 수 있다. 이와 같이 대인관계활용능력은 학습자가 주도적으로 학습을 수행해 나가는 데 있어 부딪히는 문제를 해결하기 위해서 또는 학습을 보다 더 잘 수행하기 위해 주변인들을 활용하는 능력이다.

다섯째, 학습자를 불안정한 심리상태로 만드는 피로와 배고픔과 같은 자극들을 학습자 스스로 조절하는 생활태도관리능력을 의미한다. 이런 것도 능력에 해당되나 싶기도 하겠지만 대학생에게 가장 요구되는 능력이기도 하다. 수면을 충분히 취하여 피로를 낮추고, 규칙적인 생활을 하는 것이 중요하다. 대학에서 수업을 하다 보면, 오전·오후수업에 상관없이 지각하는 학생들이 있으며 지각의 이유를 물어보면 잠을 자다가 늦었다고 하는 경우가 대다수이다. 아침수업의 경우에는 이해가 되지만, 오후 2시 수업의 경우에도 늦잠 자서 지각을 한다는 것은 그 학생의 생활패턴에 문제가 있다고 판단된다. 이와 함께 규칙적인 식습관도 중요한데 수면을 규칙적으로 하지 않다 보니, 밥을 먹는 것도 규칙적이지 않아 학습뿐만 아니라 일상생활에 부정적인 영향을 미치고 이는 건강과도 직결되는 중요한 문제이기도 하다.

앞에 제시한 다섯 가지의 하위능력들이 대학생들의 자기주도학습능력에 영향을 미치고 이것이 결국은 대학에서의 학업성취도에 영향을 미치게 된다. 그러므로 학습자들은 자신들의 자기주도학습능력 수준에 대해서 스스로 점검해 보고 부족한 부분을 향상시키기 위해 어떠한 노력을 해야 할지 계획을 세워 하나씩 실천해 나가야겠다.

3) 자기주도학습전략

자기주도학습자들이 학습과 관련하여 구체적으로 적용하고 있는 학습전략을 살펴보고자 한다. 대학생 4학년을 대상으로 1학년에서 3학년까지 누적학점이 전공별 최고득점자와 차점자 21명을 대상으로 '자신만의 성공적인 학습방법 또는 비법'에 대한 에세이를 작성하도록 요청하였고 그 자료를 분석하여 자기주도학습 준비전략, 실행전략, 관리전략으로 구분하였다.

① 자기주도학습 준비전략

자기주도학습을 위한 준비가 무엇보다도 가장 중요하다고 볼 수 있다. 공부를 하기 전에 아무리 철저한 계획을 수립한다 하더라도 그것을 끝까지 지키는 것은 쉽지 않다. 그렇기 때문에 학습 이전에 학습에 임하는 마음가짐과 태도를 다잡는 것이 중요하다. 자기주도학습 준비전략으로는 학습에 대한 의미와 가치 부여하기, 구체적인 학습목표 세우기, 자신을 신뢰하기, 꾸준히 노력하려는 마음가짐 갖기의 네 가지가 있다.

첫째는 학습에 대한 의미와 가치를 부여하는 것이다. 수업 중 필수교과목은 왜 그 교과목을 이수해야 하는지를 이해해야 하고, 선택교과목의 경우에는 자신에게 의미가 있는 교과목을 선택해서 이수해야 한다. 여러분은 수강신청할 때 무엇을 고려해서 교과목을 선택하는가? 혹시 학점을 잘 받기 위해 학점을 후하게 준다고 소문난 교과목을 신청하거나 과제나 시험 부담이 적은 교과목을 선택하지는 않았는가? 대학에서 받은 학점이 여러분의 능력을 평가하는 잣대 중 하나이기는 하지만, 자기계발을 집중적으로 할 수 있는 시기에 자신에게 의미 없는 교과목을 이수하는 것은 시간 낭비일 뿐만 아니라 후일에 반드시 후회할 일이다. 교과목을 선택하기 전에 강의계획서를 필독하고 동료와 선배들에게 관련 정보를 조사하는 것이 선행되어야 한다. 그리고 이 교과목을 통해 여러분은 무엇을 얻을 수 있는지에 대해 꼼꼼하게 따져 보고 수강신청하기를 권장한다.

둘째는 구체적인 학습목표를 세우는 것이다. 목표를 세우지 않는 것보다 목표가 있는 것이 당연히 결과에 긍정적인 영향을 미치지만, '열심히 공부하자.'와 같은 애매한 목표를 세우거나 하루에 실천하기 버거울 정도로 공부를 하겠다고 계획을 세워 하루도 지키지 못함으로써 자신에 대한 신뢰를 깨 버리는 경험을 될 수 있으면 하지 않아야 한다. 예를 들어, '이번 주에는 열심히 보고서를 작성하자.'보다는 '오늘은 과제와 관련된 자료를 10가지 이상 조사해서 정리하고 내일은 보고서 목차와 전체 구조를 정하기'와 같이 구체적인 목표를 설정한다.

셋째는 스스로 잘할 수 있다는 믿음을 갖는 것이다. 다시 말해서 앞에서 설명한 자기효능감을 높이려고 노력한다. 학습을 포함하여 여러 일에 성공하는 사람과 실패하는 사람의 차이는 그 능력의 차이라기보다 자신을 믿고 지속하느냐, 아니면 포기하느냐의 차이가 크다. 자기효능감을 높이기 위해서는 자신의 수준에 맞는 학습을 하는 것이 중요하다. 대학에서 제공하는 수업들은 전공별 교과목 이수체계를 통해 학

년별 권장 이수 교과목들을 제안하고 있다. 대부분 전공의 홈페이지에 게시하는데 수강신청하기 전에 자신이 속한 학년에 권장되고 있는 교과목들을 먼저 확인하는 것이 좋다. 간혹 낮은 수준의 학습 없이 높은 수준의 교과목을 수강신청하여 재수강을 하는 수많은 학생을 보아 왔다. 1~2학년 때 전공 기초 교과목을 제대로 학습하지 않으면 3~4학년 전공 심화 교과목을 학습할 때 자기효능감이 떨어지는 경험을 하게 된다.

넷째는 꾸준히 노력하려는 마음가짐을 갖는 것이다. 인내와 노력이 공부를 잘하는 방법이라는 것은 누구나 알고 있지만, 어떤 일을 꾸준히 하는 것은 쉬운 일은 아니다. 이를 위해서는 규칙적인 학습습관을 만드는 것이 무엇보다 중요하다. 하루 중 특정 시간에 학습을 한다거나, 계획을 세워 꾸준히 실천하고자 하는 노력이 필요하다. 처음 학습습관을 들이기 위해서는 일정계획표를 만들 것을 제안한다.

② 자기주도학습 실행전략

자기주도학습을 위한 실행전략은 학습을 수행하는 과정에서 적용할 수 있는 전략들이다. 주의집중, 수업특성 파악, 학습전략 적용, 사회적 도움관계 형성, 과제수행, 시험대비전략 등이 이에 해당된다.

첫째, 수업시간에 주의를 집중할 수 있는 방법을 활용하거나 주의집중할 수 있는 환경을 조성한다. 정보처리이론에 의하면 설명식 강의수업에서 학습의 첫 단계는 주의를 집중하는 것이다. 이를 위해 우수학습자들은 수업시간에 앞자리에 앉는 것을 선호하였고 수업시간에 90% 이상을 집중하는 것으로 나타났다. 몸이 피로하면 당연히 집중하기 어렵기 때문에 전날 충분한 수면을 취하거나 휴식을 취함으로써 학교생활에 몰입할 수 있도록 노력한다. 학교에 있는 동안에 피곤을 느낄 때에는 쉬는 시간이나 공강 시간을 이용하여 낮잠을 자는 것도 주의를 집중하기 위한 방법이다. 그리고 수업에 대한 관심과 흥미를 유지하기 위해 공강 시간에는 수업과 관련된 신문기사를 읽거나 관련 서적을 읽는 것도 좋다.

둘째, 수업의 특성을 파악하는 것이다. 대학에서 운영되는 수업은 그 수업마다 특성이 있고 가르치는 교수님마다 스타일이 다르다. 교과목의 학습목표가 무엇인지, 교수님의 스타일은 어떠한지, 또 평가방법은 무엇인지에 대해 사전에 파악하는 것이 중요하다. 교과목의 강의계획서를 숙지하여 교과목 전반에 대해서 이해하고 매 학기 첫 주 수업은 대체로 오리엔테이션이 이루어지는데 이때 결석하지 말고 꼭 참석하여 강의 전반에 대해서 이해한다. 강의 첫 시간은 결석에 포함되지 않는 경우도 있으나 해당 수업에 대한 관심을 표현하는 중요한 지표가 될 수 있어 개강 첫 주부터 담당 교수에게 좋지 않은 첫인상을 남길 수 있다. 또한 평가방법에 대해 구체적으로 파악하고 있어야 한다. 평가방법마다 배점도 다르고 학생들에게 요구하는 노력의 정도가 다르기 때문에 교과목마다 어떤 것에 집중해야 할지를 결정해야 한다. 많은 학생이 첫 과제를 제출하지 못한다거나, 중간고사를 못 보면 쉽게 포기하는 경향이 있는데 최종평가는 끝까지 가 봐야 알기 때문에 중간에 포기하지 않기를 권장한다.

셋째, 수업시간에는 자신에게 맞는 학습전략을 활용한다. 수업시간에 주의를 집중하고 이해를 증진시키기 위한 방법으로 노트필기가 있다. 노트필기의 효과는 너무나 널리 알려진 사실이고 다음 절에서 보다 구체적으로 다루도록 하겠다. 수업 중 이해가 되지 않는 부분이 있다면 이해가 될 때까지 관련 자료를 찾아보거나 교수님께 질문하는 등의 방법을 활용할 수 있다. 학습의 기본은 자신이 아는 것과 모르는 것을 구분하는 것이고 모르는 것이 있다면 철저하게 이해하도록 노력하는 것이 결국에는 시간을 절약하는 방법이다. 이해가 되었는지를 확인하는 방법으로는 혼잣말로 설명해 보거나, 주변 친구들에게 설명해 보는 방법이 있다. 한 학기에 6~8과목을 공부하는데 시험기간에 몰아서 공부하는 것은 인지적으로나 시간적으로 부족하고 힘든 일이다. 따라서 매 주차별 복습하는 습관을 길들이는 것이 효과가 있다.

넷째, 학습과정에서 도움을 줄 수 있는 주변인들과 사회적 관계를 형성한다. 중고등학교시절의 담임교사와 대학의 지도교수는 다른 개념이다. 담임교사는 여러분이 도움을 요청하지 않아도 비슷한 학사로 운영되기 때문에 적시에 도움을 줄 수 있지만, 대학의 지도교수는 여러분이 어떤 어려움이 있는지 무슨 도움을 필요로 하는지 표현하지 않으면 알 수 없다. 상담이라는 제도를 통해 만날 수도 있지만, 행정적으로 묶여 있는 지도교수 외에 자신의 진로분야와 맞는다거나 또는 인생의 멘토로 삼고 싶은 교수님을 선정하여 친분을 쌓는 것은 학업뿐만 아니라 학교생활을 하는 데 있어 도움이 될 수 있다. 이와 함께 전공 조교선생님이나 선배와 돈독한 관계를 유지하여 궁금한 사항이나 확인하고 싶은 내용에 대해서는 수시로 물어볼 수 있는 관계를 유지하는 것이 좋다.

다섯째는 자신의 힘으로 과제를 수행하는 것이다. 과제를 제출할 때가 되면 남이 한 것을 베껴서 낼까, 인터넷에서 검색해서 짜깁기해서 낼까 등 윤리적으로 딜레마에 빠지게 된다. 이렇게 과제를 수행하는 것은 학습차원에서도 전혀 효과가 없기도 하지만 윤리적인 문제까지 결부되어 큰 문제를 야기할 수 있다. 개인적인 관점에서 과제수행의 목적에 대해서 생각해 보고, 자신의 힘으로 과제를 수행했을 때, 실력도 향상되고 보람도 느끼게 될 것이다. 간혹 과제가 너무 어려워서 혼자 해결이 어려울 때는 주변 동료들과 함께 과제를 수행한다거나 도움을 구하는 것은 좋은 전략이다.

여섯째, 수업의 대부분이 지필평가방법을 포함하고 있으므로 시험을 체계적으로 준비하는 전략이 필요하다. 시험기간이 다가오면 한 달 전부터 시험 준비 계획을 수립한다. 시험비중이 높은 교과목, 학습량이 많은 교과목 등 자신이 처한 상황에 따라 시험공부의 우선순위를 정하고 공부시간과 방법을 계획한다. 문제풀이가 중심인 시험은 원리와 공식을 이해한 뒤 문제풀이에 시간을 많이 할애해야 하며 논술식의 시험을 준비할 때는 예상문제를 출제하고 직접 자신의 의견을 작성해 보는 방법으로 시험공부를 해야 한다. 그리고 시험공부를 시작하기에 앞서 족보라 불리는 기출문제의 유형을 분석하는 활동을 먼저 할 것을 권장한다. 기출문제들은 그 교과목에서 꼭 알아야 하는 부분과 관련이 있어 중복 출제될 가능성이 높고, 내용은 중복되지 않는다 하더라도 문제의 유형은 유사할 가능성이 높기 때문이다. 그리고 시험에 임할 때는 본인이 공부했던 부분에서 문제가 출제되지 않았다 하더라도 성심성의껏 최선의 노력을 다해서 작성하는 태도가 요구된다.

③ 자기주도학습 관리전략

자기주도학습을 위한 관리전략은 실행전략을 보다 효과적으로 적용하기 위한 전략이라고 볼 수 있다. 효율적인 시간관리와 학습환경을 조성하는 전략이 이에 해당된다.

첫째, 학습에 투자하는 시간을 효율적으로 관리한다. 학습계획을 수립하고 실천하는 것이 대표적인 시간관리 전략을 적용하는 것이다. 우선 자신의 시간활용 현황에 대해서 파악해 볼 필요가 있다. 지난 일주일 동안 여러분은 어떤 활동을 하는데 시간을 사용했는지, 특히 자유 시간을 어떻게 활용했는지를 먼저 파악해 볼 필요가 있다. 그리고 개선점을 도출하여 목적의식을 갖고 관리를 해야 한다.

둘째, 학습이 효과적으로 이루어질 수 있는 물리적 · 심리적 환경을 조성한다. 공부 잘하는 학생들이 주변을 잘 정리한다는 이야기는 한 번쯤 다 들어 봤을 것이다. 공부하기 전에 책상을 정리하거나 공부가 잘되는 공간을 마련한다. 당연히 집에서는 공부할 공간이 있겠지만, 학교에서 공부를 위한 자신만의 공간을 마련할 필요가 있다. 학교에서 공강이 생길 때 자신이 갈 곳이 없으면 시간을 헛되게 보내게 된다. 꼭 도서실이나 조용한 공간이 아니더라도 학교 건물마다 휴게시설이나 책상과 의자가 배치되어 있는 곳이 있다. 이 중 자신이 선호하는 공간을 만드는 것을 권장한다. 그리고 심리적으로 항상 공부를 해야겠다는 생각은 들지만 그것을 실천하기는 어렵다. 이를 위해 공부의 종류별로 스터디그룹을 만들거나 함께 공부하는 친구를 만드는 것도 좋은 방법이다. 혼자서 할 때는 '이번에는 쉬고 다음부터 해야지.'라는 생각이 들지만, 동료가 생기면 그런 마음이 들다가도 다시 마음을 다잡을 수 있기 때문에 심리적으로 안정감을 찾을 수 있다.

2. 독서공부법

대학에서의 학습과 중 · 고등학교 시절의 학습은 그 학습이 이루어지는 과정이 다르기도 하지만 기대하는 학습의 질도 다르다. 중·고등학교 시절의 학습은 이미 다른 사람들에 의해 만들어진 세상을 이해하는 데 초점이 있는 반면, 대학에서의 학습은 다른 사람이 만들어 놓은 것에 대한 자기 해석과 비판을 근거로 자신만의 의미를 만들기를 기대한다. 따라서 대학생에게 있어 책 읽기와 글쓰기는 매우 기본적이면서도 핵심적인 공부 방법이다. 다시 말해, 대학생이면서도 교과목에서 제시한 교재 위주로 그 안의 내용을 이해하고 암기하는 데 중점을 둔 공부를 한다면 대학생다운 공부를 하고 있다고 보기 어렵다. 특히 독서활동은 자발적 동기에 의한 학습활동으로 자기주도학습의 전형적인 학습방법이라고 할 수 있다.

1) 독서의 중요성

세상을 바라보는 새로운 안목을 제시한 위인들은 대부분 독서광이었다. 우리가 잘 알고 있는 스티브 잡스(Steve Jobs), 빌 게이츠(Bill Gates), 오프라 윈프리(Oprah Winfrey)를 포함한 세기의 천재들은 대부분 본인이 책 속에서 인생의 방향을 찾았다고 이야기를 한다. 과연 그들은 어떤 책을 어떻게 읽었기에 책이 그들을 변화시킬 수 있었을까? 2011년 KBS에서 방영된 〈세상을 이끄는 1%, 천재들의 독서법〉에서는 그들에게 특별한 책이나 독서법이 있었던 것이 아니라 어렸을 때부터 꾸준하게 책을 읽는 습관을 가지고 인생의 많은 시간을 책을 읽고 생각하는 데 사용했다는 것이 밝혀졌다. 데카르트(René Descartes)는 독서의 유용성에 대해 "좋은 책을 읽는 것은 지난 몇 세기에 걸쳐 가장 훌륭한 사람들과 대화하는 것과 같다."라고 언급하였다. 우리는 책을 통해서 시대적·지리적 한계를 초월하여 저자와 대화할 수 있음을 강조한 말이다.

독서광이 많은 일본의 어느 대학생이 아사히 신문에 투고한 '책을 안 읽으면 안 되나'라는 제목의 기사가 화제가 된 적이 있다. 내용은, 자신은 고등학생 때까지 책을 읽지 않았고 그동안 사는 데 전혀 문제가 없었으니 독서는 취미의 하나이지 필수활동은 아니지 않는가 하는 질문이었다. 이에 대해 『죽을 때까지 책 읽기』의 저자 니와 우이치로는 책을 읽든 안 읽든 그것은 개인의 자유이지만, 책을 읽지 않는 것은 스스로 한정된 세계에 자신을 가둬 놓기 때문에 인생의 풍요로움 측면에서 책을 읽는 사람과는 차이가 많을 것이라고 대답하였다.

우리나라의 대학생들도 일본 대학생의 질문에 공감하는 학생들이 많을 것이다. 디지털 세대는 종이에 쓰인 활자 대신 모니터나 휴대폰을 통한 디지털 영상에 익숙하다. 유튜브나 다양한 웹사이트를 통해서 충분히 많은 정보를 얻을 수 있는데 꼭 책을 읽어야 하나라는 생각이 들 것이다. 그러나 영상을 볼 때에는 두뇌의 대부분이 수동적으로 정보를 받아들이는 데 활용되지만, 책을 읽을 때는 연상과 상상을 하게 하여 고등 사고 능력을 향상시키는 효과가 있다. 뿐만 아니라 스트레스를 줄이고 집중력을 향상시키면서 공감능력과 언어능력을 향상시키는 효과가 있고, 책을 많이 읽으면 글도 잘 쓰게 된다. 따라서 책 읽기는 취미활동이 아니라 공부를 더 잘하게 만드는 핵심 공부방법임에 주목해야 한다.

문화체육관광부에서 실시한 2021년 국민 독서실태 조사 결과를 보면 2019년보다 독서량이 감소한 결과를 확인할 수 있다. 성인의 경우 연간 일반도서(종이책, 전자책, 오디오북 중 한 가지 이상)를 1권 이상 읽은 비율이 약 47.5%인 것으로 확인되었다.

또한 성인의 연간 평균독서량은 2년 전 8권에서 5권으로 줄어들었으며 그 이유로는 일 때문에 시간이 없어서, 책 이외의 매체/콘텐츠 이용, 책 읽는 습관이 들지 않아서, 시력 저하 등인 것으로 밝혀졌다. 그러나 20대의 경우에는 종이책을 읽는 비율은

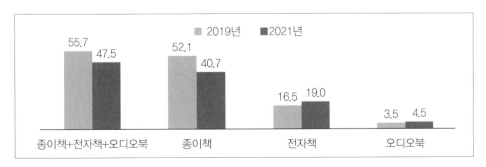

[그림 3-1] 연간 성인의 독서율

줄었으나 전자책이나 오디오북을 이용하는 비율이 높아져 전체 비율은 감소하지 않은 것으로 확인되었다.

2) 종이책 독서전략

책을 읽기 전에는 무슨 목적으로 책을 읽어야 할지 먼저 결정해야 한다. 책을 읽는 목적은 교양을 얻기 위해서, 전문지식이나 실용지식을 얻기 위해서, 또는 재미를 위해 읽는다. 첫째, 인간과 세계를 주체적으로 이해하고 이를 통해 올바른 판단력을 기르기 위해 책을 읽는다. 교양을 쌓기 위해서는 자신만의 세계에 갇히지 않기 위해 노력해야 하는데 이는 다양한 사람들과의 만남과 경험을 통해서 가능하며 다방면의 독서를 통해서도 가능하다. 그러나 대학생들이 주의할 점은 책에 대한 요약문을 읽거나 책에 대해 설명하는 영상을 본다고 해서 교양이 쌓이지는 않는다. 책을 읽고 요약을 한 사람이나 영상을 만든 사람은 교양이 쌓였겠지만, 그것을 보는 사람은 정보를 수동적으로 받아들일 뿐이지 깊이 있게 사고하는 활동이 뒷받침되지 않기 때문이다. 둘째, 전공분야의 지식을 깊이 있게 이해하거나 자신이 하고 있는 직무를 보다 더 잘 수행하기 위해서 독서를 한다. 셋째, 전문지식 외에 일생생활이나 사회생활에 도움이 되는 실용적인 지식을 습득하기 위해 독서를 한다. 그리고 마지막으로는 즐거움이나 만족감을 느끼기 위해서도 독서를 할 수 있다. 독서를 통해 무엇을 배운다는 목적이 아니라 책에서 나오는 재미있는 이야기에 몰입하여 책을 읽는 경우가 많으며 이를 통해 스트레스가 풀리기도 하고 심리적으로도 안정감을 느낄 수 있다.

독서를 많이 하는 사람은 자신만의 독서전략이 있다. 그러나 아직 독서가 습관이 되지 않은 경우에는 효과적인 자신만의 독서전략을 찾기 위해 노력해야 한다. 책을 통해 인생을 바꿀 수 있다고 주장하는 작가 박상배는 그의 책 『인생의 차이를 만드는 독서법: 본깨적』에서 체계적인 독서 전 활동과 독서 후 활동을 제안하고 있다. 독서를 하기 전 목표를 세우고 독서 후 활동을 해야 한다는 막연한 설명보다는 보다 구체적인 가이드라인을 제공하였다.

　책을 읽기 전에는 이 책이 나와 어떤 연관성이 있는지 파악하고 그 책을 통해서 무엇을 얻고자 하는지 구체적인 목표를 세운다. 책과 나와의 연관성은 이 책이 흥미가 있어 보이는지, 진로 또는 생활과 관련이 있는지, 적용이 가능할지를 고려해서 선택하는 것이다. 그리고 점수에 따라 어느 정도의 열정을 가지고 책을 읽을지를 결정한다. 자신과의 연관성을 파악한 후에는 독서의 목표를 구체화하고 책을 읽는다. 책을 읽을 때에는 위의 흔적 전략을 활용해도 되고 자신이 선호하는 방식의 몰입할 수 있는 방법을 적용하여 책을 읽는다. 책을 읽은 후에는 책이 유용했는지 평가하고 독서 사전활동에서 작성한 목표를 달성했는지 점검해 본다.

활동하기 2 독서 전 활동(Before reading)

제목		저자	
출판사			

① 이 책과 나의 연관성은?

연관성 점검표						점수
책의 흥미성	1	2	3	4	5	
진로/전공 연관성	1	2	3	4	5	
생활 연관성	1	2	3	4	5	
교양 연관성	1	2	3	4	5	
합계						

점수표	행동 지침
0~10점	무독(無讀): 지금 당장 급하지 않은 책
11~14점	발췌독(拔萃讀): 부분적으로 필요한 것만 읽는 책
15~17점	열독(熱讀): 꼭 읽어야 할 책
18~20점	심독(深讀): 패러다임을 바꿔 줄 책

② 책을 보고 예상 키워드 3개 적기

키워드 1	키워드 2	키워드 3

③ 이 책에서 얻고자 하는 것은 무엇인가?

활동하기 3　독서 후 활동(After reading)

제목		저자	
출판사			

① 나에게 유용한 책인가?

연관성 점검표						점수
책의 흥미성	1	2	3	4	5	
진로 유용성	1	2	3	4	5	
생활 유용성	1	2	3	4	5	
교양 증진	1	2	3	4	5	
적용 가능성	1	2	3	4	5	
합계						

점수표	행동 지침
0~15점	한 번만 읽기
16~19점	중요 부분 발췌 읽기
20~22점	다시 읽으면서 중요 부분 필사하기
23~25점	다시 읽으면서 요약 정리하기

② 책을 읽고 난 후 핵심 키워드 3개 적기

키워드 1	키워드 2	키워드 3

③ 이 책을 통해 얻은 것은 무엇인가?

④ 이 책과 관련하여 읽어 볼 책이나 내용은 무엇인가?

3) 디지털 읽기전략

문화체육관광부에서 실시한 2021년 국민독서실태조사 결과에서 보았듯이 20대들의 디지털 매체를 통한 읽기 및 오디오북 듣기 비율이 높아졌다. 이는 스마트폰이 대중화되고 전국이 인터넷으로 연결된 네트워크 환경이 구축되면서 우리는 언제나 원하면 디지털 텍스트를 읽을 수 있는 환경이 마련된 것이다. 지금도 40~50대 성인 중에는 디지털 자료를 인쇄해서 읽는 것이 더 내용 이해가 잘된다고 말하는 사람들이 있다. 그러나 20대 이하의 젊은이들은 디지털 자료를 화면으로 읽는 것에 불편함이 없어 보인다.

지난 20여 년 동안 다양한 학계에서는 인쇄 텍스트와 디지털 텍스트의 차이점과 공통점에 대해서 많은 연구를 수행해 왔고 각기 다양한 관점에서 다름과 같음을 연구해 왔다. 저자도 2008년 대학생을 대상으로 인쇄 텍스트와 디지털 텍스트에 인식이 어떻게 다른지를 비교하는 연구를 수행하였다. 그 결과, 대학생들은 텍스트를 '존재에 대한 느낌(feeling of existence)'과 '내용변화에 대한 융통성(content updatability)'으로 구분하여 인식하는 것으로 확인되었다. 그리고 그 당시의 대학생들은 디지털 텍스트에 비해 인쇄 텍스트에 대해 안정성과 쾌적성 요인 측면에서 보다 긍정적인 태도를 가지고 있는 것으로 확인되었으나 현대의 대학생들은 디지털 텍스트를 보다 선호할 가능성이 높다. 이러한 디지털 매체를 통한 독서활동을 함에 있어 종이책 읽기전략을 적용해도 효과적인지 아니면, 특별한 읽기전략이 필요한지에 대해서는 살펴볼 필요가 있다. 이와 관련하여 나오미 배런의 『다시, 어떻게 읽을 것인가』의 서문은 우리에게 디지털 텍스트를 읽는 것과 관련하여 생각할 거리를 제공해 준다.

다시, 어떻게 읽을 것인가

오늘날 디지털 기술로 뒤덮인 세계에서 사람들의 마음속을 차지하고 있는 질문은 "읽을 때 사용하는 매체가 중요한가"이다. 디지털 텍스트(인터넷에서 무료로 제공되는 것이든 전자책 형태로 판매되는 것이든)가 폭발적으로 성장하고 있는 상황에서 이제 우리는 언제 종이로 읽을지, 언제 디지털 스크린으로 읽을지 선택해야만 한다. 게다가 제3의 선택지도 등장했다. 유튜브와 TED 강연에서 제공되는 오디오와 동영상은 물론 팟캐스트와 오디오북 같은 오디오 매체가 엄청나게 늘어난 것이다. 이제 우리는 귀로도 '읽을' 수 있게 되었다.

오늘날의 논쟁은 비단 읽기 전문가들 사이에서만 일어나는 것이 아니다. 가령 이런 상황도 있다.

- 당신은 여섯 살배기 아이의 생일 선물용 책을 고르고 있는 부모다. 종이책과 전자책 중 어느 것을 사야 할까?
- 당신은 중학교 교장 선생님이다. 학생들이 디지털 스크린으로 글을 읽을 때 주의를 기울여 읽을 수 있을지 걱정된다. 어떻게 하는 것이 학습에 도움이 될까?
- 당신은 고등학교 선생님이다. 학생들이 과제물로 내 준 글을 텍스트로 읽기보다 팟캐스트로 들을 가능성이 더 높다는 것을 안다. 학생들이 콘텐츠를 접하는 방식이 학습에 중요한 영향을 미치는지 궁금하다.
- 당신은 용돈이 부족한 대학생이다. 디지털 교재가 값은 더 싸지만 종이책으로 공부할 때 더 많이 배우는 것 같다. 이런 생각은 단지 과거에 대한 향수에서 비롯되는 걸까?
- 당신은 전문 연구자다. 자료를 디지털 스크린으로 읽으면 좋을 때는 언제이고, 종이로 출력해서 읽으면 좋을 때는 언제일까?

이런 질문에 여러분은 어떻게 답할 수 있을까? 모든 매체에는 나름의 장단점이 있다. 종이는 친숙하고 물성이 있으며 향이 날 뿐만 아니라 주석 달기를 통해 나만의 것으로 만들기도 쉽다. 또한 추상적 개념으로 생각하거나 긴 텍스트를 읽을 때도 잘 맞는다. 그에 비해 일반적으로 디지털 책은 비교적 싸고 대단히 편리할 뿐만 아니라 검색에도 안성맞춤이다. 오디오 기기는 휴대하기 좋을 뿐 아니라 러닝머신 위에서 달리면서도 들을 수 있다. 특히 오디오는 낭

독자가 훌륭하면 상상은 물론 소설 속 인물에 대한 감정이입도 더 잘 된다. 또 시각에 제한이 있거나 난독증 또는 주의력결핍 과잉행동장애로 읽기장애가 있는 사람에게 대단히 귀중한 도구로 쓰일 수도 있다.

읽을 때 매체가 중요한가? 이 질문에 한마디로 답하기란 불가능하다. 어떤 유형의 글인가? 뉴스인가, 로맨스 소설인가, 아니면 플라톤의 대화편인가? 읽는 사람의 목표는 무엇인가? 정보를 파악하는 것인가, 시간을 때우거나 쉬기 위해서인가, 아니면 셰익스피어의 『맥베스』를 분석하는 것인가? 읽는 사람의 개인적 선호는 어떠한가? 전자책으로 소설을 읽는 것을 선호하는가, 아니면 종이책의 맛을 즐기는 편인가? 이런 식의 질문은 계속된다.

결정적인 쟁점은 또 있다. 자유 시간에 읽는가, 아니면 선생님이 읽으라고 해서 읽는가? 같은 일을 하더라도 이유는 저마다 다를 수 있다. 게다가 실용적인 이유도 감안할 필요가 있다. 종이를 선호하는 사람이라 해도 디지털로 읽을 수밖에 없는 상황이라면? 혹은 그 반대라면? 상황에 따라 선호도로 달라질 수밖에 없다.

 생각해 보기

> 1) 여러분은 인쇄 텍스트와 디지털 텍스트를 읽는 활동이 동일하다고 생각하는가? 그 이유는 무엇인가?
> 2) 인쇄 텍스트를 디지털 텍스트보다 더 선호하는 상황이 있는가?
> 3) 디지털 텍스트를 인쇄 텍스트보다 더 선호하는 상황이 있는가?

종이책을 효과적으로 읽을 수 있는 전략들은 다양하다. 연구를 통해 그 효과를 검증받은 전략들을 독서활동 시기별로 구분하여 정리하면 다음과 같다.

〈표 3-2〉 독서활동 시기별 전략

읽기 전략		설명
읽는 활동	훑어 읽기	읽기 전에 훑어 보는 활동
	차근차근 읽기	주의 집중하여 정독하는 활동
	다시 읽기	읽었던 내용을 다시 읽는 활동

		여백에 적기	여백에 의견 적기
읽으면서 하는 활동	텍스트에 주석 달기	강조표시하기	중요한 부분 하이라이팅하기
		밑줄 긋기	중요한 부분 밑줄 긋기
	따로 적기	필기하기	부분별 요약하여 필기하기
		단락 필사하기	중요한 부분 베껴 쓰기
읽은 후 활동	핵심어 열거하기		책내용과 관련된 핵심어 작성하기
	요약하기		책내용을 요약하기
	질문에 답하기		수업시간에 활용하는 전략
	퀴즈 보기		수업시간에 활용하는 전략

　이러한 전략을 디지털 텍스트 읽기에도 적용하기 위해서는 읽는 방법이 같아야 한다. 그러나 디지털 텍스트를 읽는 환경의 특성상 학생들은 대부분 스크롤을 하면서 훑어 읽는 경향이 있고 다양한 링크들이 포함되어 있어 집중하는 데 어려움이 있는 것이 사실이다. 그러나 대체적으로 위에 제시한 읽기 전략을 디지털 텍스트를 읽을 때도 적용할 수만 있다면 효과적이라고 보는 것이 일반적이다. 다만 디지털 텍스트를 읽을 때는 종이책보다는 몇 가지 주의사항이 요구된다. 우선 디지털 텍스트를 선택해야 할 때 구글(Google), 네이버(Naver), ChatGPT조차도 정확하고 신뢰할 수 있는 정보를 제공해 준다고 믿어서는 안 된다. 한 사이트에서 제공한 내용에만 집중하지 말고 여러 사이트에서 제공한 정보들을 비교하면서 비판적인 관점으로 정확한 정보를 찾기 위해 노력해야 한다. 사이트의 운영자가 누구인지, 전문분야가 무엇인지, 제공된 정보는 얼마나 신뢰할 수 있는지 등에 대해 꼼꼼하게 살펴보고 거짓된 정보를 걸러 낼 수 있어야 한다. 그리고 선택한 디지털 텍스트를 읽는 동안에는 최대한 텍스트에만 집중하여 천천히 읽도록 노력해야 한다. 한 화면에 보기 좋은 분량의 텍스트가 배치되도록 맞추고 읽는 동안에는 스크롤이나 마우스에서 손을 떼고 읽는 활동에만 집중하면 보다 내용을 이해하는 데 도움이 된다. 그리고 본인에게 맞는 애플리케이션(아이패드의 Goodnote, Acrobat 등)을 적극적으로 활용하여 메모를 하거나 하이라이팅을 하는 등의 활동을 함께 할 것을 권장한다.

3. 노트필기법

1) 노트필기의 중요성

노트필기의 교육적 효과에 대해서는 이미 널리 알려졌으나, 최근 테크놀로지의 활용이 자유로워지면서 그 중요성이 간과되는 경향이 있다. 노트필기는 수업과 학생을 연결시켜 주는 대화의 장이다. 인간은 인지능력의 한계로 인해 수업 중에 듣고 본 내용을 모두 기억하기는 어렵다. 따라서 수업에서 중요하게 다루어진 내용이나 이해하기 어려운 개념에 대한 사례 등에 대해서 노트필기를 해 놓으면 복습하는 데 유용할뿐만 아니라, 노트필기를 하는 과정에서 무엇이 중요한 내용인지, 어떻게 요약해서 써야 할지 등 메타인지에 해당되는 두뇌활동이 활성화되어 학습을 촉진하는 효과가 있다. 노트필기한 내용을 컴퓨터에 비유하면 외장하드와 유사한 기능을 하는 것이라고 보면 된다. 노트북이 있기는 하지만 매일 들고 다닐 수가 없어 각기 다른 장소에서 작업한 파일들을 외장하드에 넣고 다니듯이 노트필기도 내가 원할 때 꺼내서 확인할 수 있는 교육 자료이다.

그럼 노트필기는 어떻게 해야 할까? 대학의 수업이 설명식 강의 유형이고 시험이 교수가 설명하는 내용을 묻는 문제가 출제될 경우라면 교수자가 설명하는 내용을 그대로 받아 적고 그것을 암기하는 방법이 학점을 잘 받는 방법일 것이다. 그러나 현재 대학교육은 학습자 중심의 수업을 지향하고 있고, 가르쳐 준 내용을 암기하고 기억하는 것을 넘어 적용하고 평가·창조하는 능력을 신장시키기 위해 노력하고 있다. 이러한 교육방향에서는 교수자가 설명한 모든 것을 필기하는 것보다는 어떤 내용이 중요한지 파악하고, 교재나 교안에 제시되지 않은 중요한 내용과 그 내용을 설명할 때 참조한 사례를 함께 필기하는 것이 학습의 효과를 높일 수 있다. 뿐만 아니라 배우는 내용이 복잡할수록 노트를 정리하면서 체계적으로 정리가 되는 효과가 있기 때문에 적극적으로 권장하는 학습전략이다.

2) 손 필기 vs. 노트북 필기

최근에는 학생들이 수업시간에 노트북이나 아이패드를 가지고 와서, 교안을 직접 보거나 노트북에 필기를 하는 경우도 종종 있다. 학생들도 종이에 글을 쓰는 것보다 컴퓨터로 문서작업을 하는 것이 더 편하다고 한다. 이런 현상에 대해 2014년 프린스턴대학교 67명의 대학생들을 대상으로 손 필기와 노트북 필기의 효과를 비교하는 연구를 수행하였다. 15분 분량의 TED 영상 5개를 보는 동안 A집단에게는 손 필기를 하면서 시청하도록 하였고 B집단에게는 노트북으로 필기하면서 시청하도록 하였다. 이후 사실확인문제와 개념이해문제 2가지 유형에 대해 시험을 보았다. 사실확인문제는 영상에 나왔던 사실에 대해서 묻는 것이고 개념이해문제는 영상에 직접적으로 언급되지는 않았으나 내용을 이해했을 때 해결할 수 있는 문제이다. 연구결과, 사실이해문제에 대해서는 두 집단 간 차이가 미비한 수준이었으나 개념이해문제에 대해서는 손 필기를 한 집단의 점수가 높게 나타났다.

이 연구결과에 대해 일반적으로 학습은 수업 후 바로 시험이 이루어지는 것이 아니라 필기한 내용에 대해 공부를 한 후 시험을 보기 때문에 실험상황이 일반적인 학습상황을 반영하지 못한다는 의견이 있었다. 이러한 문제를 개선하고자 UCLA대학교에서는 109명의 대학생들을 대상으로 프린스턴대학교에서 수행한 방식대로 하되 집단을 네 개로 구분하였다. TED 영상 5개를 보면서 A집단은 노트북으로 필기한 후 10분간 공부하고 시험, B집단은 노트북으로 필기한 후 바로 시험, C집단은 손 필기 후 10분간 공부하고 시험, D집단은 손 필기 후 바로 시험을 보았다. 시험문제는 동일한 것을 활용하였다. 실험결과, 사실이해문제와 개념이해문제 모두 손 필기 후 10분간 공부한 집단의 성적이 탁월하게 우수한 것으로 나타났다.

이 실험과 동일한 방식으로 2019년에 147명의 대학생을 대상으로 손 필기, 노트북 필기, eWriter 필기방법이 학습성과(즉시 시험, 2일 후 시험)에 미치는 영향을 다시 비교해 보았다. 지난 2014년에 사용했던 동일한 방식으로 노트필기방법에 따른 동영상 내용에 대한 사실이해와 개념이해를 시험을 통해 확인하였다. 연구결과, 동영상 시

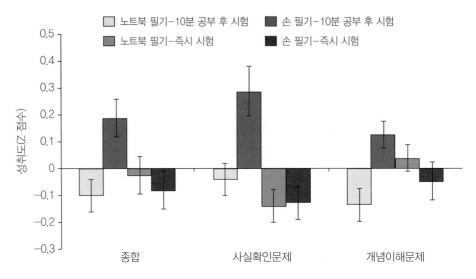

[그림 3-2] 손 필기와 노트북 필기의 교육적 효과 비교 연구 결과 1

청 후 바로 시험을 보든, 2일 후 시험을 보든 손 필기, 노트북 필기, eWriter 사용 간에는 차이가 없는 것으로 확인되었다. 따라서 어떤 필기방법이 학습에 효과적인지는 단정하기 어렵다. 다시 말해서, 시대가 변함에 따라 노트필기에 사용하는 매체에 따른 차이보다는 어떤 내용을 필기했느냐가 학습에 영향을 미친다는 것을 시사한다.

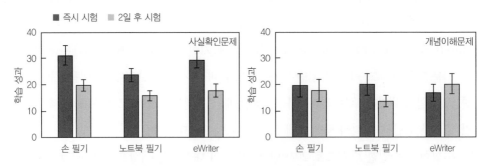

[그림 3-3] 손 필기와 노트북 필기의 교육적 효과 비교 연구 결과 2

대체적으로 노트북으로 필기를 하는 경우에는 교수님이 하시는 말이나 동영상에서 하는 말을 그대로 필사하는 경향이 있어 손 필기보다 많은 양의 노트를 작성하는 경향이 있다. 이에 반해 손 필기는 들은 것을 그대로 적기 힘들기 때문에 정보를 우선순위에 따라 선별하고 처리하며 자신의 언어로 작성하는 경향이 있어 이러한 과정 때문에 학습에 긍정적 영향을 미친다고 보았다. 그런데 노트북이나 컴퓨터로 어렸을 때부터 공부를 해 왔던 학생들은 손 필기에 사용했던 전략과 유사하게 노트북 필기에 적용하는 방법을 터득한 것으로 판단된다. 다시 말해서, 학생들이 효과적인 노트북 필기법을 익히게 된 것이라 해석할 수 있다. 따라서 여러분도 어떤 매체를 통해 노트를 필기하느냐보다는 학습한 내용을 이해하고 중요한 내용을 파악한 뒤 구조적으로 작성하도록 노력하기 바란다. 그리고 노트필기한 것이 학습에 더 도움이 되기 위해서는 반드시 그 내용을 다시 복습하는 활동이 이루어져야 한다.

3) 코넬식 노트필기법

노트필기를 구조적으로 작성하는 방법을 안내하는 대표적인 노트필기법으로 코넬식 노트필기법이 있다. 코넬식 노트필기법은 대학에서 노트필기법으로 자주 소개되고 널리 활용되고 있는 방법이다. 1960년대 미국 코넬(Cornell)대학교에서 학생들을 위해 소개한 필기방법으로 구체적인 작성방법은 다음과 같다. 3시간 또는 2시간 단위의 수업을 한

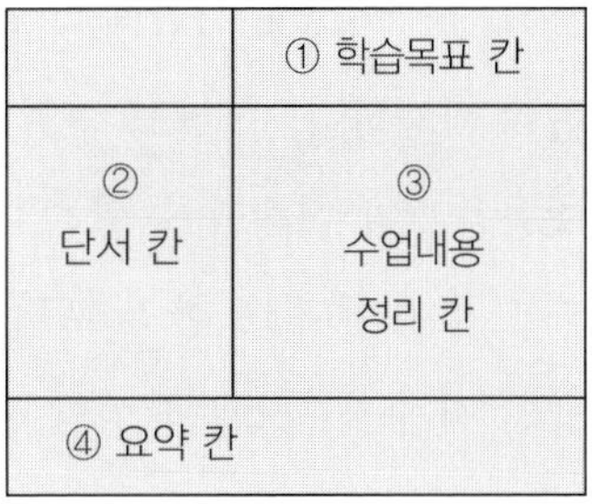

[그림 3-4] 코넬식 노트필기법

페이지로 요약·정리하는 방식이다. 노트필기 양식 상단 ①은 학습목표를 작성하는 공간이다. 수업 전에 강의계획서를 보고 미리 작성해 놓거나 수업시작 시 교수님께서 말씀해 주시는 학습목표를 작성한다. 학습목표를 작성하는 활동은 학습자로 하여금 수업에 목표의식을 갖고 적극적으로 참여하게 하는 효과가 있다. ②의 단서를 적는 공간은 수업내용에 대한 핵심개념, 핵심단어, 용어들을 적는 공간이다. 학생들이

하는 질문과 답변을 적어도 좋다. 복습할 때 내용을 더 잘 기억할 수 있는 단서를 제공한다. ③은 수업시간에 다룬 학습내용에 대해 중요한 내용위주로 요약·정리한다. ④는 요약을 적는 공간으로 수업이 마무리가 되면 그날 수업에서 다루었던 내용을 한두 문장으로 요약해서 적는다. 요약은 이해에 기반을 두고 자신의 말로 기록하는 것이 중요하다.

대학에서 코넬 노트라고 해서 배포하거나 문구점에서 판매하는 것도 있으나 일반 대학노트를 사서 활용하면 된다. 교과목별로 주차별 한 페이지씩 작성하면 매주 6~8페이지의 필기한 결과물이 생성된다. 이것을 시험기간에 몰아서 학습하기보다는 일주일 중에 수업이 없는 날을 정하여 지난 일주일 동안 학습한 내용에 대해 노트 필기한 내용을 기반으로 복습한다. 필기한 내용 중에 기억이 나지 않는 부분이 있다면 교재나 교안을 찾아서 다시 복습하는 방식을 사용하면 중간고사나 기말고사 때 큰 도움이 된다.

수업시간에 노트를 필기하다 보면 작성할 내용이 많다고 생각될 때가 있는데, 자신만의 약어와 상징문자를 사용하면 필기속도를 높여 빠르게 정리가 가능하다. 예를 들어, ☆ 중요, ★ 시험에 나옴, ▽ 핵심내용은 아니나 알아 두면 좋은 내용 등으로 표현이 가능하다. 그리고 수업시간에 교수님께서 설명해 주시는 비유나 예시는 강의 내용을 쉽게 이해할 수 있는 내용이므로 반드시 키워드 중심으로 필기해 두면 복습할 때 도움이 된다. 또한 노트필기를 너무 빽빽하게 하면 시각적으로도 보기 어렵고 복습할 때 추가적으로 작성할 내용이 생길 수도 있는데 보충 설명할 공간이 없을 수 있다. 그러므로 처음 노트를 필기할 때는 약간의 여백을 남겨 두는 것이 좋다. 대학에서 학생들과 함께 노트필기법을 적용해 보니 코넬대학의 노트필기 양식을 수정하여 다음과 같이 활용하는 것을 권장한다.

년　　월　　일　｜ 과목명:	｜

[학습주제]

[학습목표]

1.

2.

3.

[키워드]	[핵심내용]

[수업과 관련된 생각, 느낌, 질문]

제4장

행복을 추구하는 학습

1. 행복의 개념을 이해하고 행복해지는 방법을 적용할 수 있다.

2. 대학생으로서 개인생활과 학업의 균형을 맞출 수 있는 전략을 적용할 수 있다.

3. 만족도가 높은 학습법을 실천할 수 있다.

1. 행복의 개념 및 요소

 생각해 보기 1

오른쪽 사다리는 여러분의 삶을 그림으로
표현한 것이라고 상상해 보세요.

가장 높은 10번은 여러분이 상상하는
최고의 삶을 가리킵니다.

가장 낮은 0번은 여러분이 상상하는
최악의 삶을 가리킵니다.

전반적으로 보았을 때 현재 여러분의 삶은
사다리에서 어느 정도의 위치에 있다고 생각하나요?

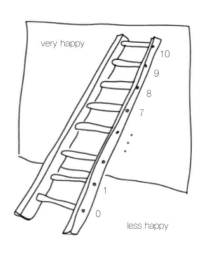

  우리나라의 GDP 세계순위는 13위인 반면, 우리나라 국민이 느끼는 행복감은 낮다. 유엔(UN)이 발간한 『세계행복보고서(World Happiness Report)』에 따르면 우리나라 국민의 행복지수는 조사대상 137개국 중 57위, OECD 38개국 중 35위이다. 우리나라의 경제적 수준 및 시민의식도 높고 청소년들의 학업성취도평가(PISA)에서도 두드러지게 우수한 성적을 산출하고 있는데, 왜 우리는 행복하지 못할까? 우리는 상대적으로 잘하는 것이 많은데 그렇게 잘하는 것을 하는 동안 만족감이나 행복은 덜 느끼는 것으로 해석된다. 대학에 입학한 여러분도 각자의 입학 목적이 있겠지만, 그 목적 중 하나가 행복한 대학생활일 것이다. 그렇다면 우리는 어떻게 해야 지금 처한 상황에서 보다 만족하면서 생활할 수 있을지에 대해 함께 생각해 보자.

1) 행복의 의미

행복이란 생활에서 충분한 만족과 기쁨을 느끼는 마음을 의미하는 것으로 행복한 상태는 사람들에게 현재에 집중하게 만드는 힘이 있다. 그동안 행복은 개인의 특성으로 간주하는 경향이 있었다. 예를 들어, 컵에 물이 반만큼 차 있는 것을 보고 "물이 반이나 있네."라고 하는 사람도 있고 "물이 반밖에 없네."라고 말하는 사람이 있는데, 전자와 같이 긍정적인 사고를 하는 사람이 현재에 만족하면서 더 행복할 가능성이 있다는 것이다. 이처럼 행복을 개인적인 성향에서 기인한다고 생각하면, 행복하지 않다고 느끼는 사람들은 그 사람의 성향 탓으로 여길 가능성이 있다. 이런 관점에서 보면, 우리나라 사람들은 긍정적이지 못해 행복을 덜 느끼는 사람들인 걸까? 행복에 영향을 미치는 요인들을 연구한 심리학자들은 개인적인 특성만이 행복에 영향을 미치는 것은 아니라고 한다. 행복은 개인의 유전적인 특질과 함께 환경적인 요인, 개인의 의도된 활동들에 의해 형성된다. 여기에서 주목할 사실은 개인이 의도적으로 하는 활동이 행복에 약 40%의 영향을 미친다는 것이다. 개인의 유전적인 특질도 중요하지만, 자신이 좋아하고 행복을 느끼는 일을 찾아하는 개인적 노력 또한 행복에 영향을 미친다. 그간 행복에 있어 개인의 주관적 관점을 강조한 것은 외부환경에 대한 개인의 심리를 수동적으로 맞추려는 현상을 강조하여 오히려 외부환경에 대한 능동성을 축소한 결과를 낳았다. 그러나 개인이 원하는 방향으로 능동성을 가지고 활동할 때 행복감은 더욱 증진될 수 있다. 이러한 관점에서 본다면 우리나라 사람들은 자신의 의도에 의해 선택한 활동을 하는 것이 아니라 다른 사람에 의해 선택된 활동을 하는 경향이 있어 행복감을 느끼지 못하는 것으로 해석된다.

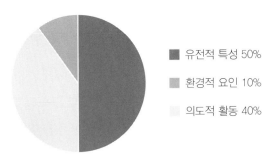

유전적 특성 50%

환경적 요인 10%

의도적 활동 40%

[그림 4-1] 행복에 영향을 미치는 요인

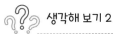 **생각해 보기 2**

☞ 주변 사람 중에 여러분이 생각하기에 가장 행복한 사람은 누구인가? 왜 그 사람이 행복하다고 생각되는지 그 이유를 설명하시오.

2) 행복의 구성요소

행복의 3요소는 즐거움, 의미, 몰입이다. 행복이란 재미가 있고 의미가 있으면서 몰입할 때 느끼는 심리적 상태이다. 첫째는 즐거움이다. 우리는 매일 점심 메뉴를 선택할 때에도 고민을 하고, 신발이나 가방과 같이 우리가 필요로 하는 물건을 살 때도 고민을 한다. 또한 내가 좋아하는 일, 내가 즐길 수 있는 일이 무엇인지와 같이 우리에게 더 중요한 일이라고 생각하는 대상에 대해서는 더 많이 고민한다. 고민의 이유는 선택한 것에 대해 더 만족하기 위해서 그리고 후회하지 않기 위해서일 것이다. 이와 관련하여 심리학 분야에서 진행했던 '포스터 선택하기' 실험을 하였다. 실험은 매우 간단하게 진행되었는데, 사람들에게 5장의 영화 포스터를 보여 주고 마음에 드는 포스터 한 장씩을 가져가라고 했다. 다만 A집단에게는 포스터를 고르기 전에 곰곰이 생각한 뒤 선택의 이유를 설명하도록 요청하였고, B집단에게는 마음에 드는 포스터를 가져가라고 요청하였다. 2주 뒤 실험에 참가했던 사람들에게 가져간 포스터에 대한 만족도를 조사하였다. 조사결과는 놀랍게도 느낌으로 마음에 드는 것을 선택한 B집단의 만족도가 높게 나타났다. 심리학자 라즈 라후나탄(Raj Raghunathan)은 이러한 현상을 '이성중독'이라고 하였는데, 모든 결정은 이성적이고 합리적이어야 한다고 생각하는 경향을 의미한다. 이성중독의 원인은 어렸을 때부터 정답을 찾길 강조하는 교육방식과 다른 사람으로부터 인정받고 싶어 하는 욕구에 있는데, 항상 최선의 선택을 하려는 신중하고 이성적인 태도가 아이러니하게도 우리의 행복을 방해하고 있었던 것이다. 즉, 자기만족이 중요한데 그것을 선택할 때조차도 우리는 남이 만들어 놓은 정답이나 다른 사람을 너무 의식한다는 것이다. 때로는 아무 이유 없이 직감에 의해 끌리는 것을 선택하는 것이 자신에게 즐거움을 줄 수 있다.

둘째는 자신에게 의미 있는 일을 하는 것이다. 우리는 어떤 일이 나에게 의미가 있는지를 판단할 때, 그것이 우리가 달성하고자 하는 꿈 혹은 목표와 관련된 일이면 그것을 의미가 있다고 판단한다. 이러한 점에서 장기간의 목표를 설정하고 그 목표를 달성하기 위해 매일 노력하는 행동은 우리를 행복하게 살게 하는 원동력이 될 수 있다. 시험기간 도서관에서 늦은 밤까지 공부를 하고 별을 보면서 집에 갈 때 몸은 피곤하지만 자신이 대견스럽게 느껴지면서 보람찬 하루였다는 생각을 한다. 왜냐하면 도서관에서 공부를 한 행동이 자신의 미래와 관련되어 의미가 있는 일이었다고 생각하기 때문이다.

셋째는 생활에 몰입하는 마음이다. 미국 하버드대학교의 대니얼 길버트 교수 연구팀은 행복과 몰입 간의 관계를 밝히기 위한 실험을 하였다. 사람들에게 스마트폰으로 3개의 질문을 보내고 바로 응답할 것을 요청하였다. 질문은 지금 얼마나 행복한지, 지금 무엇을 하고 있는지, 지금 딴생각을 하고 있는지에 대한 것이었다. 연구결과, 딴생각을 하면 할수록 행복도가 낮았다는 것을 확인하였는데 특히 버스나 지하철에서 서서 이동할 때와 같이 즐겁지 않은 일을 할 때에도 딴생각을 하면 덜 행복하다고 느낀다는 것이다. 이 실험의 결과는 우리가 어떤 일을 억지로 하든 즐겁게 선택해서 하든 그 일에 대해 몰입했을 때 보다 행복감을 많이 느낀다는 것을 알려 준다.

활동하기 1 **행복의 의미**

☞ 세계적인 K-POP 스타인 방탄소년단이 속한 기획사인 빅히트 엔터테인먼트의 방시혁 대표이사가 2019년 2월 서울대에서 졸업식 축사를 했습니다. 그 전문을 읽어 보고 다음 질문에 대해서 생각해 봅시다.

1) 축사 내용 중 가장 인상 깊은 표현은 무엇인가?
2) 방시혁 대표가 말하는 행복한 삶이란 무엇인가?
3) 방시혁 대표를 만날 수 있다면 이 졸업연설문과 관련하여 어떤 질문을 하겠는가? 다음 질문의 수준을 참고하여 1수준보다는 2~3수준의 질문을 만들어 보시오.
4) 여러분에게 행복은 무엇을 의미하는가?

※ 참고자료: 질문의 수준
질문은 대표적인 인지활동으로써 질문수준은 질문을 만들 때 적용했던 인지활동의 수준으로 구분할 수 있다.
−1수준(이해 수준): 다른 사람의 말이나 글에 표현된 내용 중 이해가 되지 않는 단어/표현/문장 등에 대해 질문하는 것이 해당된다. 예를 들어, 1장에서 제시한 "계속 배우라, 책 속에 길이 있다"라는 읽기자료를 대상으로 예를 들어 보면 다음과 같다. "인식론적 사각지대"란 무엇을 의미하는가?와 같이 이해가 되지 않는 부분에 대한 질문들이 이해 수준의 질문이다.
−2수준(적용/분석 수준): 다른 사람의 주장이나 의견을 현실의 특정 맥락에 적용해 보거나 또는 관련된 현실의 사례들을 분석함으로써 부합하지 않는 점을 찾아 질문하는 것이 해당된다. 예를 들어, 책은 책을 읽는 독자마다 각자의 의미를 찾고 만들어 간다는데 그렇다면 특정 소설책이 가지고 있는 이야기가 독자마다 다르게 이해되고 해석된다는 것인가?
−3수준(평가/종합 수준): 다른 사람의 주장이나 의견이 어떤 측면에서 옳고 그른지를 평가하거나 특정 사람의 주장을 다른 사람들과의 주장들과의 관계를 파악하여 전체적인 관점을 갖기 위한 질문들이 이에 해당된다. 예를 들어, 저자는 정보축적으로서의 배움이 아닌 성찰적 배움을 강조하고 있는데 정보축적의 배움 없이 성찰적 배움이 가능한가?

2. 행복해지는 법

　행복해지는 방법은 개인마다 차이가 있으나, 일반적으로 사람들이 행복을 느끼는 방법 또는 상황에 대해서 소개하면 다음과 같다. 사람들은 마음속에 관심의 대상이 있을 때 대체로 행복감을 느낀다. 관심의 대상은 사람일 수도 있고 취미나 일이 될 수도 있다. 최고의 행복감을 느끼는 순간은 사랑하는 순간이다. 관심의 대상이 있을 뿐만 아니라 직접 관심을 표현할 수 있을 때 보다 행복감을 느낀다. 그래서 애인이 있는 경우가 짝사랑을 하고 있는 경우보다 더 행복감을 느낀다. 20~30년 전만 해도 연예인을 좋아하는 것은 혼자 관심의 대상으로 삼는 일이었는데, 최근에는 팬클럽에 가입하여 자기가 좋아하는 연예인에게 관심을 표현하거나 활동을 같이하는 팬심으로 변해 왔다. 이러한 현상 역시 관심을 표현했을 때 느끼는 행복감이 크기 때문이다. 다음으로는 자신에게 의미가 있으면서 즐겁다고 느끼는 활동을 할 때 행복을 느낀다. 사람들은 여행, 산책, 운동, 자원봉사활동, 수다 떨기, 식사 등이 즐겁고 의미 있는 일이라고 생각한다. 이 중 가장 행복을 느끼는 최고의 활동은 여행인데, 여행을 가면 산책, 수다 떨기, 식사 등과 같은 의미 있고 즐거운 활동을 모두 할 수 있기 때문이다. 반대로, 행복을 느끼지 못하는 방법은 의미도 없고 재미도 없는 활동을 하는 것이다. 예를 들어, 사람들은 흥미를 느끼기 위해 TV 시청, SNS, 문자 등의 활동에 시간을 소비하지만 실제로는 행복감을 느끼지 못한다고 한다.

　주변 환경적 요인 중 개인의 행복에 영향을 미치는 요인은 '주변 사람'이다. 하버드대학교의 니컬러스 크리스태키스(Nicholas Christakis)와 제임스 파울러(James Fowler)의 『행복은 전염된다(Connected)』에서는 수학, 의학, 과학적 지식을 활용하여 인간관계와 행복의 관계를 연구하였다. 우선 지리적으로 멀리 떨어져 있는 서로 전혀 모르는 두 사람 간의 SNS를 통한 사회적 관계는 평균 6단계를 거치면 연결되어 있다는 것은 널리 알려진 사실이다. 예를 들어, 내가 미국의 오프라 윈프리라는 사람과 연결되어 있는지를 확인하기 위해서 나의 SNS에 연결된 사람들과 그 사람들과 연결되어 있

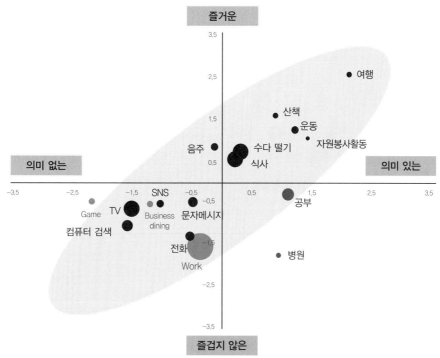

[그림 4-2] 재미와 의미가 있는 활동

는 사람들로 계속 연결하다 보면 평균 6단계에서는 오프라 윈프리와 연결되어 있다는 것이다. 이는 현대의 개인 생활 범위가 확대되고 서로 영향을 미치는 관계에 있음을 시사한다. 단순히 연결을 넘어 어떤 개인에게 영향을 미치는 관계로 3단계 영향 규칙이 있다. 우리는 친구(1단계), 친구의 친구(2단계), 친구의 친구의 친구(3단계)에까지 영향을 미치고 영향을 받는다는 것이다.

　이렇게 서로 영향을 주고받는 관계는 행복과 어떤 관계가 있을까? 행복감이 높은 사람들 주변에는 행복감이 높은 사람들이 있고, 행복감이 낮은 사람들 주변에는 행복감이 낮은 사람들이 있다. 이러한 결과에 기초하여 생각해 봤을 때, 우리가 행복해지는 가장 효과적인 방법은 행복한 사람 옆에 머물고 내가 먼저 주변에 행복을 전파하는 사람이 되는 것이다. 그렇다면 우리는 누구와 시간을 보냈을 때 행복을 느끼는가? 이에 관해서는 [그림 4-3]에서 보는 바와 같이 가족과 친구들과 함께 있을 때 행복감

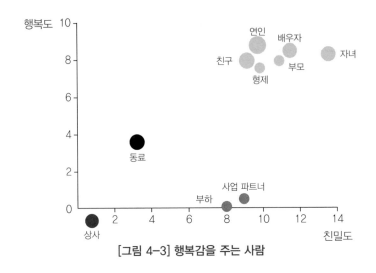

[그림 4-3] 행복감을 주는 사람

을 더 느끼는 것을 확인할 수 있다.

　학생들에게 행복의 조건에 대해서 물어보면 꼭 빠지지 않고 나오는 조건이 경제적 여유(돈)이다. 물론 인간이 자신의 생활에 대해 만족감을 가지려면 기본생활을 할 정도의 경제적 여유는 있어야 한다. 그러나 그렇다고 해서 돈이 많을수록 행복감이 정비례 관계로 증가하는 것은 아니다. 이는 우리가 언론에 보도되는 부유한 사람들의 생활을 엿볼 수 있는 많은 사건·사고들을 보더라도 알 수 있다. 사람들은 세계적인 재산가로 알려진 워런 버핏(Warren Buffett)의 모든 행적에 대해 관심을 갖고 주목하고 있다. 왜냐하면 그의 일상이 예상과는 달라 다른 사람의 모범이 된다고 생각하기 때문이다. 그는 상당한 재산의 소유자이지만 1958년에 한화 약 3,500만 원 정도로 구입한 집에서 60년 가까이 살고 있으며, 비싼 브랜드 있는 옷이나 물건을 사는 데 돈을 사용하지 않고, 음식도 저렴한 음식을 주로 먹는 것으로 알려졌다. 자신이 가지고 있는 자산의 99%를 기부하겠다고 약속하고 매해 그 약속을 실행하고 있다. 그리고 매년 어느 한 빈민구호단체에 후원하겠다는 목적으로 자신과의 점심식사 권리를 경매에 올리는데, 그 점심 가격이 수십 억원에 달하고 있다. 그는 투자의 귀재이기도 하지만 돈을 의미 있게 사용하는 방식에 대해서도 귀재이다. 경제적 여유가 반드시 개인의 행복을 보장하지는 않지만, 개인의 행복을 더 증폭시킬 수는 있다. 그 경제적 여유를 물

건을 구입하는 데 소비하는 것이 아니라 다양한 경험을 위해 소비한다면 더 큰 행복
감을 느낄 수 있다. 자신이 배우고 싶은 것을 배우기 위해서, 여행을 하기 위해서 또는
남을 도와주기 위해 소비하는 등 경험을 돈으로 사면 우리는 보다 행복해질 수 있다.
특히 대학생인 여러분은 물질적 소유보다는 경험을 사는 데 돈을 사용하기를 바란다.

활동하기 2

☞ 행복은 즐겁고 의미 있는 것을 동시에 추구할 때 느끼는 감정이다. 『해피어(Happier)』의 저자 샤하
르는 현재 이익이 되는 것을 즐거움으로 미래에 이익이 되는 것을 의미로 설명하였다. 여러분이 일
주일 동안 한 활동들을 나열하고 그것을 다음 표에 나타내 보시오.

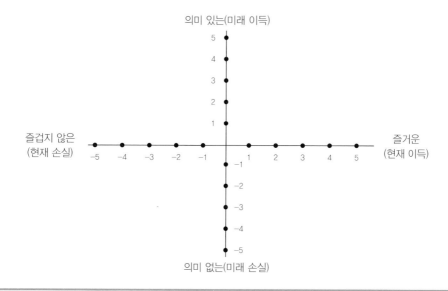

3. 행복한 학습방법

1) 대학생의 워라밸

워라밸은 일과 삶의 균형(Work-life balance)을 의미하는 단어이다. 이 표현은 1970년
대 영국에서 개인의 업무와 사생활 간의 균형을 설명하는 단어로 처음 사용되었고,
우리나라에서는 워라밸이라고 축약해서 사용되고 있다. 특히 오늘날에는 퇴근 후
SNS로 하는 업무 지시, 잦은 야근 등으로 개인적인 삶이 보장받지 못하는 현대사회에
서 직업을 선택하는 조건 중 하나로 중요하게 고려되고 있다. 대학에만 가면 여유로
운 생활이 보장될 것 같았는데, 실제로는 취업 및 미래를 준비하기 위한 활동으로 바
쁜 나날을 보내는 대학생들에게도 워라밸은 중요한 가치로 떠오르고 있다.

대학생에게 워라밸이란 현재 삶을 재미있게 사는 것과 미래를 준비하기 위한 의미
있는 삶, 학습에 중점을 두는 것과 개인 생활에 중점을 두는 것 간의 균형을 맞추는
것이다. 대학생으로서 많은 수업을 듣고 필수로 해야 하는 활동들을 하다 보면 균형
을 맞추는 것이 쉽지는 않다. 그렇다면 재미를 추구하는 삶과 의미를 추구하는 삶 사
이의 균형을 어떻게 맞출 것인가?

사람들에게 2주 동안 하루에 세 번씩 5개의 질문을 보내고 답하도록 하였다. 질문
은, 첫째, '지금 얼마나 즐겁습니까?', 둘째, '지금 하고 있는 일이 얼마나 의미 있습니
까?', 셋째, '지금 어디에 있습니까?', 넷째, '지금 무엇을 하고 있습니까?', 다섯째, '지
금 일이 잘되고 있습니까?'이다. 2주간 즐거움과 의미 있는 경험의 총합을 계산한 결
과, 즐거움을 많이 경험한 사람이 의미도 많이 경험하고, 즐거움을 적게 경험하는 사
람이 의미도 적게 경험했다. 시간적으로 봤을 때 즐거움과 의미를 동시에 느끼지는
않았다. 이러한 조사결과는 즐거움과 의미를 기계적으로 반씩 한다거나 즐거움을 느
끼는 정도를 반만 느껴야 된다는 것을 의미하는 것은 아니다. 미래를 준비하기 위해
또는 자신의 진로와 관련된 의미 있는 활동을 할 때에는 그 일에 몰입하여 열심히 하

고, 친구들과 놀거나 자신이 좋아하는 취미활동을 할 때에는 또 그 일에 몰입하면서 충분히 즐길 수 있어야 한다. 워라밸이 또 다른 삶의 목표가 되어서 하루 또는 일주일 동안 워라밸을 지켜야 한다는 생각을 가진 젊은이들이 있다. 워라밸의 기준은 10년 단위가 될 수도 있고 인생 전체가 될 수도 있다. 어떤 특정시기에는 인생을 준비하느라 여가적인 즐거움을 느낄 시간이 없을 수는 있으나 그 준비시간이 지나면 평균보다 더 많은 여가시간을 즐길 수도 있다. 워라밸의 기준을 좁은 시간범위에서 생각하지 말고 보다 넓은 관점에서 바라보기를 바란다.

2) 만족도를 높이는 학습방법

평생학습 연구자들에 의하면 인간은 학습하고자 하는 욕구를 가지고 태어난다고 한다. 그러나 지난 우리의 경험에 비추어 생각했을 때, 우리는 학습하면서 매번 즐거움을 느끼는 것은 아니다. 오히려 공부하는 과정은 힘들고 지루할 뿐만 아니라 많은 인내와 노력을 요구하는 힘든 활동 중 하나일 것이다. 공부하는 활동이 어렵고 힘들기는 하지만, 앞에서 제시한 행복해지는 방법을 적용하여 개인적인 만족도를 높일 수 있는 학습방법에 대해 소개하고자 한다.

첫째, 자신이 좋아하는 수업을 이수한 학생들의 만족도가 높다. 학기 초 수강생들을 대상으로 자신이 선택한 수업이 좋아서 선택했는지, 잘할 것 같아서 선택했는지를 조사했다. 그리고 학기 말 수업시간에 경험했던 긍정적 정서, 부정적 정서, 행복감을 조사했다. 그 결과, 좋아서 선택했다고 했던 학습자들이 수업시간에 긍정적 정서를 더 많이 경험하였고 부정적 정서를 더 적게 경험하면서 행복감이 더 높게 나타났다. 특정 대학의 특정 전공을 선택해서 입학한 이상, 전공 필수 교과목과 교양 필수 교과목은 반드시 이수해야 하는 교과목들이다. 이런 수업을 공부하면서 '이것을 왜 공부하지?'라는 생각을 하는 것 자체가 정신적 소모이다. 필수교과목에서는 각 교과목에서 자신이 얻을 개인적인 목표를 설정해서 최소한 그것을 달성하려고 노력한다. 그런데 선택교과목일 경우에는 상황이 다르다. 선배들이나 동료가 좋다고 하는 교과목을 선택하기보다는 강의계획서를 꼼꼼히 살펴보면서 흥미가 생기거나 도움이 될 만한 교과목을 선택하려고 노력해야 한다.

둘째, 의미 있는 학습경험을 할 수 있는 수업을 선택한다. 강의로 들은 것은 전체 내용의 5%밖에 기억하지 못하지만, 동료들과 토의를 하거나 프로젝트에 참여하거나 다른 동료를 가르치는 경험은 50% 이상을 기억한다. 자신이 투자한 시간과 노력 대비 학습효과를 높이기 위해서는 학습자가 중심이 되어 학습할 수 있는 수업을 선택해야 만족도도 높다. 학습효과도 높으면서 만족도도 높은 학습활동은 학습자들이 팀을 구성하여 공동의 목표를 달성하기 위해 실생활의 문제를 비판적 시각으로 동료들과 의견을 나누면서 새로운 것을 시도할 수 있는 수업이다. 강의계획서를 보면 강의개요 또는 운영 방식에 문제중심학습(Problem-based Learning), 팀프로젝트학습(Project-based Learning), 플립러닝(Flipped Learning), 토의학습 등으로 운영된다고 언급되어 있다.

셋째, 학교 안팎에서 운영되는 다양한 자기개발 활동에 참여한다. 대학에 입학하면 생활범위가 넓은 학생들이 있는 반면, 학교 주변으로 한정되어 있는 학생들도 많다. 특히 기숙사에 거주하는 학생들일수록 그럴 가능성이 크다. 어떤 일을 선택할 때에는 선택의 기준이 자신의 경험에 기초해서 하는 경우가 상당한데, 경험이 한정되어 있으면 선택을 잘하지 못하는 경우가 발생한다. 학교에서 제공하는 교육경험에만 참여할 것이 아니라 전국의 공공기관, 지역자치단체, 기업 등 다양한 기관에서 제공하는 교육 프로그램들을 탐색하고 자신에게 맞는 것을 취사선택하여 참여할 것을 권장한다. 그러기 위해 돈이 필요하다면 아르바이트를 해서 필요경비를 마련할 것을 권장한다.

넷째, 학습에 도움이 되는 주변인들과 적극적인 관계를 형성한다. 우선 전공의 지도교수님이나 수강하고 있는 교과목의 담당 교수님 중 자신과 무엇인가 통할 것 같은 교수님을 멘토로 삼는다. 대학생활에 대해서 또는 진로에 대해서 고민이 있고 누군가에게 물어보고 싶을 때 간헐적으로 상담을 요청함으로써 경험과 생각을 공유한다. 상담할 때마다 다른 교수님과 하면 본인에 대해 잘 모르기 때문에 질문하는 것에 대해서만 조언을 얻을 수 있다. 그러나 1학년 때부터 지속적으로 관계를 형성하면 자신에 대해서 잘 이해하고 있기에 보다 깊이 있는 대화와 관계를 맺을 수 있다. 이와 함께 주변에 목적을 같이하는 친구들과 스터디모임을 만들어 참여한다. 전공 공부, 자격증 취득, 영어 공부 등의 목적을 위해 다양한 스터디에 참여한다. 혼자 공부하는 것을 선호하는 학생들도 있지만, 특정 기간 동안 목적을 달성해야 하는 경우에는 마음을 다잡고 서로에게 동기를 부여해 줄 스터디모임이 도움이 될 때도 많다.

행복은 분명 소중하지만 특별한 곳에 있는 것이 아니라 자신의 관심거리, 꿈, 목표 등을 찾아가는 과정에서 느끼는 심리적 상태이다. 그러므로 오늘부터 여러분이 보다 더 행복해지기 위한 방법을 찾아 자신의 삶의 방식을 조금씩 바꾸어 나가기를 바란다.

활동하기 3

☞ 우리는 그동안 목표를 달성하면 행복할 것이라는 공식에 따라 행동하였는데 우리의 현실은 이와 반대로 현재 행복감을 느끼면 자기가 하고자 하는 일을 더 달성할 확률이 높다고 제시한 긍정심리학자 숀 에이커(Shawn Achor)의 이야기를 들어 보고 다음의 질문에 대해 생각해 봅시다.
  – The happy secret to better work (Ted.com), Shawn Achor

1) 긍정적인 사고방식이 여러분이 처한 어려움을 헤쳐 나가는 데 도움을 주었던 개인적인 경험에 대해 공유하시오.
2) 숀의 이야기를 루이스 헤이(Louise Hay)의 긍정확언(positive affirmation)과 비교해 보고 공통점과 차이점은 무엇인지 생각해 보시오.
3) 여러분의 생활에 대한 만족감과 성취감을 모두 높이기 위해 노력해야 할 것에 대해 작성해 보시오.

제5장

비전 수립 및 목표 설정

1. 꿈과 비전의 차이를 이해하고 나의 비전선언문을 작성할 수 있다.

2. 나의 비전을 달성하기 위한 4년간의 대학 생활의 구체적인 목표를 수립할 수 있다.

3. 목표 달성을 위한 시간 관리 전략을 이해하고 적용할 수 있다.

1. 꿈과 비전 수립

 생각해 보기

☞ 우리는 지난 시간에 여러분에게 행복의 의미는 무엇인지에 대해 살펴보았다. 그런 의미에서 여러분은 어떤 일을 할 때 행복한지 그리고 그러한 일을 통해 경제적 이익을 창출할 수 있는지에 대해 생각해 보도록 하자.

1) 나는 무엇을 할 때 가장 행복한가? 그 이유가 무엇인가?

   (직업과 연계할 수 있는 가능성이 있는 일 중에서)

2) 즐길 수 있는 일을 직업으로 삼으려면 어떻게 해야 하는가?

3) 즐길 수 있는 일을 직업으로 하는 데 있어 나를 가로막는 장애물은 무엇인가?

4) 어떻게 하면 그 어려움을 극복하고, 즐길 수 있는 일을 직업으로 할 수 있겠는가?

1) 꿈과 비전

장래희망이 무엇이냐고 물어보는 질문에 대해 유년 시절에는 비록 그것이 자주 바뀌기는 해도 무엇인가가 되고 싶다는 꿈이 있었을 것이다. 그러다가 청소년기에 접어들면 진로에 대해 고민은 하면서도 대학 입시를 준비하느라 바빠서 구체적인 것은 대학에 가서 결정하면 된다는 생각으로 지내다가 대학에 입학한다. 대학생이 되면 자연스럽게 꿈이 생기고 삶의 목표가 생길 것 같지만 그렇지 않다. 나이가 든다고 해서 인생의 목표가 자연스럽게 생기는 것은 아니라는 것이다.

하버드대학교 신입생들에게 "10년 후 이루고 싶은 꿈이 있습니까?"라는 질문을 했고, 10년 후 동일한 사람들을 대상으로 다시 똑같은 질문을 했다. 결과는 어떠했을까? 신입생 때 꿈이 명확하지 않았던 사람은 10년 후 성인이 되어 경제생활을 하고 있을 때도 그로부터 10년 후 이루고 싶은 꿈이 명확하지 않았다. 이것은 삶을 살아가는 데 있어 꿈과 목표가 살아가면서 당연히 생기는 것이 아니라 만드는 것이고, 꿈과 목표를 설정하는 것은 인생에 있어 매우 중요한 능력임을 시사한다. 이 책을 읽고 있는 여러분은 10년 후 이루고 싶은 구체적인 꿈이 있는가?

꿈(dream)과 비전(vision)은 개념적으로 다르다. 꿈은 간절히 하고 싶은 것, 되고 싶은 것, 갖고 싶은 것 등 실현하고 싶은 희망이나 이상을 의미한다. 비전은 자신의 미래상으로 자신이 원하거나 달성하고자 하는 것들을 구상하여 인생의 방향을 구체적으로 설정하는 것이다. 다시 말해서, 꿈은 하고 싶고, 갖고 싶은 무엇에 해당되는 것이고 비전은 왜 그것을 하고 싶고 갖고 싶은지에 대한 답변에 해당된다.

꿈의 목록을 만들고 대부분의 꿈을 실현한 존 고다드(John Godaard)의 꿈의 목록이 유명하다. 그는 1940년 15세의 나이에 인생을 살아가면서 꼭 하고 싶은 것, 총 127가지를 자신의 '노란수첩'에 적었다. 그리고 27세까지 127개의 꿈 중 103개를 실천하였다. 그의 꿈 목록은 매우 구체적이었고, 15세의 나이에 작성했다는 것을 고려했을 때

〈표 5-1〉 존 고다드의 꿈의 목록

탐험할 장소	배워야 할 것	수영해 볼 장소
• 이집트의 나일강 • 남미의 아마존강 • 아프리카 중부의 콩고강	• 의료 활동과 탐험 분야에서 많은 경력을 쌓을 것 • 나바호족과 호피족 인디언에 대해 배울 것 • 비행기 조종술 배우기	• 중미의 니카라과 호수 • 빅토리아 호수 • 슈피리어 호수
원시문화답사	수중탐험	해낼 일
• 중앙아프리카의 콩고 • 뉴기니 섬 • 브라질	• 미국 남부 플로리다주의 산호 암초 지대 • 호주의 그레이트 배리어 대암초 지대(이곳에서 존은 135킬로그램의 대합조개 촬영에 성공했음)	• 전 세계의 모든 국가를 한 번씩 방문할 것 • 소형 비행선, 열기구, 글라이더 타기 • 코끼리, 낙타, 타조, 야생말 타기
등반할 산	여행할 장소	
• 에베레스트 산 • 아르헨티나의 아곤카과 산 • 매킨리 봉	• 북극과 남극 • 중국 만리장성 • 파나마 운하와 수에즈 운하	

책을 많이 읽었던 소년이었다는 것을 알 수 있다. 그는 자신이 작성한 꿈을 실천했던 경험을 통해서 사람이 꿈을 이끌고 가는 것이 아니라, 꿈이 사람을 이끌어 간다고 말했다.

　존 고다드의 꿈의 목록과 유사한 개념으로 버킷리스트(bucket list)가 있다. 버킷리스트는 죽기 전에 꼭 하고 싶은 일이나 달성하고 싶은 목표리스트를 의미한다. 버킷리스트에 인생을 도전적으로 살고 꿈을 실현하도록 만드는 힘이 있음을 많은 사람이 증명해 왔다. 버킷리스트를 작성하는 방법은 간단하다. 하고 싶은 일들을 생각만 하지 말고 종이나 컴퓨터 문서 프로그램으로 작성한다. 그리고 작성한 목표들이 추상적인지 검토해 보고 구체적으로 수정한다. 마지막으로, 언제까지 실행할지 시간계획을 수립한다.

　경제적 부가 인생 성공의 유일한 잣대는 아니지만, 스롤리 블로토닉 연구소에서 20년 동안 수행한 연구를 소개하고자 한다. 1960~1980년 사이에 미국 아이비리그 대학을 졸업한 1,500명을 대상으로 졸업 후 어떤 직업을 가질 것인지에 대해 조사한 결과, 17%(225명)만이 자기가 하고 싶은 일을 하겠다고 응답하였고, 나머지 83%(1,245명)는 일단 돈을 벌 수 있는 일을 하다가 돈을 벌게 되면 좋아하는 일을 하겠다고 응답하였다. 20년 후 1,500명의 조사집단 중 101명이 억만장자가 되었는데, 돈을 벌 수 있는 일을 하겠다고 응답한 집단에서는 단 1명만이 억만장자가 되었고 나머지 100명은 하고 싶은 일을 하겠다고 응답한 사람들이었다. 자신이 원하는 일을 하는 사람들이 그 일에서 성공을 하여 경제적 부를 이룰 수 있었던 것으로, 돈을 벌려고 했던 사람보다 꿈을 추구하는 사람들이 꿈도 이루고 돈도 벌 수 있었다는 것이다.

활동하기 1 **읽고 싶은 책 20권 선정하기**

☞ 전공 서적과 교재를 제외하고 대학 4년 또는 향후 4년 동안 읽고 싶은 책 제목 20개를 작성하시오.
매년 5권의 책을 읽어야 졸업 전에 모두 읽을 수 있다.

순번	읽고 싶은 책 제목	목표 기한	중요도
1			
2			
3			
4			
5			
6			
7			
8			
9			
10			
11			
12			
13			
14			
15			
16			
17			
18			
19			
20			

활동하기 2 대학생활 동안 하고 싶은 일 20가지 결정하기

☞ 대학 4년 또는 향후 4년 동안 하고 싶은 일 20가지를 적으시오. 여기에 적은 20가지 목표를 꼭 달성할 수 있도록 노력한다.

순번	대학생활 동안 하고 싶은 일	목표 기한	중요도
1			
2			
3			
4			
5			
6			
7			
8			
9			
10			
11			
12			
13			
14			
15			
16			
17			
18			
19			
20			

활동하기 3 **일생 동안 하고 싶은 일 20가지 정하기**

☞ 졸업 후 인생에 걸쳐 하고 싶은 일 20가지를 적으시오.

순번	졸업 후 하고 싶은 일	목표 기한	중요도
1			
2			
3			
4			
5			
6			
7			
8			
9			
10			
11			
12			
13			
14			
15			
16			
17			
18			
19			
20			

2) 비전선언문 작성하기

인생은 자전거를 타는 활동에 비유할 수 있다. 자전거를 탈 때면 목적지를 결정하고 핸들을 그 방향으로 돌려야 한다. 그런데 핸들만 돌린다고 해서 앞으로 나아가지는 않는다. 자전거가 그 방향으로 가기 위해서는 목적지에 도달할 때까지 페달을 밟아야만 한다. 핸들을 목적지의 방향으로 돌리는 행위는 꿈, 비전, 목표를 설정하는 것과 유사하고, 페달을 밟는 행위는 목표를 달성하기 위한 노력과 유사하다.

[그림 5-1] 자전거 타는 활동 = 인생

비전을 수립하기 위해서는 자신이 어떤 일을 하고 싶고, 그런 일을 하기 위해서는 무엇을 해야 하며, 어떤 역량을 갖춰야 하는지에 대해 구체화해야 한다. 자신의 꿈을 비전으로 구체화해야 한다. 꿈은 자신만을 위한 것일 수 있는데, 비전은 자신뿐만 아니라 타인을 위한 것이기도 하다. 왜냐하면 나의 인생의 목표가 실현되면 그것이 어떤 방식으로라도 사회에 영향을 미치고 그로 인해 경제적 이득을 취할 수 있기 때문이다. 따라서 꿈을 비전으로 구체화하기 위해서는 나의 꿈을 통해서 사회에 어떤 기여를 할 수 있는지를 생각해 봐야 한다.

혹자는 나 혼자 잘살기도 힘든데 반드시 꼭 남을 위해 기여를 해야 하는가라는 의문을 가질 수도 있다. 우리가 삶을 유지하기 위해서는 경제적 생활을 하지 않을 수 없는데, 누가 자신만을 위해 사는 사람을 위해 돈을 주겠는가? 우리가 하는 일이 사회에 어느 정도 영향을 미치느냐에 따라 수입이 결정된다고 해도 과언은 아니다. 따라서 우리가 하고 싶은 꿈을 생각할 때, 그 꿈을 통해 우리가 사회에 어떤 일을 할 수 있는가도 함께 고려해야 한다. 예를 들어, 건축공학을 전공하는 어떤 학생이 멋진 집을 짓고, 멋진 자동차를 사고, 세계여행도 하고 싶다는 꿈을 가질 수 있다. 이 세 가지의 꿈을 실현할 수 있는 비전으로 수정한다면, '건설회사에 입사해서 멋진 디자인의 건물을 지어 도시를 아름답게 만들고 싶다.'라고 바꿔 쓸 수 있다. 멋진 디자인의 건물을 지어 도시를 아름답게 한다면 자연스럽게 월급을 받거나 돈을 벌어 그 결과로 차도 사고 여행도 할 수 있게 된다. 꿈을 비전으로 구체화하기 위해 비전선언문을 작성할 수 있는데 그 방법은 다음과 같다.

- 최상단에 자신의 비전을 작성한다. 어떤 일을 하고 싶고 그것을 통해 사회에 어떤 기여를 할 수 있는지를 제시한다.

1. 목표로 하는 일(직업)을 이루기 위해 준비해야 할 일과 완료 시점을 작성한다.
2. 하고 싶은 일(직업)을 적고 그 일을 하게 되는 완료 시점을 작성한다.
3. 일을 통해 만들어 낼 수 있는 최대의 성과와 그것을 달성하는 완료 시점을 작성한다.
4. 나의 성공을 통해 이 사회에 어떤 기여를 할 것인지를 적고 완료 시점을 작성한다.
5. 묘비명을 적고 이 세상 사람들이 나를 어떻게 기억해 주기를 원하는지 작성한다.

○○○의 비전선언문

나의 비전은,

의료용 고분자 재료, 바이오 소재 등을 연구하고 개발하여 미래 의료기기의 발전을 이끌고 새로운 의료혁신으로 인류사회에 공헌하는 의공학연구원이 되는 것이다.

이 원대한 비전을 이루기 위해 나는,

첫째, 향후 10년 이내에 학사와 석사 학위를 취득한다. (○○대학원 ○○○ 지도교수님 연구실)

둘째, 2027년까지 KIST 생체재료연구센터에 연구원으로 입사하여 박사 학위 과정을 준비하고 진행한다.

셋째, 2037년까지 바이오 소재, 새로운 생체재료를 개발하여 미래의료기기(나노로봇, 생체랩 등) 개발로 큰 성과를 낸다.

넷째, 2047년까지 신미래의료기기의 안정적인 개발을 완료하여 새로운 의료혁신을 이끌고, 나아가 인류사회에 공헌한다.

다섯째, 세상을 마음껏 사랑하고 바꾸다 잠들다.

[그림 5-2] 비전선언문 작성 사례

활동하기 4 **비전선언문 작성하기**

☞ 비전선언문 작성방법을 숙지하고 비전선언문을 작성하시오.

_____의 비전선언문

나의 비전은,

_____

_____

이 원대한 비전을 이루기 위해 나는,

1. _____

_____

2. _____

_____

3. _____

_____

4. _____

_____

5. _____

_____

3) 꿈과 비전을 실현하기 위한 노력

비전선언문을 작성한 다음에는 자신이 설정한 비전을 반드시 이룰 수 있다는 신념을 가져야 한다. 인디언들이 기우제를 지내면 반드시 비가 온다. 왜냐하면 비가 반드시 내린다는 신념으로 비가 올 때까지 기우제를 지내기 때문이다. 우리도 비전을 설정하면 반드시 실현된다는 신념을 가지고 될 때까지 노력하는 의지가 있어야 한다.

앤젤라 더크워스(Angela Duckworth) 교수는 설정한 비전을 실현할 수 있는 힘을 그릿(GRIT)으로 설명하였다. 그릿은 성장력(Growth), 회복력(Resilience), 내재적 동기(Intrinsic motivation), 집요함(Tenacity)으로 구성된 단어로서 열정적 끈기를 의미한다. 더크워스 교수는 여러 상황에서의 연구결과를 바탕으로, 목표를 설정하고 달성하는 사람들은 재능보다는 끈기가 훨씬 더 중요한 역할을 하는 특징이 있다고 결론을 내렸다. 누구나 다 아는 이야기지만 실현하기 힘든 진실이기도 하다. 그러나 주변에 자신의 목표를 달성한 사람들, 나름대로 목표한 바를 성공한 사람들은 더크워스 교수가 이야기하는 그릿을 가지고 있음을 경험적으로도 확인할 수 있다. 그러므로 우리가 설정한 비전을 달성하기 위한 첫 번째 노력은 자신이 작성한 비전선언문을 책상에 붙여 놓고 매일 보면서 상기하는 것이다. 그리고 긍정확언의 방법으로 매일 아침마다 여러분의 비전을 달성했다고 스스로에게 말해 보자.

활동하기 5 **나의 그릿은 어느 수준인가?**

☞ 다음의 문항을 읽고 해당하는 곳에 ○표 하시오.

번호	문항	전혀 그렇지 않다	그렇지 않다	그런 편이다	그렇다	매우 그렇다
1	나는 새로운 아이디어와 프로젝트 때문에 기존의 것에 소홀한 적이 있다.	5	4	3	2	1
2	나는 실패해도 실망하지 않는다.	1	2	3	4	5
3	나는 한 가지 목표를 세워 놓고 다른 목표를 추구한 적이 종종 있다.	5	4	3	2	1
4	나는 노력가이다.	1	2	3	4	5
5	나는 몇 개월 이상 걸리는 일에 계속 집중하기 힘들다.	5	4	3	2	1
6	나는 뭐든 시작한 일은 반드시 끝낸다.	1	2	3	4	5
7	나의 관심사는 해마다 바뀐다.	5	4	3	2	1
8	나는 성실하다. 나는 결코 포기하지 않는다.	1	2	3	4	5
9	나는 어떤 아이디어나 프로젝트에 잠시 사로잡혔다가 얼마 후에 관심을 잃은 적이 있다.	5	4	3	2	1
10	나는 좌절을 딛고 중요한 도전에 성공한 적이 있다.	1	2	3	4	5

• 전체 평균값으로 자신의 상대적 위치를 확인한다.

백분위수	그릿 점수	백분위수	그릿 점수	백분위수	그릿 점수
10%	2.5	50%	3.8	90%	4.5
20%	3.0	60%	3.9	95%	4.7
30%	3.3	70%	4.1	99%	4.9
40%	3.5	80%	4.3		

2. 목표 수립 및 시간 관리

1) 목표 설정

인생의 비전을 설정하였다면 그 비전을 실현하기 위한 목표를 수립해야 한다. 마음속에 막연하게 목표가 있기는 하겠지만, 3분의 시간을 주고 이번 학기에 달성할 목표를 세 개 작성해 보라고 하면 시간 내에 작성하는 사람은 많지 않을 것이다. 별똥별이 떨어질 때 소원을 세 번 말하면 소원이 이루어진다는 말이 있다. 이시다 히로쓰구(石田久二)는 『3개의 소원 100일의 기적』에서 이 말이 믿을 수 있는 말이라고 주장한다. 별똥별이 떨어지는 시간은 대체로 3초 이내인데 그 안에 소원을 3번 말하려면 평소 자신의 마음속에 이루고 싶은 목표가 명확하게 있어야 가능하다. 이런 사람들은 목표를 가지고만 있는 것이 아니라, 그 목표를 달성하기 위해 열심히 노력을 하고 있기에 별똥별을 보는 순간 세 번을 외칠 수 있다.

목표를 작성하고 나면 그 목표가 구체적인지, 달성 여부를 측정할 수 있는 목표인지를 검토해야 한다. 목표 작성은 SMART 기법을 적용하여 작성하는 것이 바람직하다. SMART 기법이란, 목표는 구체적(Specific)이어야 하고, 목표의 달성 여부를 판단할 수 있도록 측정(Measurable) 가능하며, 목표가 현실적으로 달성 가능(Achievable)

[그림 5-3] 목표 설정을 위한 SMART 기법

한 것이면서, 현재 상황에 부합하는 현실적인(Realistic) 목표로, 달성 완료 시점(Time-bounded)을 정해야 하는 것을 안내한다. 예를 들어, 이번 학기에는 책을 읽는 것이 목표라면 막연하게 '다섯 권의 책 읽기'보다는 '2주일에 자기계발 관련 책 1권씩 읽기'와 같이 구체적이면서 측정이 가능하고 달성 완료 시점도 확인 가능한 목표로 설정하는 것이 바람직하다.

대학생활 목표수립에는 학년별 목표설정, 교과목 수강계획, 비교과 프로그램 이수계획, 자격 및 능력 검정 취득계획, 교외활동 참여계획 등을 포함한다. 목표 지향적인 대학 생활을 위해서는 학기별 목표설정 및 계획수립을 기본적으로 해야 한다. 자신이 설정한 비전을 실현하기 위해 대학 생활 동안 달성할 목표를 설정하고 학기별로 구체적인 계획을 수립한다. 대학 4년 동안 달성할 목표는 비전선언문의 '첫째'에 작성한 내용과 관련 있으면서, 자신의 진로(직업과 일상생활)와 관련하여 무엇을 할 것인가를 염두에 두고 달성할 목표를 세분화하여 학년별 목표를 수립할 것을 권장한다.

목표가 설정되면 구체적인 계획을 수립하는데, 대학 생활 계획의 핵심은 수강계획이다. 1학년 1학기에서 4학년 2학기까지의 학기별 수강계획과 관련하여 학년–학기별 이수해야 할 교과목을 미리 고민하여 설정해 놓는 것이 바람직하다. 전공 홈페이지나 대학 홈페이지에 공지되어 있는 교육과정을 참고하여 계획을 수립한다. 교과목 수강계획을 수립할 때에는 교양필수 교과목과 전공필수 교과목에 대한 수강 계획을 먼저 수립한다. 전공필수 교과목과 교양필수 교과목은 학교에서 권장하는 학년–학기가 있으므로 최대한 이를 준수하도록 한다. 특히 교양필수 교과목은 대학에서 학습을 효과적으로 하는 데 필요한 기초역량을 강화하는 교과목이므로 1학년 때 모두 이수하는 것이 바람직하다.

다음으로, 자신의 비전과 진로방향에 부합하는 전공선택 교과목 이수계획에 대해 수립한다. 각 전공에는 진로분야와 연결될 수 있도록 세부트랙이 있다. 다양한 분야에 대한 전문성을 쌓기 위해 여러 트랙을 넘나들면서 교과목을 이수하면 전문성을 쌓기가 어렵다. 그리고 교양선택의 경우에는 관심 분야이거나 자신에게 부족한 역량을 향상시켜 줄 수 있는 교과목 등 개인의 목적에 부합하는 교양 교과목을 선택하여 계획을 수립한다.

교과목 이수계획은 비교과 프로그램이나 자격 및 능력 검정 취득계획과 함께 고려되어야 한다. 진로 전문가들은 대학 4년 동안 학년별 집중해야 할 사항으로, 1학년은 취득하기 수월한 자격증 취득, 2학년은 동아리와 봉사 활동 등 다양한 경험, 3학년은 팀프로젝트와 어학 점수 취득, 4학년은 취업과 직접적으로 관련 있는 자기소개서 작성, 인·적성 검사, 면접 준비를 할 것을 권장한다. 예를 들어, 일반기업보다는 공기업에 취업을 희망하는 경우 한국사능력검정시험에서 일정 수준 이상의 등급을 받아야 한다. 이를 3~4학년 때 하려면 준비할 것이 너무 많아서 절대적인 시간이 부족할 수 있다. 한국사능력검정시험은 1학년 때 한국사 관련 교양 교과목을 이수하면서 공부하고, 방학 때 학교에서 진행하는 비교과 프로그램이나 인터넷 강의를 추가이수하면서 1학년 때 취득하는 것이 바람직하다. 그러나 유의할 것은 공기업 취업이나 공무원 등의 진로를 설정하지도 않았으면서 한국사능력검정시험을 포함한 자격취득에 시간을 허비하는 대학생이 많다. 반드시 진로를 먼저 확정하고 관련 자격증을 취득하기를 바란다.

21세기 학습역량으로 5C, 즉 창의성(Creativity), 비판적 사고력(Critical thinking), 소통(Communication), 협력(Collaboration), 시민의식(Citizenship)이 강조되고 있다. 다섯 가지 핵심 역량은 평생학습사회에서 자기주도적인 삶을 살아가는 데 있어 필수적으로 요구되는 능력이다. 따라서 5C는 교양 교과목 또는 비교과 프로그램을 선택하는 기준 역할을 할 수 있다. 구체적으로 해야 할 것을 찾지 못하거나 자신의 흥미와 관심거리에 대해서 불명확할 때에는 일단 5C 역량을 함양할 수 있는 교육 프로그램을 선택해서 이수하도록 한다.

최근에는 대학이나 교육기관에서만 학습의 기회를 제공하는 것이 아니라, 기업을 포함한 지역사회 공공기관에서도 다양한 교육 프로그램을 개발하여 운영하고 있다. 1장에서 언급했듯이, 학습의 개념이 지식과 이론의 습득에서 벗어나 학습자 개인이 경험을 통해서 얻은 의미의 구성에 보다 가치를 부여하는 사회로 발전해 가고 있다.

이러한 관점에서 볼 때, 대학생들도 소속 대학에서 제공하는 교육 프로그램에만 참여할 것이 아니라, 지역사회를 포함한 국내외 다양한 기관에서 제공하는 교육 프로그램을 찾아 참여할 것을 권장한다. 기업 역시 CSR(Corporate Social Responsibility) 활동을 통해 대학생들에게 다양한 경험을 할 수 있는 기회를 제공한다. 진로가 명확할 경우에는 진로분야와 관련 있는 기업의 CSR 프로그램에 적극적으로 참여하는 것이 추후 취업을 준비하는 데 있어 유리하게 작용될 가능성이 크다. 이러한 프로그램은 대체로 대기업에서 제공하고 있는데, 대기업 취업을 목표로 하지 않더라도 유사 산업 분야에서의 프로그램 참여는 경험적인 측면에서 긍정적인 효과가 있다.

그런데 이러한 학교 밖 활동의 참여는 소위 '스펙을 쌓는 행위'처럼 보인다. 20여 년 전만 해도 대학 진학률이 20~30%에 지나지 않았고, 실제 대학교 졸업자의 수가 사회에서 요구하는 대학교 졸업 취업자의 수보다 적었기 때문에 취업을 하는 것은 그리 어렵지 않았다. 또한 기업의 입장에서도 지원자의 졸업장과 성적증명서만으로 채용을 하는 일이 그리 어렵지 않았다. 그러나 직업분야가 세분화되고 직무의 수준도 높아졌을 뿐만 아니라 대학교 졸업자의 수가 기하급수적으로 증가하면서, 기업에서 필요한 대졸자의 수보다 실제 졸업자 수가 훨씬 많아졌다. 또한 기업은 좋은 학벌과 높은 성적을 가진 지원자를 채용한다 하더라도 직무를 기대한 만큼 수행하지 못하거나 일찍 퇴사하는 사례가 발생하였다. 따라서 졸업장과 성적증명서만으로는 지원자의 능력과 적성을 평가하는 데 어려움이 있다고 판단하여 대학 4년 동안 어떤 활동을 통해 무엇을 할 수 있게 되었는가를 보기 시작했다.

기업의 인재 채용 방식이 변화하면서 이것을 준비하기 위해 대학생들은 바빠졌고, 남들보다 더 많은 경험을 증빙하기 위해 더욱더 경쟁적인 생활을 하게 되었다. 취업을 위한 대표적인 스펙으로는 학벌, 학점, 토익점수, 자격증, 어학연수, 수상경력, 인턴경험, 봉사활동 등이 있다. 인사담당자를 대상으로 진행한 설문조사에 따르면 입사를 결정짓는 가장 중요한 기준은 '지원 직무에 대한 적합성'이라고 응답하였고 2,000명의 구직자를 대상으로 한 설문에서도 '직무관련 경험'에 대한 응답이 가장 높게 나타났다. 그러나 실제 구직자들은 직무관련 경험보다는 이력서나 자기소개서에

한 줄이라도 더 채우기 위해 다양한 스펙을 쌓는 데 많은 시간을 보내고 있다. 이에 따라 기업 439개사를 대상으로 채용 시 가장 불필요한 스펙이 있냐는 질문에 '그렇다'고 응답한 비율이 약 70%나 되었고 가장 불필요한 스펙으로는 한자·한국사 자격증, 극기·이색경험, 봉사활동 경험 등의 순으로 높게 나타났다. 다시 말해서, 목표 지향적인 준비를 했다기보다 남들이 필요하다고 하는 것들을 준비하는 데 많은 시간을 허비하고 있다고 볼 수 있다.

1학년 때에는 전공학습을 위한 기초를 다지면서 자신의 적성에 대해 깊이 이해하는 활동을 하는 데 집중해야 한다. 2~3학년 때에는 전공 공부와 함께 자신의 진로에 대해서 보다 구체적으로 설계하고 준비하며, 4학년 때에는 진로분야와 직접적으로 관련 있는 경험을 하는 데 집중해야 한다. 이런 과정은 첫 직장을 갖게 된 이후에도 그 일이 자신에게 보람과 의미를 느끼게 하는지에 대해 끊임없이 성찰하고 숙고하는 과정을 반복하게 할 것이다. 우리는 자신이 하고 있는 일을 보다 전문적으로 하기 위해서 또는 다음 직장을 준비하기 위해서 지속적으로 학습해야 하는 시대에 살고 있음을 기억하자.

활동하기 6　**대학생활 목표 및 계획 수립하기**

☞ 자신의 비전을 달성할 수 있는 대학 4년 동안의 목표 및 계획을 세워 보시오.

대학 생활 목표	

1학년 생활 목표				
	교과	비교과/동아리	자격/능력 검정	교외활동
1학년 1학기				
여름방학				
1학년 2학기				
겨울방학				

2학년 생활 목표	교과	비교과/동아리	자격/능력 검정	교외활동
2학년 1학기				
여름방학				
2학년 2학기				
겨울방학				

3학년 생활 목표	교과	비교과/동아리	자격/능력 검정	교외활동
3학년 1학기				
여름방학				
3학년 2학기				
겨울방학				

4학년 생활 목표	교과	비교과/동아리	자격/능력 검정	교외활동
4학년 1학기				
여름방학				
4학년 2학기				
겨울방학				

2) 시간 관리

국내외에서 출판되는 자기계발 도서를 보면, 성공의 조건으로 '시간 관리' 능력을 중요하게 다루고 있다. 모든 사람에게 주어진 24시간을 얼마나 효율적이고 효과적으로 사용하느냐에 따라 개인의 목표 달성 여부가 결정될 수 있다. 이는 우리의 경험에 기초하여 생각해 봐도 설득력이 있고, 주변인들 중 나름의 목표를 달성한 사람들의 생활 습관을 보더라도 일면 타당한 이야기로 받아들여지고 있다.

시간 관리 능력이란 시간을 통제하고 조절하는 능력을 의미한다. 우리에게 주어진

하루 24시간의 시간은 세 가지 종류로 구분할 수 있다. 첫째는 고정시간으로 개인이 통제하거나 조절하기 어려운 시간이다. 예를 들어, 학생이라면 학교에서의 수업시간이나 학원에서의 학습시간을 의미하고, 직장인이라면 근무시간을 의미한다. 둘째는 생활시간으로 인간의 기본적 생활의 요소인 의식주를 해결하는 시간이다. 수면시간, 세면시간, 청소시간, 식사시간, 이동시간 등이 이에 해당된다. 셋째는 고정시간과 생활시간을 제외한 나머지 자유시간이다. 친구와 만나거나 영화, 운동과 같은 취미활동을 한다거나 TV를 시청하는 등과 같은 자유시간을 의미한다. 이 세 가지 유형의 시간 중 우리가 조절하거나 통제가 가능한 시간은 무엇인가?

'4당 5락'이라는 말은 학창 시절에 누구나 들어 봤을 것이다. 이 말은 4시간을 자면 원하는 대학에 합격하고, 5시간을 자면 원하는 대학에 들어갈 수 없다는 것을 의미한다. 4시간의 근거는 아마도 역사적 인물인 나폴레옹(Napoleon, B.)이 3~4시간을 자면서 전쟁에서 승리한 것에서 기인한 것으로 추측된다. 이와 함께 근대화·산업화가 진행되면서 점점 수면시간을 줄이는 것이 좋다는 주장이 성행하였다. 1965년 미국의 웹(Wilse Webb) 교수가 진행했던 실험에 의하면, 하루에 3시간 이하의 수면은 시각과 관련된 업무에서 실수를 저지르는 경우가 많았고 작업능력도 확실히 떨어졌다고 보고하였다. 이는 '적게 자면 성공할 수 있다.'는 주장이 그릇된 것임을 증명한다. 나폴레옹이나 에디슨(Thomas Edison)은 적게 잔 것으로 유명하지만, 세기의 과학자 아인슈타인(Albert Einstein)은 10시간 이상을 잤으며 데카르트(Rene Descartes)나 쇼펜하우어(Arthur Schopenhauer)도 잠을 많이 잔 것으로 알려져 있다. 일반인의 정상 수면시간은 보통 7~8시간이지만, 개인에 따라 5시간 미만을 자고도 일상생활에 전혀 지장이 없는 극단적 '쇼트 슬리퍼(short sleeper)'와 건강함에도 불구하고 10시간 이상 자야 하는 '롱 슬리퍼(long sleeper)'가 있다. 수면을 무작정 줄일 것이 아니라 자신에게 맞는 수면시간을 찾아 실천하는 것이 좋다.

수면시간과 함께 시간 관리와 관련된 또 다른 오개념은 '일찍 일어나는 새가 벌레를 잡는다.'는 영어 속담에도 있듯이 '아침형 인간'을 높이 평가하는 것이다. 사람마다 체내시계가 달라 이른 아침에 활동에 집중이 잘되는 사람이 있고, 늦은 시간에 더 일이 잘되는 유형이 있다. 일반적으로 10%에 해당되는 사람만이 아침형이고, 20% 정도가 저녁형 그리고 70%가 중간형이라고 한다. 그런데 저녁형과 중간형에 속하는 사람들 중 아침형 인간이 되고 싶다고 희망하는 비율이 상당히 높다. 이는 자신의 속성보다는 일반적인 사람들의 인식에 기인한 결과라고 볼 수 있다. 아침형 인간과 저녁형 인간의 성과를 비교한 결과, 그 차이는 없는 것으로 나타났다. 즉, 어떤 유형인지보다는 그 유형에 맞게 자신의 시간을 얼마나 효과적으로 활용하느냐가 더 중요하다는 것을 의미한다.

앞에서 제시한 세 가지 유형의 시간 중 우리가 통제하거나 조절할 수 있는 시간은 자유시간이다. 나에게 주어진 자유시간에 무엇을 할 것인가를 결정하는 기준에는 두 가지가 있다. 그 일이 나에게 얼마나 중요한 것인가와 얼마나 시급한 일인가, 즉 긴급성과 중요성이 바로 일의 우선순위를 결정하는 두 기준이다. 인생을 넓게 봤을 때는 당연히 중요한 일에 우선순위를 두어야 한다고 생각하지만, 하루를 기준으로 봤을 때 우리는 중요한 일보다는 긴급한 일, 당장 오늘 마무리해야 되는 일에 많은 시간을 할애하고 있다. 바쁜 현대사회에서 "나는 매일이 데드라인이야."라고 말하는 사람들이 많지만, 그런 생활을 즐기는 사람은 아마도 적을 것이다. 시간관리 매트릭스를 활용하여 자신의 일상생활을 점검해 보고 자유시간을 어떻게 활용할지에 대한 계획을 세워 보자.

중요하면서 긴급한 일로는, 당장 해결해야 할 문제, 마감시간이 임박한 프로젝트, 꼭 가야 하는 모임 등이 있다. 자취생활을 하는데 갑자기 싱크대 물이 막혔다거나 핸드폰을 잃어버려 찾아야 하는 일과 같이 예측하지 못했지만 당장 해결해야 할 문제들이 일상에는 많다. 그리고 친지나 친구들의 애경사처럼 꼭 참석해야 하는 모임 또는 과제수행을 위한 회의 등이 있다. 대체로 사람들은 중요하면서 긴급한 일에 시간을 많이 할애하고 있다.

중요하지만 긴급하지 않은 일로는, 건강을 유지하기 위해 운동을 하거나 계획을 세우거나 자기계발을 하는 것, 평소 배우고 싶었던 것을 배우는 것, 인간관계를 구축하거나 확장하는 일, 여가활동 등이 있다. 이 일들이 인생을 살아가는 데 있어 중요한 일이라는 것을 누구나 알고는 있지만, 긴급한 일들 때문에 우선순위가 밀려 이 일에 많은 시간을 할애하는 사람들은 적다.

중요하지 않지만 긴급한 일로는, 여기저기서 하는 모임, 중요하지 않은 전화, 문자, 카톡, 사소하지만 바쁜 일 등이 있다. 사회생활을 하면 조직의 일원으로서 다양한 모임에 초대되는데 어떤 모임은 꼭 참여해야 하는지를 결정하는 것은 쉽지 않다. 하지만 꼭 필요한 자리가 아님에도 불구하고 무의식적으로 참여하고 있지는 않은지 생각해 볼 필요가 있다.

마지막으로는 중요하지도 않고 긴급하지도 않은 일로써 다른 사람의 사소한 일에 관여하거나 목적 없는 수다, 관련 없는 이메일과 카톡, 지나칠 정도로 핸드폰을 사용하며 웹서핑을 하거나 동영상을 보는 일 등이 해당된다. 이러한 일들이 스트레스를 해소하거나 자유시간을 여유롭게 보내는 데 도움이 된다고 착각할지는 모르지만, 목적 없는 행위는 사람을 수동적으로 반응하게 하여 만족감을 느끼지 못할 때가 많다. 예를 들어, 공부를 하다가 좀 쉬어야겠다고 생각하고 핸드폰으로 이것저것을 보다가 알지 않아도 되는 일들에 대해 걱정하게 되면서 쉬는 시간을 가졌음에도 불구하고 오히려 피로를 느낀 적이 있었을 것이다. 의식하지 못하는 사이에 우리는 이러한 활동을 하게 되는데, 이런 것들로 인해 시간을 허비하지 않도록 최대한 노력해야 한다.

〈표 5-2〉 시간 관리 매트릭스

	긴급함	긴급하지 않음
중요함	• 급박한 위기 • 당면한 문제 • 마감시간이 임박한 프로젝트 • 긴급한 모임	• 준비 및 예방 • 계획 및 자기계발 • 학습 • 인간관계 구축 • 여가활동
중요하지 않음	• 중요하지 않은 회의 • 중요하지 않은 전화, 문자, 카톡 • 사소하지만 바쁜 일	• 다른 사람의 사소한 일 • 목적 없는 수다 • 관련없는 이메일, 카톡 • 지나친 TV 시청, 휴대폰

이 네 가지 유형 중 시간을 의미 있게 사용하기 위해서는 '중요하지만 긴급하지 않은 일'에 많은 시간을 투자하고, '중요하지 않지만 긴급한 일'은 선별해서 하며, '긴급하지도 중요하지도 않은 일'은 하지 않도록 노력해야 한다. 그리고 자신이 조절할 수 있는 일은 긴급하게 만들지 않는 노력도 필요하다. 예를 들어, 과제나 해야 할 일을 미리 하게 되면 중요하지만 긴급하지 않은 일이 되어 여유롭게 할 수 있다.

일의 우선순위와 함께 일반적인 시간관리 전략에 대해서도 살펴보고자 한다. 특히 앞의 시간관리 매트릭스에서 '중요하지도 않고 긴급하지도 않은 일'은 최대한 하지 않거나 효율적으로 할 수 있는 전략으로서, 메시지나 카톡 문자 또는 이메일에 실시간으로 응답해야 한다는 강박관념에서 벗어나야 한다. 우리가 무언가에 집중할 때는 온전하게 그 일을 하는 데 시간을 사용하도록 노력하고 별도의 시간을 마련하여 답변 메시지를 보내는 것이 효율적이다.

다음으로, 자신에게 있어 한 시간의 가치가 얼마인지를 환산해 본다. 시간은 금이라는 말을 흔하게 사용하지만, 우리가 정말 시간을 금처럼 가치 있게 여기고 있는지 생각해 봐야 한다. 대학생이라면 고등학교를 졸업하고 자신이 취업했을 때 받을 수 있는 연봉이 얼마라고 생각하는지를 역추적해서 한 시간의 가치를 금전적 가치로 환산해 본다. 이렇게 해 보면 내가 오늘 얼마를 의미 없이 소비했는지를 확인할 수 있다. 이렇게 되면 여러분의 시간을 아무 대가 없이 가지려고 접근하는 사람들을 조절하는 데 도움이 된다. 자신의 감정에 대해 장시간 이야기하고 싶은 사람, 약속시간에 특별한 이유 없이 늦는 사람, 매번 자기가 해야 할 일을 부탁하는 사람 등 주변에 여러분의 시간을 요구하는 사람들이 있다. 여러분의 시간을 이들에게 퍼 주어서는 안 되고, 여러분도 다른 사람의 시간을 함부로 사용하려 해서는 안 된다.

자신의 시간을 효율적으로 관리하기 위해 첫 번째 할 일은 여러분에게 주어진 24시간을 어떻게 사용하고 있는지를 객관적으로 파악하는 일이다. 요즘에는 스마트폰 애플리케이션나 캘린더를 통해 일정 작성이 용이해졌다. 처음 일정을 작성할 때는 시간마다 하는 일을 적기보다는 했던 일을 먼저 작성하고 그 활동을 얼마나 했는지를 일주일 동안 작성해 보기를 바란다. 그리고 난 후 어떠한 일을 하는데 얼마만큼의 시간을 사용하고 있는지를 위의 매트리스를 이용하여 분석해 본다. 그리고 시간 관리에 있어 자신에게 부족한 점이 무엇인지 어떻게 개선해야 할지에 대한 계획을 세우고 실천해 보기를 바란다.

제6장

교육에 대한 생각

학습목표

1. '검치 호랑이 교육과정' 이야기를 통해 교육의 발전과정에 대해 설명할 수 있다.

2. 현대교육철학의 네 가지 관점에 대해 이해하고 미래 한국의 교육방향에 대해 자신의 의견을 설명할 수 있다.

3. 우리나라 교육과정의 변천사에 대해 이해하고 2022 교육과정 개정의 핵심사항에 대해 설명할 수 있다.

다음의 검치호랑이 교육과정 이야기를 읽고 역사적으로 교육이 어떤 과정으로 발전해 왔는지 이해해 보도록 하자.

검치호랑이 교육과정 이야기

'검치 호랑이 교육과정' 이야기는 구석기 시대를 배경으로 펼쳐진다. 최초의 교육학 이론가이자 실천가로 볼 수 있는 '새-주먹-망치-제조업자(New-Fist-Hammer-Maker)', 이하에서는 '새 주먹'으로 약칭, 분명 '교육받은' 사람다운 특징을 지녔다.

그는 실천가로서 자기 부족에게 알려진 이전의 다른 어떤 도구보다도 더 예리하고 쓸모 있는 도구를 만듦으로써 그 지역에서 널리 이름이 알려진 사람이었으며, 다른 사람들이 사냥한 후에 먹고 무료히 쉬는 시간에도 그는 화롯가에 앉아 뭔가를 골똘히 생각하곤 했다. 그는 다른 사람들보다 좀 덜 먹고, 좀 덜 자고, 약간 더 일찍 일어나서 여러 가지를 생각하곤 했으며, 자기 부족 사람들이 익숙해진 방식에 따라 생활하는 것에 강한 불만을 느끼기도 했다.

새 주먹은 밖에서 놀고 있는 자기 아이들을 지켜보다가 어느 날 갑자기 체계적인 교육의 필요성에 대해 생각하기 시작하였다. '보라, 아이들이 지루함을 없애기 위해 또는 찰나적인 즐거움을 좇아 뼈, 막대기, 조약돌을 가지고 동굴 입구에서 놀고 있지 않은가? 이런 아이들에게 앞으로 닥칠 삶의 위협과 위험을 극복하도록 하기 위해 또는 안전과 생활의 풍요로움을 확보하도록 하기 위해 열심히 일하는 어른들의 삶을 미리 준비시킨다면 많은 도움이 되지 않을까? 이 아이들에게 의식주와 안전에 보탬이 되는 일을 하도록 가르친다면, 우리 부족이 더 나은 생활을 영위하는 데 도움이 되지 않을까?'

이런 고민 끝에 새 주먹은 '의식주와 안전에 보탬이 되는 일을 하도록 가르친다.'는 교육목표를 설정하였고, 그 목표를 실현하는 데에 필요한 교육과정을 만드는 일을 계속했다. 배불리 먹고, 몸을 따뜻하게 하며, 두려움으로부터 해방되기 위해서 부족민이 해야 할 일은 무엇일까? 이런 문제를 놓고 고민하다가 새 주먹은 세 개의 교과를 생각해 낸다. 첫째, 맨손으로 물고기 잡기, 둘째, 몽둥이로 말 때려잡기, 셋째, 불로 호랑이 몰아내기. 이런 교육과정을 개발한 후 새 주먹은 그저 뼈나 조약돌 등을 가지고 맹목적으로 노는 자기 아이들에게 기회 있을 때마다 이런 교과를 중심으로 유목적적인 활동을 하도록 교육시켰다. 그의 교육은 생각보다 성공적이었고; 그의 자식들을 체계적으로 교육받지 못한 아이들보다 넉넉하고 안전하게 생활할 수 있게 되었다. 처음에는 일부 지적인 부족민들만이 자신의 아이들에게 이런 교육을 시키기 시작하였고, 시간이 지나자 점점 더 많은 사람이 자신의 아이들에게 맨손으로 물고기 잡기, 몽둥이로 말 때려잡기, 불로 호랑이 몰아내기라는 교과를 가르치기 시작하였다.

상황이 이렇게 되자 일부 보수적인 사람들은 새로 만든 공식적인 교육체제를 종교적인 이유를 들어 반대하며 거부하였다. 천하를 창조하며 지배하는 신이 스스로의 결정에 따라 인간에게 생명을 주기도 하고 데려가기도 한다. 더 나아가 만약 아이들이 성인이 되기 전에 맨손으로 물고기 잡기, 몽둥이로 말 때려잡기, 불로 호랑이 몰아내기를 익히기를 원했다면 신은 아이들의 본성에 이런 활동을 할 수 있는 본능을 심어 주었을 것이다. 새 주먹은 신이 의도하지 않는 일을 하려는 불경스러운 사람일 뿐만 아니라 인간의 본성을 헛되이 바꾸려고 하는 천하의 바보라고 비난하였다.

교육 이론가이자 실천가인 새 주먹은 이러한 교육은 신이 명령했으며 교육을 통해 신의 뜻을 더 잘 이해할 수 있을 것이라는 새로운 신학적인 해석을 통해 동료 부족민들을 설득하였다. 새 주먹의 이런 적극적인 노력으로 인하여 보수적인 사람들조차 이제 새 주먹의 교육에 관한 생각에 동의하였고, 부족의 모든 사람이 맨손으로 물고기 잡기, 몽둥이로 말 때려잡기, 불로 호랑이 몰아내기를 교육받아 부유하고 안정적인 삶을 살아갈 수 있게 되었다. 새 주먹을 포함하여 체계적인 교육을 시작한 사람들은 안락한 삶 속에서 생을 마감하였다. 그 지역의 생활조건이 바뀌지 않고 영원히 똑같았다면 모든 사람은 이 훌륭한 교육제도로 인하여 영원히 잘 지냈을 것이다.

그러나 새로운 빙하기가 닥쳐오면서 이 지역의 삶의 조건은 완전히 달라져 버렸다. 맨손으로 물고기를 잡을 수 있을 만큼 맑았던 물은 흙탕물로 바뀌었고, 환경의 변화로 말은 다른 먼 곳으로 떠나고 후각이 발달하고 행동이 민첩한 영양이 대신 등장하였으며, 검치 호랑이는 폐렴에 걸려 멸종하다시피 되고 빙하지역에 살던 곰이 호랑이 자리를 대신 차지하게 되었다. 새로운 환경 변화에 적응하여 살아남고자 지역 부족민들은 기존의 학교에서 가르쳤던 교과, 즉 맨손으로 물고기 잡기, 몽둥이로 말 때려잡기, 불로 호랑이 몰아내기를 더욱 열심히 가르쳤다. 더 많은 교육을 실시하고자 중등학교에서는 이들 교과에 대한 심화 교과를 만들어 가르쳤을 뿐만 아니라 대학에서는 해당 전공학과를 만들어 가르쳤다. 그러나 중등학교와 대학에서 맨손으로 물고기 잡기, 몽둥이로 말 때려잡기, 불로 호랑이 몰아내기에 대한 심화과정을 개설하고 심지어 영재과정을 만들어 운영했지만 맨손으로 잡을 물고기, 몽둥이로 때려잡을 말, 불로 몰아낼 호랑이가 없는 상황에서 이런 교과교육은 아무 소용이 없었다. 그 결과 이 사회는 매우 어려운 상황에 처하게 되었다. 지역 부족민들이 아무리 열심히 교육활동에 종사하여도 먹을 것, 입을 것, 안전한 주거지를 충분히 확보할 수가 없었기 때문이었다. 즉, 이런 교과 활동을 통해서는 '의식주와 안전에 보탬이 되는 일을 하도록 가르친다.'는 교육목표를 달성할 수 없었다.

다행스럽게도 그 부족 중에는 옛날의 '새 주먹'의 혈통을 이어받은 진취적인 사람들이 있었다. 그들은 새로운 환경에 적응하고자 노력하면서 흙탕물에서 고기를 잡을 수 있는 그물을 만들어 내게 되었고, 올가미 모양의 덫을 설치하여 영양을 잡을 수 있었으며, 곰의 길목에 깊은 구덩이를 파고 나뭇잎 등으로 위장하여 곰을 잡을 수 있었다. 이러한 발명들에 대한 지식이 보급되면서 모든 부족민은 새로운 생활방식에 익숙해졌다. 사람들은 물고기 그물을 만들고, 영양 덫을 설치하고, 곰을 잡기 위해 함정을 파느라 더욱 열심히 일했다. 이런 일들도 그 부족은 항상 바빴지만 다시 번창하게 되었다.

예리한 지성을 지닌 일부 '급진적인' 사람들은 당시 학교를 비판하기 시작하였다. 그물짜기와 사용법, 덫 설치하기, 함정파기와 같은 새로운 활동들이 현대생활에 필수불가결한 활동임에도 불구하고 왜 학교에서 이들을 가르치지 않는가? 이런 질문에 대해 무사안일한 대다수의 사람들은 다음과 같이 대꾸했다. "이러한 실용적인 활동이 도대체 학교와 무슨 관계가 있단 말인가?" 이에 흥분한 급진파는 "그물짜기와 그물의 사용, 영양 덫 설치하기와 영양 덫의 사용, 곰 잡을 함정파기와 위장하기 등을 잘 하려면 우리의 학교에서 그런 지식과 기술을 가르쳐야 합니다. 왜 학교에서는 그것들을 가르치지 않습니까?"라고 되물었다.

이러한 급진파의 주장에 대해 대부분의 부족민과 학교를 운영하는 이른바 '지혜로운' 원로들은 관대하게 웃으면서 다음과 같이 말하였다. "맨손으로 물고기 잡기, 몽둥이로 말 때려잡기, 불로 호랑이 몰아내기 등은 유구한 전통을 지닌 기본적인 교과가 아닌가? 그물짜기, 영양 덫 설치하기, 곰 함정파기 등과 같은 일시적인 유행을 교과로 가르칠 수는 없다네. 구석기 시대 초기에 기본 교과를 개발하고 이들을 가르칠 교육제도를 창시한 우리의 위대한 '새 주먹'께서 그런 이야기를 들으시면 지하에서 벌떡 일어날걸세. 우리가 해야 할 일은 젊은이들에게 기본 교과를 통해 삶에 필요한 기초 지식을 보다 철저히 가르치는 것이라네." 이런 설명에 성격이 급한 급진파의 한 사람이 소리 질러 대답했다. "하지만, 제기랄, 양식을 가진 사람이라면 누가 그런 쓸모없는 활동에 흥미를 갖겠습니까? 물이 흙탕물로 변하여 물고기가 보이지 않는

데 어떻게 맨손으로 물고기를 잡으며, 잡을 말이 더 이상 없는데 아이들이 무엇 때문에 몽둥이로 말을 때려잡는 것을 배우겠습니까? 호랑이들이 죽고 사라졌는데 도대체 왜 아이들이 불로 호랑이를 몰아내는 법을 배워야 합니까?"

흥분한 원로들이 인내하면서 다음과 같이 말했다. "그런 소리 하지 말게나. 우리는 물고기를 잡기 위해 물고기 잡는 법을 가르치는 것이 아니네. 우리는 단순한 훈련으로 기를 수 없는 '일반화된 민첩성'을 계발하기 위해 맨손으로 물고기 잡기를 가르친다네. 우리는 호랑이를 몰아내기 위해 호랑이 몰아내는 방법을 가르치는 것이 아니라네. 우리는 생활의 모든 일과 관련되면서도, 곰 잡기와 같은 일로는 기를 수 없는 '고상한 용기'를 줄 목적으로 그것을 가르치는 것이라네." 이런 원로들의 '논리적인' 주장에 대부분의 급진파조차도 침묵할 수밖에 없었다. 그러나 급진파 중 가장 진보적인 한 명이 마지막 항변을 하였다. "하지만 어쨌든 시대가 변했다는 점을 시인해야 할 것입니다. 여러분이 새로운 활동을 시도해 보면 이런 새로운 내용이나 방법들이 상당한 교육적 가치를 지닌다는 것을 깨닫게 될 것입니다."

마침내 '지혜로운' 원로들이 분개했다. 그들의 친절한 미소는 수그러들었다. 그러고는 거칠게 다음과 같이 말했다. "자네가 교육을 받은 사람이라면 진정한 교육의 본질은 시간을 초월해 있다는 것을 알 것이네. 교육이란 거센 물살 속에서도 당당하게 버티고 서 있는 바위와 같이, 변화하는 조건 속에서도 버티어 내는 그 무엇이네. 교육이란 어떤 영원한 진리이며, 검치호랑이 교육과정은 그중의 하나라는 사실을 알아야 하네."

– 김재춘의 『교육과정』에서

 생각해 보기 1

이야기에 나오는 새 주먹이 만든 검치호랑이 교육과정과 빙하기에 급진파에 의해 주장된 새로운 교육과정을 비교·분석하시오.

1) 교육목표와 교육내용: 검치호랑이 교육과정과 새로운 교육과정이 추구하는 교육목표와 교육내용은 무엇인가?

2) 교육과정의 차이: 위 두 교육과정이 서로 비판하는 교육과정의 내용은 무엇인가?

3) 여러분은 두 가지의 교육과정 중 어떤 것이 적합하다고 생각하며, 그렇게 생각하는 이유는 무엇인가?

1. 교육에 대한 네 가지 관점

교육철학이란 교육과 관련된 문제를 철학적 방법으로 접근하는 학문이다. 교육의 목적과 개념, 교육활동에 대한 의미가 무엇인지에 대해 체계적으로 탐구하는 학문이라고 볼 수 있다. 교육철학은 시대에 따라 발전해 왔으며 현대의 교육철학은 서구의 교육철학, 특히 미국의 현대교육철학을 중심으로 틀이 형성되어 왔다. 미국에서 발전하여 현대교육에 영향을 미친 20세기 전반의 네 가지 교육철학 사조에 대해서 살펴보고자 한다.

첫째는 진보주의(Progressivism) 교육철학으로, 1920년대에서 1930년대에 걸쳐 전인적인 인간 양성에 주안점을 두고 전개된 교육철학이다. 진보주의가 등장한 배경에는 두 가지 요인이 있다. 하나는 지식과 책을 중심으로 하는 전통적 교육에 대해 반대하는 교육의 자유화 운동이고, 다른 하나는 실용주의 또는 실험주의라는 새 철학의 등장 때문이었다. 실용주의에 의하면 '실재(實在)'는 시대에 따라 계속적으로 변화하는 것으로, 지식 또한 고정된 것이 아니다. 따라서 교육은 항상 변화하는 세계 속에서 경험과 지식을 재구성하는 데 기여할 수 있는 활동이어야 한다고 주장하였다. 진보주의라는 용어는 미국에서 처음 사용하였고, 진보주의 운동도 19세기 말에 파커(Francis Parker)와 듀이(John Dewey)를 시작으로 해서 일어났다. 진보주의는 실용주의 철학과 경험주의, 과학주의 등을 배경으로 생활중심교육, 경험중심교육, 아동중심교육을 핵심으로 하는 교육사상이다.

진보주의 교육철학에 기반한 교육원리는 다음과 같다. 교육은 생활과 분리되는 것이 아니라 생활 그 자체이며, 생활 속에서 구현·발전되는 것이다. 생활에서 학습자의 활동은 과거의 경험을 토대로 이루어지며, 교육은 경험의 계속적인 개조의 과정으로 이루어진다. 따라서 교육은 학습자가 그가 속한 사회에 참여하는 과정에서 이루어지므로 사회적 과정이며 전인교육을 목적으로 한다. 또한 학습자의 개성을 존중하고 소질을 발전시켜 사회생활에 잘 적응하도록 하는 데 목적이 있다.

진보주의 사상에 따른 교육은 학습자의 흥미와 동기를 매우 중요시하는데, 이에 따라 발생하는 문제점도 있었다. 학습자들이 어려운 교과목은 피하고 쉬운 교과목만 택하려는 경향이 있었고, 지나치게 학습자의 자유를 존중하여 미래에 대한 준비를 소홀히 하는 경향이 있었다. 또한 학습자의 흥미와 관심이 너무 중시되어 명확한 교육목표 설정이 어렵고, 그에 따라 교육활동을 전개하는 것이 모호하였으며, 그 결과 학습성과 산출도 불명확한 면이 있었다.

둘째는 본질주의(Essentialism) 교육철학으로, 진보주의의 아동중심교육이 아동의 흥미에만 치우쳐 본질적 내용을 다루지 못했다고 비판하면서, 보다 본질에 충실한 교육을 해야 한다는 것을 강조한 사상이다. 본질은 과거의 전통과 문화유산 중에서 가장 핵심적인 것을 의미하며, 교육의 본질은 인류의 전통과 문화유산을 조직적인 학교교육을 통해 다음 세대에 전달하는 데 있다. 교육의 목적은 모든 사람에게 가치 있고 시대를 초월해 보존되어 온 축적된 지식을 통해 역사 및 문화유산을 전달하는 것이고, 이를 통해 학습자가 미래생활을 준비 하도록 도와주는 것이다.

본질주의에 기반한 교육원리는 다음과 같다. 교육과정은 교과서중심으로 가장 본질적인 문화유산 및 기초 지식을 내용으로 한다. 교육은 교사의 지시 및 감독에 의해 이루어지며, 논리적으로 학문의 체계를 갖추어 지도해야 한다. 학습은 본래 힘들고 싫어도 해야 되는 특징을 가지고 있어 전통적인 학문 훈련 방법으로 학생을 교육한다. 학습자의 흥미보다는 노력을, 자유보다는 훈련을 중시하는 이념이다. 이러한 교사중심의 본질주의 교육철학은 학습자들의 지적 창의성과 비판적 사고를 저해했다는 비판을 받았다. 뿐만 아니라 학문의 체계가 논리적인 자연과학을 중시함에 따라 상대적으로 사회과학을 경시하고 사회 개혁에 대한 의지가 부재했다는 문제점이 있었다.

셋째는 항존주의(Perennialism) 교육철학으로, 1930년대에서 1940년대에 걸쳐 지식의 절대성과 영원성 추구에 주안점을 두고 전개된 교육철학이다. 항존주의자들은 현대의 위기를 거론하며, 이 위기는 인간 자신의 신념을 상실하는 데서 오는 것이라고 주장하였다. 일시적이고 변화하는 가치를 추구하는 물질만능주의, 과학숭배주의,

활동중심주의 등이 인간의 상실과 현대 문명의 위기를 초래했다고 비판한 것이다. 따라서 해당 시기의 교육적 위기를 절대적 진리인 '고전'을 통해 극복하자는 주의이다. 항존주의의 교육목적은 지적 도야에 있으며, 인간의 자유로운 지성의 개발과 도야에 의해서만 참다운 인간성의 회복이 가능하다고 보고 있다. 단, 지적 도야를 위한 교육내용은 위대한 고전에 한정지어 보고 있다는 특징을 갖는다.

　항존주의에 기반한 교육원리는, 인간의 본성은 동일하기 때문에 교육은 누구에게나 동일해야 한다는 것을 전제로 한다. 지식은 보편적인 것으로, 동일하게 모든 사람이 배워야 할 기본 교과목이 있다고 주장하였다. 또한 교육의 임무는 영원불변의 진리에 인간을 적응시키는 것인데, 인간은 이성을 가진 존재로서 이를 계발하여 본능과 환경의 제약을 극복할 수 있다고 주장하였다. 따라서 학습자들은 기본 교과를 철저히 이수하여 진리의 영원성을 이해해야 하며, 그 영원불변의 진리는 고전 속에서 발견할 수 있다고 하였다.

　한편, 항존주의는 본질주의와 같이 교사중심의 교육을 지향하고 학습자의 미래를 준비하는 과정으로서 교육을 인식하고 있는 반면, 실용주의 철학은 전면적으로 부정하면서 현실을 지나치게 경시함에 따라 여러 비판도 있어 왔다. 모든 인간을 고전의 수준에 도달하게 하려고 한 점과 영원불변의 진리를 고전에서만 찾으려고 했던 점 그리고 현실을 경시하고 지나치게 과거에 집착했다는 점에서 그러하다.

　넷째는 재건주의(Reconstructionism) 교육철학으로, 재건주의는 현대사회의 위기를 사회적 자아실현을 통해 극복하자는 주의이다. 1950년대를 전후하여 진보주의를 계승하면서 보다 급진적인 경향성을 가지고 교육을 통해 사회 발전에 기여하고자 한 사상이다. 재건주의는 진보주의의 아동중심교육관과 본질주의의 점진적 · 진화적 사회발전에 대해 비판하면서, 교육은 보다 사회중심적이며 미래 지향적이어야 하고 사회발전은 혁신적 과정을 통해서만 가능하다고 주장한다. 따라서 재건주의 교육의 목적은 사회적 자아실현이며, 재건주의자들이 지향하는 미래의 사회는 민주적 세계 문화이고, 교육은 이러한 문화가 정치, 경제, 종교 등의 모든 면에서 재건될 수 있도록 해야 하는데, 이것이 사회적 자아실현을 통해서 가능하다는 것이다.

재건주의 교육원리는 교육과정이 가치 있는 경험임을 강조하며, 교육방법으로는 직접·간접적 집단활동을 중시하고 교사의 설득을 강조하였다. 교육은 새로운 민주적인 사회 질서를 창조해야 하므로 다수의 합의에 이르는 학습을 강조하였다. 이를 통해 교육의 목적과 수단은 현재의 문화적 위기를 극복하도록 개조되어야 한다고 주장하였다.

이러한 재건주의 역시 다른 교육철학과 함께 비판을 받았다. 지나치게 민주적인 방식에 기대를 걸었다는 것과 가치관이 다른 복잡한 문제를 다수의 합의에 의해 해결하는 데는 한계가 있고, 교육의 힘만으로 이상적인 사회를 건설하는 것은 불가능하다는 점에서 그러하다.

현대의 교육은 이러한 네 가지의 교육철학과 20세기 후기의 분석적·비판적 교육철학 및 포스트모더니즘에 영향을 받아 발전해 오고 있다. 오늘날에는 사회가 복잡해짐에 따라 어느 하나의 교육철학에 의해서만 교육이 이루어지기보다는 다양한 교육철학의 부분적인 내용들이 복합적으로 현재 우리의 교육에 영향을 미치고 있기 때문에 교육철학에 대한 이해는 교육 정책이나 현상을 이해하는 데 도움이 된다.

활동하기 1 **해외 대학의 교육사례 분석하기**

☞ 교육은 국가 발전뿐만 아니라 개인의 자아실현을 위해 중요한 활동이다. 이에 세계의 많은 나라가 국민들에게 최고의 교육을 제공하기 위해 노력하고 있다. 다른 나라의 교육에 대해 소개한 영상이나 자료를 찾아보면서 그 나라들의 교육을 현대 교육의 네 가지 철학(진보주의, 본질주의, 항존주의, 재건주의)의 관점에서 분석하고, 어떠한 교육철학에 근거하여 교육을 수행하고 있는지 분석해 보시오.

1) 해외 교육의 사례(핀란드, 독일 등)를 소개하는 영상이나 자료를 찾아보시오.
   – 교육의 선진국에 해당되는 유럽국가들(핀란드, 독일, 영국 등), 최근 국가의 위상이 급부상하고 있는 인도의 교육, 미국의 교육 등에 대해 찾아보시오.
2) 해외 나라의 교육은 어떤 교육철학에 바탕을 두고 있고 그 특징은 무엇인가?
3) 한국의 교육은 어떤 교육철학이 더 반영되어야 한다고 생각하는가?

2. 한국의 교육과정

1) 교육과정의 의미

교육과정이라는 개념은 1918년 보빗(Franklin Bobbitt)이 출판한 『The Curriculum』에서 처음 소개되었다. Curriculum은 라틴어 Currere(쿠레레, '뛰다' 또는 '달리다'의 의미)에서 유래한 것으로 경마장의 경주로(a race course)를 의미하였으며, 교육의 장면에서는 학생들이 특정한 목적을 가지고 공부하는 과정을 뜻한다. 교육과정은 넓은 의미로는 학생이 학교 안팎에서 겪는 모든 경험이고 좁은 의미로는 학교에서 수업을 통해 학습하는 교육내용이라고 볼 수 있다. 따라서 교육과정은 '무엇을 가르칠 것인가?'와 '그것을 왜 가르쳐야 하는가?'에 대한 질문에 대해 고민하는 영역이다. 교육과정을 개발한다는 것은 어떠한 모습의 학생을 기를 것인지, 어떠한 교육내용을 선정할 것이며, 선정된 교육내용을 어떻게 조직하여 가르칠 것인가에 대한 의사결정을 하는 일이다. '무엇을 왜 가르칠 것인가?'에 대한 질문은 '그것을 어떻게 가르칠 것인가?'와 '학습한 결과를 어떻게 평가할 것인가?'와 밀접한 관련이 있다. 그러므로 교육과정을 개발하는 것은 그것이 실현되는 수업과 평가의 전체적인 관점에서 이루어져야 한다.

　우리나라의 교육과정은 국가교육과정을 기준으로 2022년 개정 교육과정 총론에서는 학교 교육과정의 충실한 설계와 운영을 위해 국가와 시·도 교육청 수준에서 이루어져야 할 행·재정적 지원사항들을 제시하고 있다. 이러한 교육과정을 실제 실행하는 주체는 교사이기 때문에 최근에는 교육과정에서 교사의 역할에 대한 관심이 높아지고 있다. 중앙집권적 교육과정 체제에서는 교사의 역할이란 국가에서 정한 교육과정을 잘 이해하고 실행하는 것으로만 한정되었다. 그러나 2022년 개정 교육과정에서는 단위학교 교육과정 편성 및 운영의 자율권을 확대함으로써 교사가 교육과정 의사결정자의 역할을 수행할 수 있는 근거를 마련하였다. 학교는 전국 공통의 교육과정과 지역의 특수성을 반영한 지역교육과정을 기준으로 하되 학생, 학부모, 지역사회,

교사의 요구를 반영하여 교육과정의 일부를 수정하여 운영할 수 있는 자율권을 갖게 되었다. 단위학교에게 교육과정 편성의 자율권을 제공한 방향에 대해 동의하면서도 자율형 공(사)립학교의 전철을 다시 밟는 것은 아닌지 걱정되기도 한다. 다시 말해서, 교육과정 편성의 자율성을 대학수학능력시험 준비의 시간으로 채우지 않기를 간절히 바란다. 그렇게 하기 위해서는 단위 학교에서 교육과정 편성을 어떻게 해야 하는지에 대한 가이드라인과 우수사례를 발굴하여 보급할 필요가 있다.

교육은 사회에서 요구하는 교육의 목적을 달성하기 위해 사회에서 용인된 가치를 수용하고 경험하게 하는 가치지향적인 활동이다. 그렇다면 과연 교육과정을 구성하는 데 있어 모든 국민이 가치 있다고 합의할 수 있는 교육내용을 선정하는 것이 가능한가? 교육과정에 포함된 지식은 정책 결정자의 선호, 정책의 순위 등에 의해 영향을 받기도 하고 학문분야별 헤게모니를 형성하고 있는 집단의 결정에 영향을 받기도 한다. 우리나라의 국가교육과정이 개정될 때마다 발생하고 있는 심각한 갈등 문제들에서 그러한 현상을 확인할 수 있다. 교과목의 존폐, 교과 통합과 독립, 교과목별 시수 확보, 내용 신설 및 삭제 등과 관련하여 이해 당사자들 간의 첨예한 대립이 있어 왔다. 국가교육과정을 개편하는 책임을 가지고 있는 교육부에서는 교육내용을 선정하는 데 가치지향적인 결정을 할 수 있는 사람들로 구성하려고 노력하나 특정집단의 결정이 반영되는 것을 완벽하게 막을 수 있는 방법은 없다. 교육과정을 개편하는 과정에서의 이해관계를 파악한다면, 실제 교육을 실행하는 교사의 비판적 사고력이 왜 필요하며 교육과정을 결정하는 권한을 왜 교사에게 더 많이 주어야 하는지에 대해서도 이해할 수 있다.

2) 교육과정 변천사

대한민국 정부 수립 이후 우리나라는 1954년 「교육과정 시간배당 기준령」을 제정하고 그 이듬해에 새 교육과정을 공포하였으며 그것이 우리나라의 제1차 교육과정이었다. 이후 제7차에 걸친 교육과정 개편과 제7차 이후 네 번의 교육과정 수시개정을 포함하면 총 11번의 개편이 이루어졌다. 각 교육과정은 그 시대의 사회적 요구를 반영한 것으로 그 운영철학이 다소 상이하다. 교육과정 변천사를 간략하게 정리하면 다음과 같다.

제1차 교육과정(1954~1962년)은 교과중심 교육과정이다. 1차 교육과정은 법령상 명칭이 교과과정이었다. 1차 교육과정은 우리나라 정부에 의해 수립된 최초의 교육과정으로서 한국전쟁으로 파괴된 국가를 재건하고 현실생활을 개선하기 위한 목적으로 교육과정의 목표를 정하였다. 학습자의 경험과 생활을 중요시하는 생활중심 교육과정의 개념이 반영되었는데 이는 미국의 진보주의와 신교육운동의 영향인 것으로 파악된다.

제2차 교육과정(1963~1973년)은 경험중심 교육과정이다. 1차 교육과정이 교과의 활동을 강조한 데 반해 2차 교육과정은 학교의 지도하에 학생들이 가지는 경험의 총체로 파악하였다. 내용면에서 자주성, 생산성, 유용성을 강조하고, 운영면에서 지역성을 강조하여 지역사회의 실정에 맞도록 재구성하여 융통성 있게 적용하도록 한 것이 특징이다. 2차 교육과정은 경험중심 교육과정을 표방하면서도 실제 운영면에서는 교과중심 교육과정으로 진행했다는 한계가 있었다.

제3차 교육과정(1973~1981년)은 학문중심 교육과정이다. 교육방법 및 원리 면에서 1960년대 미국의 학문중심 교육과정을 도입한 특징을 갖는다. 학문중심 교육과정은 학년이 올라갈수록 점차 심화 · 확대해 나가는 나선형 교육과정의 조직 형태를 취하고 교육방법면에서는 발견학습이나 탐구학습을 강조하고 있다. 3차 교육과정은 학문적 성격을 지나치게 강조하여 수학과 과학교과에서 지나치게 어려운 학습내용, 아동의 흥미와 무관한 교과목 위주의 교육, 전인 교육의 도외시 등의 문제가 대두되었다.

제4차 교육과정(1981~1987년)은 인간중심 교육과정이다. 4차 교육과정은 3차 교육과정의 문제점을 보완하면서 5공화국 출범에 따른 정치 · 사회적 요구를 반영하기 위해 개편된 것이다. 교육과정은 미래 사회의 인간상을 그리면서 전인교육을 지향하였다. 교육과정 전반에 반공교육을 강조하여, 도덕 교과의 경우 내용의 50% 이상을 반공에 대한 내용으로 구성하였고 국어 교과서와 음악 교과서에서도 6 · 25전쟁과 반공 관련 내용이 삽입되었다. 그러나 4차 교육과정은 인간중심 교육과정을 지향한 것에 비해 실제로는 큰 변화를 가져오지 못했고 학교에서는 여전히 입시위주로 하는 교육과정을 운영하였으며 중고등학교의 경우에는 자율학습으로 밤늦게까지 학교에 남아 공부하도록 강요하였다.

제5차 교육과정(1987~1992년)은 통합교육과정이다. 1987년 민주화 운동의 영향으로 교육과정에 6·25전쟁이나 반공을 주제로 한 교육내용이 삭제되고 민주주의와 관련된 내용이 추가되었다. 1~2학년은 통합 교육과정으로 운영되었고 중학교는 기술·가정으로 교과목이 통합되었으며, 고등학교에서는 교련 교과목의 편찬 주체를 국방부에서 교육부로 변경하였으며 교육의 내용도 안보교육과 사회봉사활동으로 대체하였다.

제6차 교육과정(1992~1996년)은 21세기 미래상을 위한 교육으로 이루어졌다. 교육과정 결정의 분권화로 지역별 교육과정과 학교별 교육과정이 도입되었다. 지역별 교육과정으로는 초등학교 1학년 단계에서 3월 한 달 동안 배우는 '우리들은 1학년' 교과의 교육과정 구성 자율권을 각 시도 교육청에 준 것이 있다. 그러나 대부분 비슷한 내용으로 구성하는 모습을 보여 1997년 제7차 교육과정에서 다시 국가수준의 교육과정으로 바뀌었다. 이 시기 또 다른 특징으로는 1994년 대학입시시험이 학력고사에서 대학수학능력시험으로 바뀌었고 1996년에 국민학교에서 초등학교로 명칭이 변경된 것이 있다.

제7차 교육과정(1997년~현재)은 학생중심교육과정이다. 모든 국민에게 동일한 교육기간 동안 동일한 교육을 받을 수 있는 기회를 제공하기 위해 10년간의 국민공통 교육과정과 2년간의 선택중심 교육과정으로 구성하였다. 국어과는 보충·심화형 교육과정을, 수학과 외국어는 단계형 교육과정을 채택하여 운영할 수 있도록 하였다. 2004년부터 부분적으로 주 5일 수업제를 채택하였다. 이후 교육과정 개정은 전면 개정이 아닌 수시로 부분적 개정이 2007년, 2009년, 2015년, 2022년에 이루어졌다.

우리나라 교육과정의 변천사를 보면 중앙집권적 교육과정 제도와 교과서 제도를 유지해 오고 있는 것을 알 수 있다. 교육과정 개편은 정치적 필요성과 함께 외국의 교육과정 이론이 결합되어 발전해 왔으며 교육과정 개편과정에서 정치 또는 행정가에 의해 개정되는 경우가 많았고 교육전문가의 참여는 미비하였다. 제7차 교육과정 개정부터는 사회의 대내외적인 변화와 요구에 기반하여 변화하는 인재상에 부합하는 교육을 수행하면서도 한국 실정에 부합하는 교육과정을 편성하기 위하여 노력해 오고 있다.

3) 2022 개정 교육과정의 특징

2022 교육과정 개정 총론에서는 기술발전에 따른 디지털 소양 교육과 생태전환교육, 공동체 의식 함양, 맞춤형 교육, 교육과정 자율화 및 분권화의 필요성에 따라 개정되었음을 밝히고 있다. 추구하는 인간상인 "비전으로 포용성과 창의성을 갖춘 주도적인 사람"을 기를 수 있도록 학습자의 삶과 성장을 지원하는 교육과정, 역량 함양이 가능한 교육과정, 교육과정 자율성을 확대하고 책임교육 강화, 디지털ㆍAI 교육환경에 맞는 교수학습 및 평가체계를 구축하는 방향으로 교육과정을 개편하였다. 개편된 교육과정의 방향성이 교과교육에 반영되기 위해서는 다음과 같은 사항들을 고려해야 된다고 밝히고 있다. 첫째, 학생들에게 가치가 있다고 판단되는 내용에 대한 심층학습이 이루어질 수 있도록 한다. 이를 위해서는 우선 학생들에게 가치 있는 교육내용이 무엇인지에 대한 숙고를 바탕으로 교육내용을 선정해야 한다. 그리고 그러한 지식의 체계를 학습자가 전달받는 방식이 아닌 탐구와 사고를 통해 학습내용을 학습자 자신의 것으로 만들고 이를 새로운 상황에 적용할 수 있도록 소수의 핵심내용을 깊이 있게 학습할 수 있는 기회를 제공하는 것이다. 둘째, 학습이 학생들의 삶과의 연계 속에서 의미를 구성할 수 있는 방법으로 이루어져야 한다. 심층교육이 이루어져야 하지만 지식을 세부적으로 쪼개어 습득하는 학문중심 교육과정을 다시 강조하는 것은 아니다. 오히려 학생들에게 가치 있는 학습내용을 학습자의 생활과 연계하여 탐구하고 의미를 만들어 가는 과정에서 산출되는 학습결과물이 학습자 자신뿐만 아니라 다른 사람들에게도 의미 있는 학습이 이루어지도록 한다. 셋째, 학생들이 교과

간 통합활동을 하도록 지원한다. 여기에서의 통합은 교사의 관점이 아니라 학습자의 관점이다. 교사가 다른 교과와 협업하여 통합적인 활동을 만들었다고 해서 이것이 학습자의 관점에서도 통합활동을 한다고 보기 어렵다. 학생들이 여러 교과의 지식과 기능을 서로 연결지어 습득하거나 혹은 교과 내 영역 간 통합하는 활동을 할 수 있도록 해야 한다. 마지막으로 학습자가 학습성찰을 할 수 있는 기회를 제공해야 한다. 학생 스스로가 자신이 어떻게 배우고 문제를 해결하는지 자신의 학습과정을 되돌아보고 성찰함으로써 무엇을 배웠고 향후 어떤 점을 더 배워야 하는지에 대한 계획을 수립하는 활동이 이루어져야 한다. 심층학습, 실제적 학습, 교과연계통합, 학습성찰이 실현되어 학습이 이루어지면 학습자는 자신이 학습한 것을 활용하여 다른 학습상황의 복잡한 문제를 해결하는 데 적용할 수 있을 것이라는 것이다.

2022 개정 교육과정에서 강조하는 학교교육이란 학생들이 미래의 행복한 삶을 위해 자신의 길을 만들어 갈 수 있도록 도와주는 학습나침반(Learning Compass)의 역할을 수행하는 것이다. 이 개념은 OECD에서 제안한 것으로 이번 교육과정 개정의 이론적 근거로 적용되었다고 볼 수 있다. 다음 [그림 6-1]을 보면 가운데 Core foundations가 이번 교육과정에서 제시한 언어소양, 수리소양, 디지털소양에 해당되고 이러한 기초소양을 충실하게 하면서 역량을 함양하는 것을 강조하고 있다. 그리고 학습자가 주도성을 가지고 있으나 동료, 교사, 부모, 지역사회와의 상호작용을 통해 자신의 길을 만들어 가는 과정을 강조하고 있다. 그동안은 학생이 교육내용이나 교육매체를 통해 교사 또는 학습자와 상호작용을 하는 것을 강조했다면 이번 교육과정에서는 학생이 교사 또는 학생과의 상호작용을 통해 교육과정이 만들어지는 과정을 강조한 것이라고 볼 수 있다.

2022 개정 교육과정은 2024년 초등 1~2학년, 2025년 초등 3~4학년, 중1, 고1, 2026년 초등 5~6학년, 중2, 고2, 2027년 중3, 고3까지 적용되는 과정으로 4년 동안 순차적으로 적용할 계획을 가지고 있다. 이번 개정된 교육과정에서는 개념의 심층적 이해, 학습자의 사고발달을 촉진하는 탐구학습, 교과 간 통합학습이 강조되고 있다. 현대와 같이 지식의 홍수 시대에 대응하기 위해 세계 주요국들이 활용하고 있는 전략

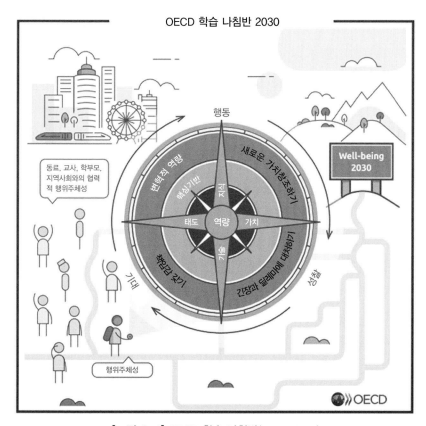

[그림 6-1] OECD 학습 나침반(OECD, 2019)

이 개념기반 교육과정이다. 개념적 이해중심의 수업을 통해 학습의 흥미를 불러일으키고 학습자의 무관심과 무기력을 극복할 수 있는 힘이 된다고 한다. 이번에 개편된 교육과정이 학교교육에 바르게 적용하여 교육의 질을 향상시키기 위해서는 현장교사들의 교육과정에 대한 이해와 공감대를 얻는 노력을 해야 한다.

활동하기 2

1) 학교교육과정은 전국적으로 동일해야 한다고 생각하는가? 아니면 지역별 또는 단위학교별로 맞춤형으로 개발되어야 한다고 생각하는가?

 － 교육과정이 동일하다는 의미는 학년별 달성해야 할 교육목표, 교육내용, 평가수준이 동일하다는 것이다.

2) 여러분의 경험에 비추어 봤을 때, 세상을 살아가는 데 있어 중요하나 학교교육에서 가르쳐 주지 않는 것에는 무엇이 있는가?

제7장

교육의 기능과 역할

<hr/>

1. 학교교육의 본질적 기능과 역할에 대해 설명할 수 있다.

2. 교육의 사회학적 관점에서 구조기능이론과 갈등이론을 이해하고 우리나라의 교육현상에 대해서 해석할 수 있다.

3. 교육이 사회 평등에 기여할 수 있는 방안에 대해 자신의 의견을 제시할 수 있다.

1. 학교의 기능과 역할

학교에서는 교육이라는 목적하에 다양한 활동이 이루어지지만, 학교에서 이루어지는 활동이 모두 교육적인 것은 아니다. 학교의 기능과 역할에 대해 논하기 위해서는 학교에서 이루어지고 있는 활동 중 어떤 것이 본질적인 기능이고 어떤 것이 부수적인 기능인가에 대한 고찰이 선행되어야 한다. 학교는 초·중·고등학교와 대학교를 아우르는 용어로 그 학습대상이 다양하고 교육의 목적도 상이하다. 우리나라의 경우에는 국가교육과정이 있어 전국의 초·중·고등학교는 이에 준하여 교육활동을 수행해야 한다.[1] 즉, 학교는 국가교육과정에 따라 교과교육활동 및 비교과교육활동(창의적 체험활동, 생활지도, 상담활동 등)과 함께 사회생활을 하는 데 필요한 기초소양교육을 실시한다.

학교는 역사적으로 교육 기능을 포함하여 사회·정치·경제·문화 기능 등 다양한 기능을 수행할 것으로 요구받아 왔다. 이에 학교의 주요 기능을 설명하면 다음과 같다.

첫째, 학교는 역사적으로 축적해 온 인류의 문화를 전달하고 창조하는 기능을 수행한다. 한 사회에서 문화적으로 계승된 지식, 기술, 규범, 태도, 언어, 가치관 등 생활방식과 행동 양식을 사회 구성원들에게 계승·발전시킴으로써 사회를 통합하고 질서를 유지하는 데 기여해 왔다. 그런데 이러한 전통문화 전수라는 학교의 기능적 측면에서 학습자에게 무엇을 가르쳐야 할 것인가와 관련된 '학교교육과정(curriculum)'의 문제와 어떻게 학습시킬 것인가와 관련된 '학습방법(learning methods)'의 문제가 대두된다. 이에 대해 합치된 의견은 없으나 사회의 문화나 규범을 강조하는 입장에서 개인의 자유와 성장을 강조하는 입장까지 다양하다.

---

1) 세계적으로 국가교육과정이 있는 나라는 20개국 내외이며, 대표적으로 영국, 호주, 핀란드 등이 있음

학교에서 무엇을 가르칠 것인가와 관련하여 미국의 사회학자 마이클 영(Michael Young)은 학교의 기능이 학생의 지적 발달에 있다고 하면서, 지적 발달을 가져오는 방법은 이론적 지식(theoretical knowledge)이 체계적으로 구성되어 있는 교과를 가르치는 일이라고 주장하였다. 그는 지식을 일상생활적 지식(everyday life knowledge)과 전문가적 지식(specialist knowledge)으로 구분하였는데, 학교에서 다룰 교육내용은 전문가적 지식이라고 하였다. 일상생활적 지식은 일상생활의 경험을 통해 거의 무의식적으로 습득되는 지식으로서 구체적인 상황에만 적용되는 맥락 의존적이면서 실제적인 지식을 말하는데, 새로운 지식을 창출하는 데는 한계가 있다. 반면, 전문가적 지식은 독립적이고 이론적 지식으로서 새로운 지식 창출의 기초가 되는데, 이러한 지식은 일상생활을 통해 자연적으로 습득하기 어려우므로 학교교육을 통해서 학습할 수 있는 기회를 제공해야 한다고 보았다. 그러나 학교 본연의 기능이 전문가적 지식을 가르치는 것이라고 해서 일상생활적 지식이 무용하다고 주장하지는 않는다. 이론적 지식을 가르치기 위한 수업의 과정에서 교사가 적극적으로 활용해야 하는 것이 일상생활적 지식이다. 학자의 이론적 지식이 학생에게 전달되기 위해서는 학자의 지식이 교과의 지식으로 변용되어야 하고, 교과의 지식이 학생의 지식으로 변용되어야 한다. 교과의 지식을 학생의 지식으로 변용하도록 하는 것이 교사의 수업활동이며, 교사는 교과의 이론적 지식을 학생의 일상생활적 지식과 연결해야 학생 내부에서 복잡한 과정을 거쳐 학생수준의 이론적 지식으로 발전할 수 있다고 하였다.

한국교육의 문제가 너무 이론적 지식 위주의 교육에 치우쳐 있어 보다 맥락적이고 현실에 기반한 교육으로 개혁되어야 한다고 생각하는 사람들은 마이클 영의 주장이 비판의 여지가 있는 것처럼 보일 수 있다. 그러나 2013년 영국의 교육과정이 개편될 때 근간이 되었던 마이클 영의 주장은 학교교육에서 전문가적 지식을 다루되 그것을 학생들이 이해할 수 있는 일상생활의 지식을 적극 활용하는 방법으로 교수학습활동이 이루어져야 함을 시사한다.

둘째, 학교는 사회 통합적 기능을 한다. 이는 학교가 사회에서 요구하는 인간상에 부합하는 가치를 설정하여 학생을 교육함으로써 사회 통합과 현존 질서를 유지하는 기능을 한다. 학교는 사회에 속한 기관으로서 사회에서 필요로 하는 사항을 교육하기를 끊임없이 요구받고 있다. 사회구성원은 각자가 고유의 기능과 특징을 유지하면서 전체적으로 조화를 이룰 수 있도록 하는 것이 필요하다. 이에 구성원들의 바람직한 행동은 장려하고 바람직하지 않은 행동은 제재할 수밖에 없는데, 이러한 교육이 학교에서부터 시작되는 것이다. 그 대표적인 것이 학교에서 이루어지고 있는 '훈육'이다. 그러나 훈육은 학교 내에서 사회적 통제를 위한 수단임에는 분명하나 학생의 권리와 관련하여 논쟁의 여지가 많고, 최근 학교에서 발생하고 있는 학생의 인권 문제와 상당 부분 관련이 있다. 훈육은 가정이나 학교에서 기본적인 사회화의 기제임에는 틀림없으나, 학생의 인권을 존중하면서 바람직하게 훈육을 실천할 수 있는 방안은 교육자가 마련해야 할 과제이다. 요컨대 학교의 사회 통합적 기능은 개인의 개성 신장이나 잠재력 향상보다는 사회의 기준에 부합하는 인간 양성을 중요시하는 보수적 기능이다.

셋째, 학교는 사회 혁신 및 진보의 기능을 수행한다. 즉, 학교는 교육을 통해 기존의 사회 규범이나 가치관을 변화시키고, 지식과 기술 개발을 통해 사회를 혁신하는 기능을 수행한다. 학교교육은 현존 체제와 사회를 존속시키는 동시에 사회가 안고 있는 다양한 문제들을 개선하고 혁신해 왔다. 우리 사회가 안고 있는 환경 문제, 인구 과잉 또는 부족 문제, 저출산·고령화 문제, 소득 분배와 불평등 문제, 복지와 평화 문제 등과 관련된 사회 문제들 역시 교육을 통해 지속적으로 해결하고 개선하기 위해 노력해 오고 있다. 이렇게 할 수 있는 근본적인 방법은 사회구성원의 인식과 가치 태도를 변화시켜 사회 개혁에 참여할 수 있도록 하는 것이다. 사회학자 잉켈스(Alex Inkeles)는 교육이 인간 사고의 근대화에 기여해 왔다고 보면서, 교육을 통해 과학적이고 합리적인 사고와 생활을 영위할 수 있는 가치관 및 태도를 함양하는 기능을 수행해야 한다고 하였다. 또한 브라질의 교육학자 프레이리(Paulo Freire)도 사회구성원의 비판적 사고를 배양시킴으로써 사회 제도와 시스템을 개혁해야 한다고 주장하였다. 그러나 최근에는 학교교육이 사회 변화와 개혁을 주도해야 함에도 불구하고 학교교육이 오히려 사회 발전과 산업화의 결과에 의존하게 됨에 따라 학교교육에 대한 기대수준이 감소되고 있는 문제가 발생하고 있다. 이에 학교교육은 학생들의 비판적 사고력 함양과 가치관 정립을 통해 사회를 발전시키는 데 기여할 수 있도록 변화가 필요한 시기이다.

넷째, 학교는 사회구성원의 선발 및 분배의 기능을 수행한다. 다시 말해, 학교는 사회가 필요로 하는 인력을 수급하기 위해 훈련, 평가, 선발의 기능을 수행한다. 학교는 학생들을 다양한 능력에 따라 평가하여 선발을 통해 그에 부합하는 형태의 교육을 제공하고, 그 교육이 완료되면 사회의 각 기관이나 직업에 학생들을 배치하여 일을 할 수 있는 기회를 제공한다. 선발 및 분배의 기능은 사회가 소유하고 있는 희소 재화를 어떻게 분배할 것인가와 깊은 관련이 있다. 상승적 사회 이동이 반드시 학교교육을 통해서만 이루어지는 것은 아니지만, 학교교육은 여전히 매우 중요하게 영향을 미치는 요소가 되기 때문에 우리나라 국민의 교육열도 높은 것이다. 일반적으로 학교의 선발과 분배 기준은 학업 성적, 가족의 경제적 여유, 개인의 학습 동기 및 지능, 학교의 분위기 등이 있다. 그런데 미국의 콜맨 보고서는 학습자들의 학업성취에 가장 큰 영향을 미치는 요인이 '가정의 사회경제적 지위'에 있음을 밝히고 있다. 우리나라의 교육 역시 부모의 경제력과 지원이 학습자들의 학업성취도에 큰 영향을 미치고 있어서 학교교육의 선발 및 분배 기능에 있어 학교는 오늘날 많은 비판을 받고 있다. 그러나 선발 및 분배의 문제는 학교교육만의 문제가 아니라 직업을 분배할 때 학력이나 출신 지역 등과 같은 귀속적 요인이 아닌 능력을 중시하는 사회가 함께 구현되어야 개선이 가능하다.

다섯째, 학교의 본질적 기능은 아니지만 학교는 교육활동을 수행하는 과정에서 보육기능을 수행한다. 특히 오늘날 초등학교는 보육적인 기능을 수행하고 있는데, 여성의 사회진출이 확산되고 육아문제가 대두되면서 최근에는 유치원의 공교육제도화를 추진하고 있기도 하다. 이는 학교의 기능으로 보육적인 기능을 강화하면서 교육기회의 평등을 실현하기 위한 시도이기도 하다.

이상과 같이 학교는 일차적 기능과 이차적 기능을 동시에 수행하면서 사회 안에서 매우 복잡한 역할을 수행하고 있다. 사회에서 학교교육이 바람직한 기능을 수행하기 위해서는 국민의 교육에 대한 올바른 가치관과 함께 학교교육에 대한 신뢰가 기본적으로 형성되어야만 가능하다. 그러나 정권이 바뀔 때마다 변화하는 교육정책, 복잡하고 이해하기 힘든 대학 입시제도, 사교육과 정보력이 학생의 진학과 선발에 큰 영향을 미치는 현실 등의 문제로 인해 공교육의 위상이 점점 낮아지고 있고, 그로 인해 부모의 사회경제적 지위와 지원이 더욱더 학생들의 학업성취에 큰 영향을 미치는 방향으로 나아가고 있다. 이러한 문제는 교육부장관이 바뀌고 교육부를 폐지한다고 해결되는 문제가 아니라, 국민이 교육 정책이나 제도에 대해 관심을 갖고 성숙된 가치관으로 올바른 의사결정을 할 수 있는 능력이 함양되었을 때 가능한 일이라고 생각된다.

활동하기 1 **한국의 교육열**

☞ 우리나라의 국민들은 교육을 높게 평가하는 문화적 특징을 가지고 있다. 이에 학교교육에 대한 기대가 높고 부모들의 자녀교육에 대한 교육열이 매우 치열하다.

1) 우리나라의 높은 교육열은 무엇을 의미하는가?
2) 우리나라의 높은 교육열이 가정 및 사회에 미치는 긍정적 · 부정적 영향은 무엇인가?

---

2. 교육사회학: 기능이론과 갈등이론

교육사회학은 학교교육이 사회에 미치는 영향에 대해 설명한다. 사회를 연구하는 방법은 질서와 갈등으로 설명할 수 있다. 질서와 갈등의 논쟁은 사회의 본질을 보는 시각에 있어서 안정과 변동, 통합과 갈등, 협동과 해체, 합치와 강압 등의 대칭적 관계에서 설명하고 있다. 교육사회학에서도 학교교육의 기능과 역할에 대해 질서와 갈등의 논쟁에 영향을 받아 기능이론과 갈등이론으로 발전해 왔다.

1) 기능이론

기능주의란 사회를 질서 유지와 통합적 측면에서 보고 이해하려는 입장이다. 기능주의는 1950~1960년대 교육연구에 큰 영향을 미친 이론으로써, 사회의 본질을 유기체에 비유하여 이해하고자 하였다. 기능주의는 사회를 구성하고 있는 부분들이 사회의 질서를 유지하기 위한 기능들을 수행하고 있다고 본다. 기능주의의 특징은 구조(structure)와 기능(function), 통합(integration), 안정(stability), 합의(consensus)로 설명할 수 있다. 사회는 각기 고유한 기능을 수행하는 부분들로 구성되어 있고, 각 부분들은 서로 통합되어 사회가 안정을 유지하는 데 기여한다. 사회통합을 위해 사회구성원들 역시 중요한 가치와 신념 등에 서로 간 합의할 수 있도록 한다. 대표적인 기능주의 사회학자인 뒤르켐(Émile Durkheim)과 파슨스(Talcott Parsons)의 기능주의 이론에 대해서 살펴보고자 한다.

뒤르켐은 교육의 기능을 '사회화'로 설명하고 있다. 사회화란 이기적이고 비사회적인 자연상태의 인간을 주어진 환경과 문화에 적응할 수 있는 인간으로 양성한다는 의미이다. 뒤르켐은 사회화를 보편적 사회화와 특수 사회화로 구분하여 설명하였다. 보편적 사회화는 한 사회의 특성을 유지하면서 사회구성원들의 동질성을 확보하기 위해 그 사회의 가치와 신념을 다음 세대에 교육하는 것이다. 특수 사회화란 향후 학습자가 속하게 되는 직업 환경에서 요구하는 규범이나 전문 지식을 함양하는 것, 즉 직업교육을 의미한다. 사회가 분화되고 경제가 발전하면서 각기 다른 직업은 그 직업에 필요한 지식, 기술, 가치 등이 필요하지만, 한 사회는 합의된 가치와 신념도 필요하다고 보았다. 그리고 이러한 합의된 가치와 신념은 도덕교육을 통해 가능하다고 봄에 따라 뒤르켐은 도덕 사회학자로 불린다. 그는 학교에서 행해지는 도덕교육의 책임은 교사에게 있고, 교사는 개인의 가치가 아니라 사회에서 통용되는 가치와 신념을 확고하게 전수시켜 아동이 사회의 도덕적 질서를 습득하게 해야 한다고 보았다. 뒤르켐의 사상은 교육현상을 개인의 심리적 영역을 넘어 사회현상의 하나로 인식하게 함으로써 교육사회학을 교육과학으로 발전시키는 데 공헌하였다.

파슨스는 사회체제이론에 따라 학교교육의 기능으로 사회화와 사회적 선발 기능을 중요하게 여겼다. 선발 기능은 사회에서 필요로 하는 인력을 교육하고 분배하는 기능으로서, 가장 중요한 선발 기능은 중등학교의 계열 분류와 대학 입시제도라 하였다. 학교교육은 지식과 기술 개발과 같은 인지적 학습과 교실 내에서 이루어지는 도덕적 학습으로 구분된다. 모든 아동은 학교에서 동일한 기회를 제공받으며 능력과 동기의 차이에 의해 성취수준이 달라지고 그 성취수준에 따라 사회적 지위수준이 달라지기 때문에 교육에 따른 선발기능은 공정한 것으로 보았다. 즉, 파슨스에 따르면 학교교육은 사회에서 필요로 하는 직업에서 요구하는 인재를 양성하는 기능을 함에 따라 사회를 유지 · 존속시키는 데 기여하고 있다고 할 수 있다.

뒤르켐과 파슨스가 주장하는 기능이론의 특징을 정리하면 다음과 같다. 교육의 목적은 사회체제를 유지 · 존속시키기 위해서 사회구성원으로서 갖춰야 할 자질이나 품성을 함양시키는 데 있다. 교육내용의 구성에 있어 과학성, 객관성, 조직성을 강조하고 학생들의 학업성취 정도에 따라 직업을 분배하고 학교 졸업장이 노동 시장의 신용장 역할을 한다는 입장이다. 또한 중앙집권적 교육체제는 의무교육의 연장과 교육기회의 확대에 기여하며, 현재의 학교교육은 민주주의 가치에 적합하다고 주장한다.

이러한 기능주의 이론에 대한 비판 의견을 보면, 사회는 합의의 관점과 함께 계층 갈등, 일탈 행위, 권력과 투쟁과 같은 요소가 있는데 이를 소홀히 하였다는 점을 들 수 있다. 교육의 사회 개선과 발전보다는 현상 유지라는 보수적인 경향이 너무 강하다. 또한 학교교육에 대해 투입과 산출 구조의 결과론적 입장을 중시하였다. 그리고 노력 및 능력에 의한 경제적 · 사회적 지위 획득이라는 교육정책은 피지배 계층이나 민중의 이익에 대치될 우려가 있으며, 이러한 점에서 학교교육은 인간성 상실, 인간 소외, 사회 불평등의 재생산과 사회 정의의 부재 등에 대해 비판을 받았다.

2) 갈등이론

갈등이론은 사회를 변화 지향적이며 불일치와 갈등이 일어나는 곳이라고 본다.

기존 사회체제의 지위를 유지·보존시키는 일이 학교교육의 주요 기능이라고 보는 기능주의자들의 주장과 달리, 갈등주의자들은 학교교육이 민주주의의 가치를 실현하고 교육평등을 실현하고 있지 않다고 주장한다. 학교교육을 통해 사회에서 합의된 가치를 전수하게 되는데, 그 합의된 가치가 대부분 지배 집단이 선호하는 가치이기 때문이다. 갈등이론은 사회의 구성원을 엘리트와 대중의 이분법적인 관점으로 보고, 대중은 엘리트인 지배집단에 의해 억압되며 그 수단이 학교교육이라고 주장한다. 학교는 지배계급의 문화를 전수하여 교육을 통한 평등 사회를 실현하기보다 불평등 사회를 영속화시키는 데 기여한다는 입장이다. 대표적인 갈등주의 이론가인 볼스(Samuel Bowles)와 긴티스(Herbert Gintis)도 학교교육은 학생들의 자율성과 비판적 사고력을 향상시키는 것이 아니라, 수동적이고 순종적인 능력을 배양하도록 함으로써 자본주의 노동체계를 재생산하고 있다고 주장하였다.

또한 갈등주의자들은 학생 선발에 대해 기능주의 이론에서 주장하는 능력 기반의 선발은 이론적 허구이며 인간의 능력을 객관적으로 평가할 수 있는 과학적 도구를 신뢰할 수 없고, 그 평가내용도 문화적 또는 계층적 편협성이 존재하기 때문에 합리적이지 않다고 주장한다. 뿐만 아니라 학교의 관료주의적 위계체제는 민주적 가치를 실현하는 데 부적합하며, 상벌체계에 의한 통제는 복종심을 형성하고 권위주의적 억압은 유순한 성격을 형성시킴으로써 인종, 계급, 성별에 근거한 불평등을 영속화하고 있다고 비판한다. 한편, 다른 갈등주의 이론가와는 다르게 그람시(Antonio Gramsci)는 학교가 지배계급의 문화를 전수하는 것이 문제가 아니라, 노동계급을 관리하지 않고 방관해서 경제적·문화적 재생산이 유지되고 있는 것이 문제라고 주장한다. 학교교육이 모든 어린이에게 필요한 언어, 기초 지식과 기술, 문화를 철저하게 가르치지 못하기 때문에 가정교육이나 사교육을 통해 학습을 받지 못하는 노동계급의 자녀들은 무시당하게 되고, 이로써 지배계급이 자신들의 지위를 유지할 수 있다고 주장한다.

그러나 갈등주의 이론 역시 기능주의 이론과 마찬가지로 학문적 한계를 드러내어 비판을 받아 왔다. 갈등주의자들은 학교교육에서의 갈등과 경쟁을 지나치게 강조한 나머지, 교육이 사회의 결속력을 높이고 국가적 공동체 의식을 높이는 데 기여한 점을 과소평가하고 있다. 또한 교육에서 학교선발의 불평등 요소를 너무 강조함에 따라 교육을 통한 능력 기반의 선발을 인정하지 않았으며, 학교교육이 사회의 수직적 상승 이동에 기여한 점도 무시하는 경향이 있다. 또한 교육이 경제적 구조에 의해 일방적으로 결정된다는 경제적 결정론에 빠져 있다는 점에서 비판을 받고 있다.

활동하기 2 이반 일리치의 『학교 없는 사회(Deschooling)』 살펴보기

이반 일리치는 갈등이론을 지지하는 철학자로서 『학교 없는 사회』라는 그의 책에서 현재와 같은 학교교육은 아동들에게 이로운 배움의 기회를 제공해 주지 못한다고 주장하였다. 학교에서 선생님의 말을 잘 따르고 적응하면 좋은 성적을 받고 졸업장을 받으며 이후 높은 학력을 갖게 되는데 이러한 과정을 통해 사회의 지배적 관념을 학습하게 된다는 것이다. 따라서 학교를 다닌다는 것과 배움은 다르다고 주장하였다. 뿐만 아니라 학교교육을 통해 가난한 사람들이 성공할 수 있다는 믿음을 갖게 하지만 사실은 가난한 사람들을 더 가난하게 만든다고 주장하였다. 다음과 같은 그의 책의 일부를 읽고 질문에 대해 생각해 봅시다.

"사실 배움이란 것은 타인의 조작을 거칠 필요가 없는 인간활동이다. 모든 배움이 가르침의 결과는 아니다. 오히려 그것은 타인의 개입 없이 의미 있는 상황에 참여하는 데서 얻는 결과이다. 대부분의 사람은 '참여'에 의해 가장 잘 배운다. 그러나 학교는 개인의 인격이나 인지력 향상이 학교가 정교하게 계획한 방법이나 수단에 의한 것이라고 믿게 한다. 일반 학교의 필요성을 받아들이면, 그런 사람은 다른 제도의 포로가 되기도 쉽다 ……(중략)…… 그들은 희망 대신 기대를 갖도록 배우기 때문에 희망이 배신당하는 줄도 모르고 단기적 변화에 만족한다. 그들은 좋은 쪽이든 나쁜 쪽이든 더 이상 타인에 대해 놀라는 일도 없다. 왜냐하면 그들은 가르친 바대로 아는 사람들로부터 무엇을 기대해야 하는지 배우기 때문이다. 타인들도 기계도 이 점에서는 같다."

1) 이반 일리치의 주장에 따르면 인간은 의미 있는 상황에 참여함으로써 배울 수 있다고 하였다. 이반 일리치가 말하는 배움이란 무엇인지 여러분의 경험을 기반으로 구체적으로 설명하시오.
2) 학생의 입장에서 기대와 희망은 어떻게 다른 것인지 여러분의 생각을 작성하시오.

3. 교육과 사회평등

1) 교육평등

공교육은 교육을 통한 사회평등을 실현하기 위한 목적으로 시작되었다. 그러나 교육은 독립적으로 이루어지는 활동과 현상이 아니기 때문에 교육을 운영하는 과정에서 다양한 불평등 요소가 발생하였고, 그로 인해 계층 간의 경제적·문화적 차이가 발생하는 결과가 초래되기도 하였다.

교육을 통한 사회평등을 논하기 위해서는 롤스(John Rawls)의 정의이론을 살펴볼 필요가 있다. 롤스에 의하면, 인간은 근원적으로 재능과 잠재 능력에 있어 불평등하게 태어난다. 인간은 각기 다른 능력을 가지고 각기 다른 가정환경에서 태어난다. 어떤 사람은 매우 지능이 높고 어떤 분야에 있어 뛰어난 잠재능력을 가지고 있는 반면, 어떤 사람은 명석하지 않고 특별한 분야에 있어 잠재능력이 부족하게 태어날 수도 있다. 그러나 이런 재능과 잠재능력은 인간의 노력에 의해서 결정되는 것이 아니라 우연적으로 결정되기 때문에, 이러한 불평등은 학교교육을 통해 극복되고 해소될 수 있게 해야 한다고 주장한다.

인간의 재능과 성취는 인정되어야 하며 그에 합당한 보상을 받아야 하지만, 그것을 초월한 모든 사람이 가지고 있는 공통의 인간성이 사람을 사람답게 하는 것이므로 누구나 존중받아야 한다. 이런 관점에서 모든 사람에게 교육기회, 교육조건, 교육결과적인 측면에서 평등해야 정의로운 사회를 구현할 수 있다.

교육기회적인 측면에서의 평등은 허용적 평등과 보장적 평등이 있다. 교육기회의 허용적 평등은 신분, 성별, 종교, 지역, 인종 등의 이유로 차별받지 않고, 누구나 원하면 또는 능력이 미치는 데까지 교육을 받을 수 있는 동등한 기회를 제공하는 것을 의미한다. 법, 제도, 관습에 의해 특정 집단에게만 교육을 받을 기회를 제공하는 것을 철폐하는 것이다. 우리나라의 역사를 되돌아보아도 여성이 학교교육을 받게 된 것은 약 140여 년밖에 되지 않았다. 1886년 이화학당이 개교되었을 때 학생 수는 1명이었고, 처음에는 양반이 아닌 평민 계급의 딸들이 이화학당에서 공부를 하다가 점차 양반 계급의 딸들도 학교에서 공부를 할 수 있는 기회를 얻었다. 당시에는 법이나 제도적으로 교육의 기회를 받지 못했다기보다는 여성이 밖으로 나가 사회생활을 하면 좋지 않다는 관념이 주요 원인이었다. 그런데 여기서 말하는 교육기회의 허용적 평등은 모든 사람의 능력과 재능이 다르다는 것을 인정하기 때문에 모두 동일한 수준의 교육을 받아야 한다는 의미는 아니다.

하지만 모든 사람에게 동등한 교육의 기회를 제공하는 허용적 평등만으로는 교육을 통한 실질적 사회평등을 성취하기에 다소 부족하다. 교육을 받을 수 있는 기회를 허용하면서 실질적으로 그 기회를 누릴 수 있는 보장책이 함께 이루어져야 한다. 공부를 하는 데 필요한 물품을 구입하기 힘들거나 학교를 다닐 수 없는 가정환경 등의 이유로 교육의 기회를 누릴 수 없기 때문이다. 교육기회의 보장적 평등은 취학을 하는 데 방해가 되는 경제적 · 지리적 · 사회적 요소들을 제거함으로써 평등을 실현하는 것이다. 1944년 영국이 처음으로 중등교육의 무상화를 실시하여 급식과 학용품을 지급하였다. 현재 우리나라도 중학교까지는 의무교육이고 최근 고등학교도 무상교육으로 제도화한 것이 교육기회의 보장적 평등을 실현한 것이다.

그러나 교육기회의 허용적 · 보장적 평등은 교육기회의 확대를 가져오기는 했으나 경제적 · 사회적 계층 구조의 변화를 가져오지는 못하였다. 이에 교육조건의 평등을 실현해야 한다는 목소리가 높아졌다. 학생들의 학업성취 차이의 요인을 학교 내의 시설, 교사의 능력, 재정 규모 등에서 찾기 시작하였다. 이들에 따르면, 교육조건의 평등은 학교의 물리적 · 인적 환경의 조건을 동일하게 해야 한다. 학교의 환경적인 요소는 학업성취의 차이를 유발하고 결국 상급 학교 진학의 차이도 가져온다고 보았다. 따라서 모든 학교 시설, 교사의 자질, 교육과정을 유사하게 해야 한다고 주장하였다. 이와 관련하여 콜맨(James Samuel Coleman)을 주축으로 한 연구자들은 '학교 간의 차이가 교육결과의 차이를 가져온다.'는 가설을 바탕으로 연구를 수행하였다. 다시 말해, 학업 성적을 결정짓는 교육조건은 무엇이며 그러한 조건의 차이가 실제 성적에 어떤 영향을 미치는지 밝히고자 하였다. 그러나 연구결과는 예상과는 다르게 학생들의 성적은 학교의 환경적인 요소가 아니라 가정의 사회·경제적 지위에 의해 가장 큰 영향을 받는다는 결과를 제시하였다. 결국 자본주의 사회에서는 교육조건의 평등을 완벽하게 실현하기는 어려울 수 있다.

이에 교육기회의 평등과 교육조건의 평등만으로는 학업성취의 차이를 극복할 수 없다고 보고 교육결과에 대한 평등의 필요성을 주장하는 목소리가 등장하였다. 교육의 목적은 배워야 할 것을 배우는 것이므로 교육결과가 동일해야 하고, 학생들의 도착점 행동이 같아야 진정한 의미에서의 교육평등 실현이라는 것이다. 이런 교육결과의 평등을 위해 생겨난 것이 바로 저소득층의 취학 전 어린이들을 위한 조기교육 프로그램으로, 미국의 헤드스타트(Head Start), 영국의 슈어스타트(Sure Start), 캐나다의 페어스타트(Fair Start), 호주의 베스트스타트(Best Start) 등이 있다. 이러한 조기교육의 근거는 학업 성적의 차이가 가정 환경적 요소에서 기인한다는 콜맨 보고서의 결과에 따라 취학 전 어린이들에게 기초학습능력을 길러 주기 위함이었다. 이와 함께 미국에서 실시하고 있는 법으로 「아동 낙오 방지법(No Child Left Behind)」이 있는데, 이는 미국의 각 주마다 성취도평가의 기준을 정한 후 이를 충족하지 못한 학교, 교사, 학생은 제재를 받도록 하는 법이다. 이 법의 취지는 일반 교육과정에서 어떤 아동도 낙오자가 되지 않도록 학교, 교사, 학생에게 책무성을 강화하려는 데 있다. 우리나라의 경우는 교육부에서 전국적으로 실시하고 있는 교육복지우선지원사업이 이에 해당된다. 교육복지우선지원사업은 교육·문화적 여건이 상대적으로 열악한 교육취약 계층이 밀집되어 있는 학교를 대상으로 학교와 지역사회가 연계하여 교육, 문화, 복지 등의 통합적인 지원을 함으로써 교육취약 계층 학생의 실질적인 교육기회를 보장하고 교육격차를 해소하려는 사업이다. 현재 우리 교육이 당면한 교육격차의 문제를 일정 부분 해소할 수 있는 부분이 있어 참여 학교 및 지역사회의 만족도가 높아 지속적으로 확대·운영되고 있다. 그러나 이러한 국내외의 노력에도 불구하고 교육결과의 평등을 실현하기 위해서는 앞으로도 지속적인 노력이 요구된다.

활동하기 3 학교교육에서의 성 불평등(Gender inequality) 이슈

☞ 학교교육에서 성평등을 실현하기 위한 노력은 오랫동안 지속되어 왔다. 과거 산업화시대에는 남성의 대학 진학률이 여성보다 월등히 높았으나 최근에는 여성의 대학 진학률이 보통 5~8% 상회하는 것으로 나타났다. 그리고 이공계 전공 선택에서 남성이 여성보다 진학률이 높았으며 특히 상위권 대학중심으로 남성의 이공계 전공 선택 경향이 두드러지게 늘어나는 경향을 보이고 있다. 특히 대학원 진학에 있어서는 남성이 여성보다 높았으며 이는 상위권 대학일 때 그 차이는 더 큰 것으로 나타났다.

※ 미국을 포함한 선진국의 경우에는 대학 및 대학원 진학률에 있어 여성이 남성보다 높아진 지 오래되었으며 대학원 졸업자의 사회경제적 지위 성취에서 계층 영향력이 증가하고 있는 것으로 나타나고 있다.

1) 남성보다 여성의 대학 진학률이 높은 이유는 무엇인지 여러분의 경험을 기반으로 의견을 제시해 보시오.

   –TED Talks: Richard Reeves "How to solve the education crisis for boys and men"

2) 여성보다 남성의 대학원 진학률이 높은 현상에 미칠 수 있는 원인에는 무엇이 있겠는가?

3) 대학 및 대학원 진학률에 있어 성별차이를 완화할 수 있는 정책을 도입한다면 어떤 정책이 도움이 되겠는가?

---

2) 사회양극화와 교육불평등

사회양극화는 소득이 전체적으로 고루 분배되지 못하여 소득분포가 최상위층과 최하위층의 양극단에 집중되는 현상을 의미한다. 즉, 소득수준 면에서 중간층이 몰락하고 이들이 빈민층으로 전락하는 데서 발생하는 현상으로, 세대 내 사회 이동과 세대 간 계층 상승 이동이 매우 힘든 상황을 의미한다. 세대 간 이동은 자식이 부모가 속한 계층에서 다른 계층으로 이동하는 것이고, 세대 내 이동은 한 개인의 생애 중에서 자기가 속한 계층에서 다른 계층으로 올라가거나 내려가는 이동을 의미한다. 한국의 경우 경제가 급속하게 성장한 반면, IMF 이후로는 사회적 양극화가 가속화되어 왔다. 많은 기업에서 구조 조정을 하면서 일자리를 잃은 사람들이 비정규직으로 전환되었고, 국민이 경제적으로 힘들어짐에 따라 자녀교육에 대한 투자금의 차이로 인

해 빈곤과 불평등의 세습 가능성이 높아졌다.

소득의 불평등 정도를 나타내는 가장 대표적인 소득분배지표인 지니계수(Gini Index)는 0에서 1 사이의 수치로 표시되는데 소득분배가 완전평등한 경우가 0, 완전 불평등한 경우가 1이다. 우리나라의 지니계수의 추이는 최근 감소추세에 있었으나 코로나19로 인해 경제가 침체됨에 따라 2021년과 2022년에 다소 상승하였다. 자본주의 국가의 대표인 미국은 지난 1990년부터 약 30년 동안 불평등이 심화되어 2022년 지니계수가 0.47이었고 사회주의 대표국가인 중국은 2010년부터 감소추세에 있었으나 최근 다시 불평등이 강화되고 있어 2022년 지니계수는 0.466이었다. 개인의 경제활동에 자유를 주는 민주주의 국가나 개인의 경제활동을 통제하고 있는 사회주의 국가 간 사회의 불평등지수가 유사하다는 사실은 놀랍다.

사회계층 이동성은 개인의 노력이 뒷받침된다면 얼마나 쉽게 사회적으로 성공하여 상위계층으로 올라갈 수 있는지를 보여 주는 지표이다. 2020년 세계경제포럼(World Economic Forum)에서 발표한 자료에 따르면 한국의 사회계층 이동성은 82개국 중 25위에 해당되며 사회계층 이동이 가능하기는 하나 쉬운 나라에 속하지는 않는다. 한국교육개발원에서 발표한 보고서에 따르면, 2011년부터 최근까지 소득이동성은 지속적으로 하락한 것으로 보고하였다. 사회계층 이동성에 대한 인식 질문에서 긍정응답을 한 비율이 2011년 28.8%에서 2019년 23%로 나타났고 자녀세대의 계

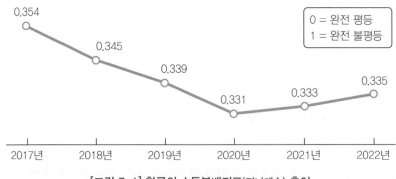

[그림 7-1] 한국의 소득분배지표(지니계수) 추이

층 이동에 대한 믿음도 2011년 41.7%에서 2021년 30.3%로 감소하였다. 이러한 자료에 기초하여 볼 때 저소득 계층에서 태어난 개인은 과거에 비해 계층 이동이 매우 어려운 상황이며, 이를 극복하기 위해 지금까지 가장 보편적으로 사용해 온 방법은 교육이었다. 특히 우리나라는 역사적으로 교육의 기회가 확대되면서 보다 많은 사람이 좋은 일자리를 얻고 보다 높은 소득을 얻어 짧은 시기에 경제적 고속 성장을 달성하였다. 그러나 최근 대학교육이 보편화가 되고 양질의 일자리가 줄어들면서, 과연 교육이 계층 이동의 사다리 역할을 하는지에 대해 의문이 제기되는 것을 넘어 오히려 불평등을 더욱 양산하고 있는 것은 아닌가 하는 비판을 받고 있다.

한국은 2000년도 초에 부유층 자녀들의 서울 소재 주요 대학 입학률이 상승하였고, 특히 강남의 8학군 지역에서 서울대학교 입학률이 상승하면서 부모의 경제력과 자녀의 성적에는 밀접한 관련성이 있다는 것이 사회적으로 주목받았다. 관련 연구에서도 학생의 수능 성적은 아버지의 학력과 부모의 소득, 직업과 정상관계가 있음이 보고된 바 있다. 부모가 학력이 높을수록 자녀에 대한 교육기대수준이 높고 자녀의 문화 자본에 영향을 미쳐, 결국 대학진학에까지 영향을 미친다는 것이다. 그러나 최근 대학진학 또는 상위권 대학진학에서 나타나는 부모의 학력변인이 미치는 영향은 최근 출생자로 올수록 감소하는 양상을 보이고 있다. 이는 대학진학이 전체적으로 높아져 하위계층 자녀들의 대학 진학률 및 상위대학 진학률이 높아졌다는 것을 의미한다.

학교교육이 사회를 평등하게 하는 요소와 함께 분명 불평등하게 만드는 요소가 있다. 우리 사회는 지금뿐만 아니라 과거에도 끊임없이 크고 작은 많은 사회문제가 있어 왔고, 그러한 문제들을 전문가의 식견으로 또는 국민의 민주의식으로 개선하고 발전시켜 왔다. 현재 소득 양극화, 지나친 교육열, 청년들의 실업률, 저출산, 고령화 등 해결해야 할 사회 문제가 많으며 이러한 사회문제가 교육과 별개는 아니다. 그러므로 우리는 교육을 통해서 사회 불평등의 문제를 개선하기 위하여 그 어느 때보다도 다양한 시도를 해야 한다.

활동하기 4 **학교교육은 사회를 평등하게 하는 데 기여하는가**

☞ 역사적으로 봤을 때 학교교육은 사회를 유지 또는 발전시키기 위한 목적으로 민주적인 절차와 방법으로 인재를 선발하고 능력에 기반하여 적절한 기회를 제공해 왔다. 그 결과, 국가가 경제적으로 성장하였고 대학 진학률이 높아지면서 고등교육이 보편화되었다. 반면, 소득구조가 양극화되고 그에 따른 입시의 영향 등 왜곡된 사회현상이 발생하면서 학교교육에서도 불평등적인 요소가 나타나고 있다. 여러분은 학교교육의 사회평등 기여에 대한 두 가지 관점에 대해 여러분의 입장은 어느 쪽에 가까운지 생각해 보고 자신의 의견을 제시해 보시오.

1) 사회불평등, 교육평등, 교육불평등에 대한 칼럼이나 뉴스 기사 찾아 읽기

2) 사회적 관점: '학교교육은 사회를 평등하게 하는데 기여하고 있는가?'에 대한 찬성과 반대 중 자신의 입장을 선택하고 왜 그렇게 생각하는지 근거를 들어 설명하기

3) 개인적 관점: '여러분 자신은 학교교육을 통해 더 나은 삶을 살 수 있다고 생각하십니까?'에 대한 의견 제시하기

제8장

교육제도와 대안교육

1. 국내외 학제를 비교분석함으로써 학제개편을 통해 한국의 교육문제를 해결할 수 있는지에 대한 자신의 의견을 제시할 수 있다.

2. 공교육의 발생배경에 대한 이해를 바탕으로 공교육의 역할과 사명에 대해 설명할 수 있다.

3. 공교육의 위기를 극복하기 위해 대두된 대안학교의 장단점을 논의할 수 있다.

1. 교육제도

교육제도는 국가의 기본 이념을 실현하고 교육목적을 달성하기 위한 국가적 차원의 법 및 행정 조직을 의미한다. 교육제도는 모든 국민에게 교육의 기회를 균등하게 보장하고 개인의 자아실현과 국가발전을 촉진할 수 있는 방향으로 수립되어야 한다. 근대의 교육제도는 국가에서 관리하는 경향이 강하고 전 국민을 대상으로 하므로 일반적으로 학교교육제도인 학제(學制)와 동의어로 사용되고 있다. 우리나라의 6-3-3-4학제는 광복 이후 조선교육심의회에서 제안되었고 1949년 12월 31일 「교육법」에서 법제화하였으며 현재까지 유지되고 있다.

교육제도는 단계별 교육을 실시할 수 있도록 초등교육, 중등교육, 고등교육으로 구성된다. 초등교육은 초등학교, 중등교육은 중학교와 고등학교, 고등교육은 대학교 이상의 교육을 의미한다. 초등교육의 목표는 학생의 일상생활과 학습에 필요한 기본 습관 및 기초 능력을 기르고 바른 인성을 함양하는 것이다. 중등교육의 목표는 적성과 소질에 맞게 진로를 개척하며 바른 인성 및 민주시민으로서의 자질을 함양하는 것이다. 고등교육은 교양교육을 바탕으로 전문적 지식과 기술을 활용하여 사회에 기여할 수 있는 인재를 양성하는 데 목적이 있다.

한국의 학제는 초등학교 6년, 중학교 3년, 고등학교 3년, 대학교 4년으로, 교육연한은 16년이다. 현재 초등학교와 중학교는 의무교육이고, 고등학교는 2019년 2학기부터 3학년을 대상으로 시작하여 2021년부터 전 학년 무상교육을 실시하고 있다. 그 밖에 초등학교 취학 전 유치원 교육과 대학 이후 대학원 과정이 있다. 초등학교와 중학교는 단선형으로 선택의 여지없이 동일한 교육과정으로 운영된다. 따라서 진로 선택의 시작은 고등학교 진학 과정에서부터 시작되며 인문계, 실업계, 특수목적 고등학교 계열 중 선택이 가능하다. 계열별 이동은 어려우나 주소지 이전으로 인한 계열 내 학교 이동은 자유로운 편이다. 초등학교 취학연령은 매년 1월 1일부터 12월 31일까지 만 6세에 해당하는 아동으로 3월 1일에 입학한다. 연간 두 학기로 운영되며 1학기가

3월부터 8월, 2학기가 9월부터 다음 해 2월까지이다.

교육제도는 그 나라의 문화, 정치, 경제, 환경 등의 다양한 요소를 고려하여 수립되어야 하기 때문에 나라마다 상이한 교육제도를 운영하고 있다. 우리나라와 같이 국가교육과정으로 운영되는 영국과 호주의 교육제도를 살펴보면 다음과 같다. 영국은 6-5-2-3학제로 초등학교 6년, 중등학교 5년, 후기 중등학교(대학예비과정) 2년, 대학 3년으로 구성되어 있다. 의무교육기간은 초등학교와 중등학교 기간인 11년이고, 유치원과 후기 중등 과정은 의무교육은 아니지만 무상교육이다. 초등학교 입학연령은 매년 9월 1일자 기준으로 만 5세이고 1년에 3학기제를 운영한다. 영국은 단계별 교육과정을 총 5단계(Key Stage 15)로 구성하여 운영하고 있는데, 단계가 끝날 때마다 학업성취도평가를 실시하는 것이 특징이다. 초등학교 1~2학년은 1단계, 3~6학년은 2단계이며, 중등학교 7~9학년이 3단계, 10~11학년이 4단계이다. 중등학교 과정을 마치면 학생들은 자격시험(General Certificate of Secondary Education: GCSE)을 보게 되며, 후기 중등학교는 12~13학년으로 직업교육과정과 대학예비과정(A Level, Advanced Level)이 있다. 3단계를 마치는 9학년 때 4단계에서 학습할 과목을 선택하고 GCSE 시험에서 학생이 선택한 과목에 대해 시험을 본다. 시험과목은 영어, 수학, 과학 3과목을 선택하고 추가로 몇 개의 과목을 선택하는데, 대학예비과정으로 진학하기 위해서는 최소 5개 이상의 과목에서 C 이상의 성적을 받아야 한다. 시험 결과는 A*, A, B, C, D, E, F, G로 구분하고 보통 C를 합격 기준으로 본다.

다음으로, 호주의 학제는 초등학교, 중학교, 고등학교, 대학교 과정으로 주마다 각 과정별 학업 연수가 다소 상이하다. 초등학교는 1~6 또는 7학년, 중학교는 6 또는 7~10학년, 고등학교는 11~12학년으로 구성되고, 전문대학과 대학은 1~4년 정도 소요된다. 호주의 첫 학기는 2월이나 3월에 시작하는데, 초·중·고등학교는 총 4학기제로 1월, 4월, 7월, 10월 학기로 이루어져 있으며, 학기마다 2주간의 방학과 연말에 6주 정도의 방학이 있다. 의무교육은 중학교까지 10학년이며, 대학 진학을 희망하는 학생들은 고등학교를 진학하게 된다.

그 밖에 미국은 주에 따라 학제가 다양하나 K-12제도로 대체로 5-3-4-4학제

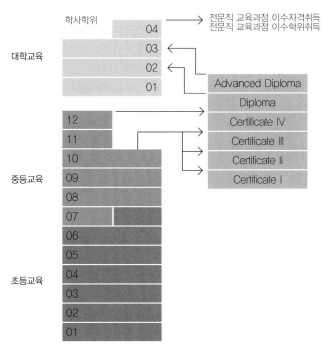

[그림 8-1] 호주의 학제

로 운영되고 있다. 유치원 1년과 초등학교 5년, 중학교 3년, 고등학교 4년을 거쳐 대학에 진학하게 된다. 학기는 8월 중 시작하여 매년 2학기제로 운영된다. 미국의 의무교육기간은 12년 과정이며 각 주마다 규정에 차이가 있지만 대체로 만 5~6세부터 16~17세까지로 정하고 있다. 의무교육기간에는 학교를 반드시 다녀야 하지만 의무교육기간이 지나면 개인의 선택에 따라 학교를 다니지 않아도 된다. 한국의 교육제도는 미국의 교육제도를 많이 따르고 있기에 비슷하다고 볼 수 있다.

또한 핀란드의 학교는 초등교육과 기초 중등교육이 통합된 기본교육과정(7세~16세, 9년)이 있고, 일반 인문계 고등학교 또는 실업계 고등학교에서 이수하는 상급 중등 과정 3년과 이후 대학교육으로 구성되어 있다. 핀란드는 모든 국민에게 동등한 교육의 기회를 제공하고자 초등학교에서 대학까지 모두 무상 공교육으로 실시하며, 기본교육과정을 이수하고 상급학교에 진학하는 모든 학생의 경제적인 형편에 따라 소정의 장학혜택을 지원한다. 핀란드의 기본교육과정은 종합학교(comprehensive school)에서 이루어지는데, 9학년까지는 의무과정이고 10학년은 선택과정으로 운영되고 있다. 초등 과정에 해당하는 6년(1학년에서 6학년)은 담임교사로부터 교육을 받고, 중학교 과정에 해당되는 3년(7학년9학년)은 과목별 전공교사로부터 교육을 받는다. 수업료, 교과서, 급식 등의 모든 교육비는 무료이다. 고등학교는 3년제의 일반 고등학교와 2~3년제의 실업계 고등학교로 운영되고 있으며, 핀란드의 모든 대학은 국립이고 직제상 교육부 산하에 속해 있되 학교 운영은 자체적으로 이루어지고 있다.

마지막으로 가까운 나라 일본의 학제를 살펴보면, 우리나라와 마찬가지로 6-3-3-4학제로 구성되어 있다. 초등학교 취학 연령은 그해 4월 1일을 기준으로 만 6세에 해당하는 아동들이 4월 1일에 입학을 하게 된다. 의무교육은 초등학교와 중학교까지 9년이며 연간 3학기제로 운영된다. 1학기는 4월에서 7월, 2학기는 9월에서 12월, 3학기는 1월에서 3월이다.

지금까지 살펴본 각 나라들의 학제는 앞서 설명한 바와 같이 초중고대학 교육이라는 단계별 교육을 운영하고 있다는 공통점이 있지만, 운영 측면에서는 연령과 취학기간에서 다소 상이한 학제를 수립하여 운영하고 있다. 우리나라의 경우, 초ㆍ중학교는 의무교육이라 모두 동일한 교육을 받지만 고등학교부터 자신의 적성과 진로 분야에 부합하는 고등학교 유형을 선택하여 진학하게 된다.

우리나라의 고등학교 유형을 살펴보면, 특수목적고등학교에는 과학고, 예술고/체육고, 외국어고/국제고, 마이스터 고등학교가 있다. 과학고등학교는 과학 인재 양성을 목표로 하여 수학, 과학 과목을 중심으로 수준 높은 교육을 하므로 자연과학이나 공학에 관심이 있고 해당 과목에서 학업성취도가 우수한 학생에게 적합한 유형의 고등학교이다. 외국어고등학교는 외국어에 특별한 능력을 지닌 인재를 육성하는 것이 목적이므로 외국어에 관심이 많고 영어 교과목의 성적이 상위권인 학생에게 유리하며, 어문 또는 사회 계열로 진학하고자 하는 학생들에게 적합하다. 국제고는 국제화 시대에 적합한 인재양성을 목적으로 국제정치, 경제, 무역, 법 등에 관심 있는 학생들에게 적합하다. 단, 특목고의 학비는 일반 고등학교보다 다소 비싸다. 그 외에 마이스

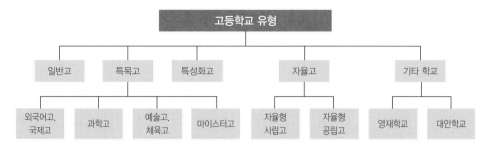

[그림 8-2] 한국의 고등학교 유형

터고의 공식 명칭은 '산업 수요 맞춤형 고등학교'로서, 전문적인 직업교육의 발전을 위하여 산업계의 수요에 직접 연계된 맞춤형 교육과정을 운영하는 학교이다.[1] 수업료, 입학금, 학교 운영 지원비 등은 모두 면제혜택을 받을 수 있으며, 유망분야에 취업하고자 하거나 기술명장이 되고자 하는 학생들에게 적합하고, 최근 취업률은 90%가 넘는 성과를 보이고 있다.

자율고등학교는 자율형 공립고, 자율형 사립고, 일반 고등학교에서 과학중점학교가 있다. 자율고등학교는 국가교육과정의 일부를 자율적으로 운영할 수 있는 권한을 준다. 자율형 사립고는 국민공통기본교육과정의 50%까지를 자율적으로 지정 가능하고, 자율형 공립고와 과학중점고는 35%까지 지정이 가능하다. 이외에 선택교육과정은 모두 100% 자율성을 보장한다. 자율형 사립고등학교의 경우에는 학생 선발권이 학교에 있어 대체로 학업 성적이 상위권에 속하는 학생들이 입학하지만, 자율형 공립고등학교의 경우에는 그렇지 않은 경우도 상당하다. 자율형 공립학교의 경우에는 교육여건이 열악한 지역의 공립고등학교를 선정하여 교육과정과 프로그램을 특성화·다양화하여 전인교육을 실현하는 것을 목적으로 하고 있기 때문이다.

직업교육 특성화고등학교는 소질과 적성에 따라 특정 분야 직업교육이 이루어지는 학교이다. 직업분야는 농생명산업 계열, 공업 계열, 상업정보 계열, 수산·해운 계열, 가사·실업 계열로 구분된다. 현장 실습 등의 체험 위주 교육을 전문적으로 실시

---

1) 초·중등교육법시행령 제90조 제1항제10호.

하며 취업률 또한 상승 추세에 있다. 특성화고등학교 졸업 후 대학 진학을 희망하는 학생들은 '특성화고 재직자 특별전형'이나 '특성화고 졸업자 특별전형'으로 대학 입학이 가능하다.

이와 같은 다양한 고등학교의 유형은 학생들의 적성과 진로 분야에 맞게 선택권을 다양화하기 위한 목적으로 설립되었으나, 한동안 그 취지에 맞게 운영되지 않는 현상이 드러나고 있다. 그 대표적인 유형이 특수목적고등학교와 자율고등학교이다. 이 두 가지 고등학교 유형의 특징은 국가공통교육과정 중 학교의 특성에 부합하도록 교육과정 운영에 있어 자율성을 제공한다는 것이다. 그런데 해당 고등학교에서는 이러한 자율성을 오직 입시준비를 위한 교육과정 운영에 중점을 두면서 입시사관학교로 변질되어 교육 불평등을 야기시키고 있다는 비판을 받아 왔다. 이에 문재인 정부는 자사고 · 외고 · 국제고를 2025년부터 일괄 폐지하는 것으로 결정하였으나 윤석열 정부에서는 학생들의 소질 · 적성에 맞는 맞춤형 교육을 실시하기 위해 유지하는 것으로 결정하였다. 이에 많은 시민단체에서는 교육 불평등을 확대하는 정책으로 거부하는 반대시위도 이루어졌다. 교육평등의 개념 및 실천에 있어서 학생들의 적성 및 수준에 부합하는 다양한 교육을 제공하는 것이 바람직하다. 그러나 특목고 폐지의 근거는 그동안 특목고가 그 목적과는 다르게 입시준비를 위한 목적으로 운영되어 왔기 때문이므로 유지하기로 결정한 이상 특목고의 교육과정 운영에 대한 질관리를 어떻게 할 것인가가 이후 우리가 해결해야 할 과제이다.

활동하기 1 **학제개편을 통해 한국교육문제를 해결할 수 있을까?**

☞ 정부가 바뀔 때마다 국민들이 인식하고 있는 교육문제를 해결하기 위한 방안으로 학제 개편을 선거공약으로 내세우거나 당선 이후 추진하려는 시도들이 있어 왔다. 그동안 제안되었던 학제개편안들에 대해서 다각적인 측면에서 검토하고 학제개편이 한국의 교육문제를 해결할 수 있는 방안이 될 수 있는지에 대해 토론해 봅시다. 다음은 최근에 학제개편안으로 제안되어 실현되거나 또는 실현되지 못했던 정책들이다. 각 정책을 도입하려고 했던 의도, 그것이 한국의 교육 및 사회에 미치는 영향, 실현되었을 경우 교육문제해결 가능여부 등에 대해서 논의하시오.

1) 학제개편의 안들로 제안은 되었으나 실현되지 못했던 정책들
  - 초등학교 입학연령을 만 5세로 낮추고자 했던 정책(現 만 6세 입학)
  - 입학시기를 3월에서 9월로 옮기려고 했던 9월 학기제 도입
  - 자사고 · 외고 · 국제고 폐지를 통한 고교 체제 개편
  - 교육전문대학원 도입
2) 도입추진 시 논란은 있었으나 실현된 정책
  - 진로 및 현장체험활동 중심으로 이루어지는 자유학기제
  - 진로 · 적성에 따라 과목을 선택 · 이수하는 고교학점제

2. 공교육과 사교육

1) 근대교육의 시작

독일의 종교 개혁가인 마르틴 루터(Martin Luther)의 사상은 공교육제도 확립에 영향을 미쳤다. 그는 1530년에 '아동을 취학시켜야 하는 일에 관한 설교'라는 글을 통해, 부모는 귀천, 빈부, 남녀에 구별 없이 자녀를 학교에 보내야 할 필요가 있고, 정부는 그 국민에 대해 자녀를 취학시키게 할 의무가 있다고 주장하였다. 학교의 설립은 교회의 책임이 아니라 국가와 정부의 책임이고, 학교는 공공단체의 공적 경비에 의해 공적 제도로 운영되어야 한다고 주장하였다. 1524년 기독교 학교를 세우고 운영할 것을 독일의 모든 시의원에게 권고함이라는 글을 통해 그는 국가와 시의회가 교육에 대한 책임을 져야 한다는 것을 다음과 같이 제시하였다.

만약 부모들이 이것(교육의 과제)을 제대로 감당하지 못한다면 누가 이것을 대신해 주어야 하겠는가? 어린이들을 그냥 방치해 둘 수 없는 노릇이 아니겠는가? 통치자들과 시의원들이 바로 이것을 해 주어야 한다. …… 통치자들과 시의원들은 성장세대를 교육하는 일에 큰 관심을 기울여야 할 것이다. 왜냐하면 그들은 국가의 모든 재

산과 생명을 위탁받은 자들이고, 따라서 그들은 국가의 안녕과 번영을 위하여 힘써야 할 사람들이기 때문이다. 그런데 국가의 번영이란 단순히 부를 모으고, 성벽을 높이 쌓고, 좋은 집과 갑옷과 투구를 갖추는 것만으로 되는 것이 아니다. 만약 그 안에 멍청한 인간들만 있다면 오히려 큰 피해만 있을 것이 아니겠는가? 한 국가가 번영하는 일은 그 안에 훌륭히 교육받은 현명한 시민이 있어서 그들이 그 국가의 모든 재산과 생명을 보호할 때만 가능한 것이 아니겠는가?

공교육은 공적 주체에 의해 공적 재원으로 공적 절차에 따라 운영되는 교육을 의미한다. 공교육은 19세기 산업혁명으로 인한 산업의 발달과 사회구조의 변화로 인한 근대국가의 발생과 더불어 출현하게 되었다. 교육은 상류계급에게만 유지되고 일반 민중들은 종교단체나 개인에 의해 이루어졌는데, 교육이 더 이상 개인적인 일이 아니라 국가에 의해서 관리되어야 하는 일이라는 생각이 널리 퍼지면서 공교육이 확대되었다. 신분제 대신 개인의 능력에 따른 사회적 지위를 획득할 수 있는 합리적 제도가 도입됨에 따라 민주사회 참여, 인권, 복지에 관한 관심이 증가된 시기이다. 이러한 관심에 따라 19세기 후반에 의무교육이 제도화되었으며, 보편교육, 무상교육, 의무교육, 교육의 중립성 원리의 실현이 이루어졌다.

우리나라 최초의 근대학교에 대해서는 학자마다 다른 설을 제안하고 있지만, 해외 선교사에 의해 설립된 학교가 아니라 자생적인 측면에서 설립된 근대학교로만 본다면 1883년에 사립학교로 설립된 원산학사가 우리나라 최초의 근대학교라고 할 수 있다. 원산학사의 출발은 18세기 서당에서 찾을 수 있다. 18세기에 이르러 신분제가 와해되면서 양반이 아닌 사람 중에 상거래와 광작경영, 농업경영 등을 통해 부를 축적한 집단이 생겨났고, 이들이 서당을 활용하여 훈장을 고용하여 일정 급료를 지급하면서 자신들의 자녀를 교육할 수 있도록 하였다. 양반들의 교육에 대한 독점력은 점차 낮아지고 각 계층이 독자적인 교육체계를 형성하기 시작한 것이다. 교육내용 또한 삼강오륜적인 윤리서 중심이 아니라 현실생활과 밀접한 관련이 있는 내용으로 바뀌었다. 이러한 서당이 발전되어 1883년 최초의 사립학교인 원산학사가 설립된 것으로 본다. 원산학사는 개화파 관료들과 원산 주민들이 기존의 개량서당을 확대해 설립한 학교이다. 문예반 50명과 무예반 200명을 선발하여 문예반에서는 경서를, 무예반에서는 병서를 가르치되 공통적으로 실용과목을 가르쳤다. 원산학사는 외세의 침략에 대응하고 나라를 지키기 위해 인재를 양성하고 신지식을 교육하려는 애국적 동기에서 설립된 학교이다.

한편, 우리나라 최초의 공립학교는 1886년에 설립된 육영공원이다. 육영공원이라는 의미는 '영재를 기르는 공립학교'라는 의미였다. 미국에서 우수한 대학을 졸업한 교사 3인을 초청하여 영어로 세계사, 지리, 수학 등의 신학문을 처음으로 교육하였다. 그런데 학생들은 처음에는 매우 열심히 하였으나 시간이 지남에 따라 공부를 열심히 하지 않았고, 이러한 행동을 통제하기가 점차 힘들어졌다. 학생들은 기숙생활을 하였는데, 점차 개인행동을 하거나 하인과 함께 학교에 등교하면서 책과 담뱃대를 하인에게 들고 다니게 하였다. 또한 학교의 규칙이 까다롭고 신학문에 대한 이해도가 낮아 결석이 잦아지면서 공부를 열심히 하지 않았다. 이와 함께 정부의 재정난도 겹치면서 결국 1894년에 폐교하게 되었고, 영어교육만 전담하는 한성외국어학교로 통합되었다.

그 밖에 아펜젤러(Henry Appenzeller) 선교사에 의해 1885년 설립된 배재학당이 있다. 아펜젤러는 서소문동에 집을 한 채 사서 교육을 시작하였는데, 처음에는 두 청년에게 영어를 가르치는 것을 시작으로 학교를 운영하였다. 배재학당의 교육목적은 '크게 되려는 사람은 마땅히 남에게 봉사하는 사람이 되어야 한다.'는 봉사정신을 함양하는 것이었다. 운영방식에 있어서는 일 년을 두 학기로 나누고, 하루의 일과를 시간으로 정해 진행하며, 입학과 퇴학의 절차를 엄격하게 규정하고, 수업료를 물품 대신 돈으로 받았으며, 성적표를 만들어 보호자에게 보내는 등 근대적인 교육방법을 적용했다.[2]

---

2) 우리나라 최초의 근대학교 http://www.eduinnews.co.kr/news/articleView.html?idxno=8430.

2) 공교육과 사교육의 의미

공교육은 공적 준거와 절차에 따라 공적 주체에 의해 이루어지는 교육 내용, 영역, 형식, 체제를 의미한다. 교육의 목적은 전인교육에 있으며, 세계적으로는 2차 산업혁명 이후, 국내의 경우에는 1894년 갑오개혁 이후 체계화되었다. 반면, 사교육은 개인이 의사결정의 주체가 되어 이루어지는 교육이다. 즉, 학습자가 자신의 학습을 보완하기 위한 목적으로 이루어지는 교육을 의미한다. 역사적으로 보면 교육은 개인교사를 통한 사교육으로 시작되었으며, 19세기에 들어 공교육이 의무화되었다.

공교육은 그 개념적 특성상 다음과 같은 특징을 가지고 있다. 첫째, 공교육의 보편성으로서 국민이라면 누구나 교육을 받을 수 있어야 한다. 교육을 통해서 시민으로서 누구나 알아야 할 보편적인 내용을 전달하고, 그것을 통해 사회와 국가를 하나로 통합한다는 것이 공교육의 이상이다. 공적으로 정한 교육과정에 따라 동일한 내용과 수준의 교과서로 지식중심의 교육을 하는 특징이 있다. 둘째, 공교육의 평등성이다. 교육의 기회는 균등하게 제공되어야 한다. 그러나 학생의 능력과 적성에 따라 교육받을 권리를 제공하는 데 반해, 개인의 적성과 개성에 부합하는 질적 평등교육을 실현하지는 못하였다. 셋째, 공교육의 의무성이다. 국가가 국민의 교육에 있어 책임이 있기에 일정 기간 동안 모든 국민에게 교육을 의무적으로 받게 하는 것이다. 넷째, 공교육의 무상성이다. 교육에 필요한 비용은 국가에서 지불해야 한다. 특히 의무교육기간에 해당되는 공교육은 대체로 무상이나 이후 고등교육에 대해서는 아직 무상이 아니다. 고등교육이 확대되면서 고등교육의 교육비에 대한 논란이 이루어지고 있다. 다섯째, 공교육의 전문성이다. 공교육기관에서는 전문적인 자격을 갖춘 사람만이 교사가 될 수 있다.

이런 공교육의 개념과 이상에도 불구하고 우리나라의 경우에는 학년이 높아질수록 사교육 의존도가 높아지고 있고, 전 국민이 공교육이 정상화되어야 한다고 주장하지만 그 해결방안에 대해서는 어느 누구도 뾰족한 방안을 제시하지 못하고 있다. 그 기저에는 학벌주의와 출세를 지향하는 전통적인 교육관이 자리 잡고 있으며, 모두

가 선호하는 대학에 가기 위해서는 경쟁에서 살아남아야 하기 때문에 사교육 의존도 가 높아지고 있는 것이다. 원래 사교육의 취지는 학습을 보완하는 역할을 해야 하는 데, 그것을 넘어 선행학습을 하는 것이 문제이다. 이러한 사교육의 문제는 대학 입시 제도와 매우 밀접한 관련이 있어 왔다. 우리나라의 대학 입시제도는 광복 이후 지속 적으로 크고 작은 변천과정을 거쳤다. 입시제도의 변천은 수월성과 형평성의 싸움이 다. 능력을 어떻게 변별력 있게 평가할 수 있는가와 누구나 열심히 하면 좋은 평가를 받을 수 있어야 한다. 그런데 현재의 입시제도는 사교육을 많이 받은 사람에게 유리 하게 됨에 따라 형평성에 있어 논란이 있다.

활동하기 2 **공교육 정상화를 위한 학생과 교사의 인권**

☞ 30~40여 년 전만 해도 교육현장에서 학생을 대상으로 교사의 심각한 체벌, 폭언 등 많은 사건 · 사고가 있어 왔으나 학생의 인권을 보호할 수 있는 법이나 제도가 충분하지 않았다. 이에 정치인을 포함한 교육관계자들은 학생 인권을 향상시키기 위한 법을 정비하고 실천함에 따라 학생의 인권침 해사례는 지속적으로 감소하였다. 반면, 교권을 보호하기 위한 조치는 미비함에 따라 학부모 교권 침해사례는 증가하였다. 그 이유는 학교현장에서 교사들이 생활지도를 할 때 할 수 있는 제도적 근 거가 부족하였기 때문이다. 이에 서이초 교사 사망 사건을 시작으로 교권을 보호하기 위한 법 개정 을 촉구하기 위해 '공교육 멈춤의 날'을 지정하는 사태까지 발생하였다.

1) 학교교육에서는 학생 및 교사의 인권이 조화롭게 존중되고 제도적으로 충분히 보호받고 있다고 생각하는가?

2) 교육부는 학교에서의 교사의 생활지도를 안내하기 위해 '교원의 학생 생활지도에 관한 고시 해 설서'를 학교현장에 배포하였다. 생활지도 관련 구체적인 사례를 다음과 같이 제시하였는데 이 러한 조치는 학생의 인권을 보호하면서 교사의 교육권을 보호하는 조치라고 생각하는가?

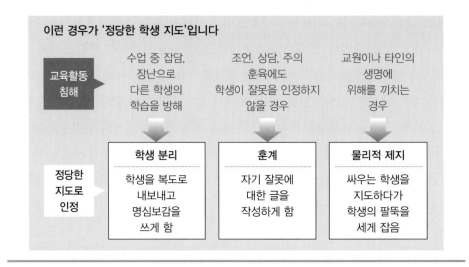

3. 대안교육의 기회와 한계

1) 대안교육

대안교육이란 공교육 제도의 한계를 인식하고 그것을 넘어서는 대안적 교육을 모색하는 시도를 말한다. 대안은 어떤 것을 대신하는 안(案)으로, 대안교육은 "현재의 공교육 체제에서 보편화되어 있는 교육이념·내용·방법·평가·학교운영 등에 대한 개별적 또는 전체적 비판의 관점에서 새롭고 다른 시도를 추구하는 교육활동"을 의미한다. 대안교육의 특징으로는 학습자 중심의 교육을 들 수 있다. 어떤 제도나 교사의 의도보다는 학습자 개인의 특징과 요구를 매우 중요하게 생각한다. 그리고 기존학교에서는 경쟁, 효율, 물질적 풍요로움 등을 지향한다면, 대안교육에서는 그로 인해 발생하는 교육문제에 대한 대안으로서 관계, 공동체, 자연 등과 같은 가치에 중점을 두고 있다.

서구에서의 대안교육은 근대 공교육의 등장 이후 러시아의 야스나야뽈라냐학교, 독일의 발도르프학교, 영국의 섬머힐학교 등을 통해서 근대학교 제도에 대한 비판적인 대안교육운동으로서 시작되었다. 국내의 경우에는 1990년대부터 다양한 형태의 대안교육이 이루어져 왔으며, 1997년 「초·중등 교육법」의 '특성화학교' 조항이 신설됨에 따라 공교육제도 안에서 본격적으로 대안교육이 발전하게 되었다. 1998년부터 영산성지고등학교, 간디학교를 비롯한 6개의 특성화학교가 인가학교로 시작하였으며, 현재는 인가형 대안학교, 비인가 대안학교, 위탁형 대안학교, 공교육 제도 안에서 이루어지는 대안교실이 있다.

대안학교는 학교마다 교육 목적과 특색이 다르지만, 대체로 자연 친화적이고 공동체적인 삶의 전수를 목표로 학습자중심의 비정형적 교육과정과 다양한 교수방식을 추구하는 것을 특징으로 한다. 대안학교는 정상적으로 학교생활을 하기 어려워하는 학생, 학업을 중단한 학생, 개인 특성에 맞는 교육을 받기 원하는 학생 등을 대상으로 체험학습, 적성교육, 진로지도 등 다양한 대안적 교육내용을 제공하기 위해 설립된 학교이다. 대안학교는 인가형 대안학교, 비인가형 대안학교, 위탁형 대안학교로 구분되는데, 인가형 대안학교와 위탁형 대안학교는 일반 학교와 같이 학력을 인정받으나 비인가형 대안학교는 학력을 인정받지 못한다. 인가형 대안학교는 학제에 따라 초등학교, 중학교, 고등학교 과정으로 구분하면서 50%는 일반공통교육과정에서 운영하고 50%는 학교의 특성을 살린 교육과정을 운영한다. 위탁형 대안학교는 공교육 학교로부터 학생들을 위탁받아 교육하는 기관으로써 원적교에서 여러 가지 사유로 학교생활에 어려움을 겪고 있는 학생들의 어려움을 해소하면서 자신의 꿈과 진로를 찾을 수 있도록 돕기 위해 대안교과 또는 창의적 체험활동으로 교육내용으로 구성된다. 반면, 비인가형 대안학교는 교육부의 간섭이 없어 자유로운 교육과정을 운영하며 학교별로 농업교육, 예술교육 등 다양한 교육철학을 가지고 운영하고 있다. 다만, 학력이 인정되지 않아 졸업 후 학생들이 학력을 인정받기 위해서는 검정고시를 통과해야 한다. 교육부 홈페이지에서 제공하고 있는 대안학교 현황을 보면, 2023년 대안학교(각종 학교)의 수는 51개교이고 공립 22개교, 사립 29개교가 있다. 비인가 대안학교는 300개교 정도 있는 것으로 추산된다.

다음으로는 공교육제도 안에서 이루어지는 대안교실이 있다. 학교 내 대안교실은 일반 교육과정에 부적응하여 공부에 뜻이 없는 학생들의 흥미와 적성에 따라 새로운 교육활동을 제공하는 학교 내 별도 교실을 의미한다. 대안교실은 2013년 2학기 10개교의 시범학교로 출발하여 전국적으로 확대 운영되고 있다. 대안교실에 참여하는 학생들은 학습부진, 무기력, 왕따, 가정폭력, 이혼가정, 학교폭력, 대인관계 부적응 등에서 하나 이상의 문제를 가지고 있다. 대안교실은 이러한 학생들이 학업을 중단하여 사회에 나갈 경우 다양한 사회적 문제와 연루될 가능성이 크므로, 최대한 학교 내에서 그들의 요구에 맞는 다양한 프로그램 운영을 통해 학업중단을 방지하고 사회 진출을 위한 준비를 시키고자 하는 데 목적이 있다.[3] 이러한 목적을 효과적으로 달성하기 위해서는 대안교실 담당자 간 협의회를 통해 원활한 정보 공유가 이루어지고 지역사회의 인력풀을 충분히 활용할 수 있어야 하며, 참여 학생 대상 학부모 상담이나 부모교육을 강화하는 활동이 부가적으로 함께 이루어져야 한다.

기존의 공교육제도가 가지고 있는 한계와 교육의 문제를 해결하기 위한 목적으로 대안교육이 시작되었으나, 초창기 입학생 대부분이 학교 부적응자들이다 보니 대안교육에 대한 일반 국민의 인식이 편협한 것도 사실이다. 지금도 물론 대안학교 재학생 중 상당수가 학교 부적응자들이기는 하지만, 이렇게 제도에 부적응한 학생들을 잘못된 사람이라고 보는 시각은 바뀌어야 한다. 사회가 다변화하고 있는 현대사회에서는 인재를 양성하는 교육기관이 획일적인 틀로 구성되는 것보다는 많은 사람의 요구에 부합할 수 있는 다양한 형태의 대안교육이 이루어질 필요가 있다. 최근에는 추구하는 이념과 특성이 명확한 대안학교들이 생기면서 학교 부적응 학생뿐만 아니라 자신이 희망하는 교육을 받거나 체험학습 위주의 교육을 받고 싶어 하는 학생들의 입학이 증가하고 있다. 학부모들도 자신의 자녀들을 입시에 찌든 수동적인 성인으로 키우기보다 자신의 일을 스스로 선택하고 책임질 수 있는 자율적인 성인으로 성장할 수 있도록 돕기 위해 자발적으로 대안학교를 선택하는 비율이 높아지고 있다.

---

3) 학업을 중단하여 학교 밖으로 나가는 청소년을 줄이기 위해 학생이 자퇴원서를 제출하면 바로 승인하는 것이 아니라 2주 이상의 숙려기간을 두고 학업중단에 대해 신중하게 생각하고 결정하는 '학업중단 숙려제'를 실시하고 있다.

　이상적인 측면에서 공교육이 가지고 있는 문제를 해결하면서 학생들의 요구에 부합하는 대안학교에서의 적극적인 대안교육이 이루어지기 위해서는 해결해야 할 문제들이 있다. 가장 큰 문제로, 대안학교 졸업생들의 학력 인정 여부이다. 인가된 대안학교를 제외한 비인가 대안학교의 경우에는 학력을 인정받을 수 없는데, 학력을 인정받을 수 있는 제도적 장치 마련이 시급하다. 학력을 인정받지 못하는 비인가 대안학교의 경우에는 학생 모집, 교사 수급, 예산 확보 등 다양한 측면에서 많은 문제를 안고 있다. 그리고 대안학교는 학교별 추구하는 가치와 교육목적에 부합하는 자체 교육과정을 개발해야 하는데, 전문가의 도움 없이는 어려운 측면이 있다. 학부모의 입장에서는 일반 학교보다 학비가 많이 소요되어 경제적 부담이 크고, 학생의 경우에는 졸업 후 상급학교로 진학하거나 사회에 진출할 때 제도 내 적응력이 부족하다는 문제를 극복해야 한다.

2) 홈스쿨링

　홈스쿨링(Home Schooling)은 대안교육과 함께 지난 20여 년간 우리 주변에서 이루어지고 있는 교육의 한 형태이다. 공교육제도인 학교에 자녀를 보내는 대신 자녀의 적성과 특성에 맞추어 가정에서 교육을 하는 재택교육을 의미한다. 미국, 영국, 핀란드 등에서는 부모가 아이들의 교육방법에 대해 선택할 권리를 인정함으로써 홈스쿨링을 법적으로 보호하고 있어 미국은 전체 학령인구의 6%에 해당하는 310만 명이 홈스쿨링으로 교육을 받고 있다. 아시아의 경우에도 인도, 필리핀, 태국, 인도네시아 등에서 합법화되었으며 아프리카의 일부 국가도 합법화되었으나 한국은 아직 합법화되지 않고 있다. 우리나라와 같이 홈스쿨링이 합법적이지 않은 경우에는 초중등학교가 의무교육이기 때문에 자녀를 학교에 보내지 않으면 문제가 된다. 따라서 초등학교의 경우에는 입학통지서를 받은 이후 입학 유예 신청과 갱신을 반복하고, 중학교의 경우에는 유예 신청을 하고 수업일수 중 1/3 결석하게 되면 정원 외 관리자로 분류되어 검정고시에 응시하는 방법으로 홈스쿨링이 이루어지고 있다. 고등학교 과정의 경우에는 의무교육이 아니므로 자퇴하고 검정고시를 보면 된다.

홈스쿨링을 선택하는 부모와 자녀의 동기는 다양하다. 미국의 경우 홈스쿨링을 선택하는 이유는 학교환경에 대한 걱정, 도덕교육, 학교교육에 대한 불만족 등으로 다양하나 팬데믹 기간에는 안전을 위해 선택한 사례가 50% 이상이었다. 우리나라의 경우에는 기존 공교육제도에 대한 불신으로, 아이의 적성에 맞는 교육을 하고 싶어서, 아이의 학교 부적응 문제로, 학교를 다니면서 학습하게 되는 나쁜 요인(게임, 화장, 왕따 등)으로부터 아이를 보호하기 위해서 등의 이유로 홈스쿨링을 선택한다. 홈스쿨링의 장단점을 살펴보면 다음과 같다. 홈스쿨링의 장점으로는 아이의 적성과 학습능력에 부합하는 교육을 할 수 있다. 인지, 신체, 예체능 학습에 있어서 아이의 능력에 맞게 빠르거나 느리게 부모가 속도를 조절하면서 할 수 있다. 특히, 특정분야에 재능이 있는 학생의 경우에는 일반교육에 투자하는 시간을 줄이고 아이의 재능에 집중하여 교육을 할 수 있다. K-POP 스타 악동뮤지션이 홈스쿨링을 했다는 사실이 이슈가 되기도 했고 실제로 예술이나 과학 분야에 재능이 있는 아이들의 홈스쿨링 사례가 많다. 그 이유는 그 아이의 재능에 집중하여 교육을 할 수 있다는 장점 때문이다. 그리고 홈스쿨링은 시간을 자유롭게 활용할 수 있어 평일 낮 시간에 박물관, 미술관, 도서관 등 학교 밖 교육시설을 다양하게 활용할 수 있고, 다양한 경험을 통해 아이에게 세상을 보는 안목을 넓히고 창의성을 함양할 수 있는 기회를 많이 제공할 수 있다는 장점이 있다. 특히 또래아이들과 경쟁에서 벗어날 수 있고 상업적 유행이나 나쁜 습관 등의 안 좋은 영향을 차단할 수 있다.

하지만 이와 같은 홈스쿨링의 장점과 함께 반대의 의견이 제안되기도 한다. 가정에서 교육이 이루어지기 때문에 가장 큰 문제로 아이들의 사회성 발달이 어려워 추후 사회 적응력이 떨어질 수 있다는 것이다. 그러나 실제 사회성은 홈스쿨링의 여부와 상관없이 개인적 성향으로 보는 경우가 많다. 실제 홈스쿨링을 한 아이들이 오히려 친구로 생각하는 범위가 넓고 사회적 관계 맺기를 더 잘하는 경우도 보고되고 있다. 그러나 현실적으로 홈스쿨링은 부모의 교육능력에 영향을 받기 때문에 읽기, 쓰기, 계산하기 이상의 전문적 교육을 받는 것에 한계가 있어 외부 전문가의 도움을 받아야 하는 면이 있고, 이러한 점에서 부모가 시간적 · 경제적 여유가 있어야 어느 정도 적용이 가능한 교육 형태라고 볼 수 있다.

그리고 홈스쿨링이 가지고 있는 사회적 문제로는 부모의 교육에 대한 신념을 빌미로 아이가 정상적인 교육을 받을 수 있는 권리를 제약하거나, 일부 학부모들은 아동학대 또는 방치하는 등의 문제가 발생하기도 한다는 점이 있다. 보다 구체적으로 부모에 의해 학대받고 있는 아이들이 홈스쿨링을 한다는 이유로 관리 사각지대에 놓여 보호받지 못하는 경우가 발생하고 있다. 이에 따라 홈스쿨링을 합법화함으로써 부모와 아이들에게 학교교육을 선택할 수 있도록 하고 홈스쿨링을 선택한 부모와 아이들도 사회의 보호 아래 관리될 수 있도록 해야 한다. 홈스쿨링이 제도적으로 잘 정착된 미국의 사례를 보면 주정부가 홈스쿨링을 관리하고 지원하는 체계를 갖추고 있다. 홈스쿨러(home-schooler)는 매달 활동내역 보고서를 제출하고 홈스쿨러들의 사회성 함양을 위해 인근 학교와 연계하여 사회체험활동의 기회를 주기적으로 제공하며 박물관 등에서도 홈스쿨러 데이(home-schooler day)를 만들어 가정에서 접하기 어려운 교육콘텐츠를 개발하여 제공하고 있다. 따라서 홈스쿨링이 하나의 교육과정으로 인정받기 위해서는 무엇보다 공식적인 교육의 형태로 인정하려는 노력이 정부차원에서 이루어져야 한다.

활동하기 3 **우리가 설계한 희망의 고등학교**

☞ 여러분은 현재 공교육제도 속에 운영되고 있는 고등학교가 가지고 있는 문제를 해결할 수 있는 새로운 유형의 고등학교를 설립하고자 하는 강한 의지가 있는 교육개혁가이다. 팀원들과 논의하여 여러분이 희망하는 학교를 설계해 보고, 다른 학생들에게 여러분이 설계한 교육 프로그램이 얼마나 유익한지 설명해 보시오.

1) 학교이름
2) 교육목적
3) 특징
4) 교육환경과 일과표

제9장

교육평가의 목적과 유형

학습목표

1. 교육평가의 목적에 대해 설명할 수 있다.

2. 교육평가의 유형에 대해 이해하고 대학교육에 적합한 평가방법에 대한 자신의 의견
   을 주장할 수 있다.

3. 한국의 입시제도에 대한 이해를 바탕으로 건설적인 입시평가방법에 대해 제안할 수
   있다.

1. 교육평가의 의미와 목적

인간에게 있어 평가는 삶을 살아가는 과정에서 피할 수 없는 활동 중 하나이다. 우리는 다른 사람들로부터 평가를 받기도 하고 누군가를 평가하기도 한다. '평가'와 관련된 경험을 떠올려 보면 긍정적이고 유쾌한 감정보다는 긴장되고 거북한 느낌이 연상되는 경우가 많다. 학창 시절 수없이 경험했던 수행평가를 비롯한 시험, 입시, 취업 시험 등과 관련된 평가경험이 우리에게 유쾌하지 못한 경험으로 기억되기 때문일 것이다. 평가는 다른 사람과 우열을 가려 결정된 순위에 대한 정보를 바탕으로 특정 대상을 선발하려는 목적만 가지고 수행되는 것은 아니지만, 현재 우리나라의 교육에서는 이러한 기능에만 다소 치우친 현상이 강조되고 있다.

평가(評價)의 사전적 의미는 "사물 또는 속성에 대한 가치를 판단하는 일"이다. 평가를 의미하는 영어 'evaluation'도 '가치'를 의미하는 'value'를 내포하고 있으며, 이는 라틴어 'exvalere'에서 유래한 말로 가치의 유무를 판단하는 행위를 말한다. 평가는 일정한 준거를 기준으로 사물이나 속성의 가치를 판단하는 일이다. 평가는 반드시 사람 사이에서만 이루어지는 활동은 아니고 사람과 사람을 둘러싼 환경 또는 사물에 대해서도 평가를 한다. 교육과 관련하여 우리 사회에서 이루어지고 있는 평가의 유형은 다양하다. 일반적으로 평가라 하면 학교에서 교사가 학생들의 성장과 발달 정도를 평가하는 활동인 '학생평가'만을 생각할 가능성이 높으나, 이외에도 학교에는 다양한 평가대상이 있다. 예를 들면, 학교에서 이루어지는 교육활동과 관련하여 학생, 동료교사, 교장/교감, 학부모가 교사를 평가하는 '교원평가', 한 교사가 다른 교사를 평가하는 '동료평가', 교육청이 학교의 교육상황을 평가하는 '학교평가'와 교육부가 교육청을 평가하는 '기관평가' 등이 있다.

교육평가는 교육목적의 달성도를 평가하는 과정으로, 교육활동의 효과성과 효율성을 미리 설정한 준거에 의해 평가하여 그 결과에 대한 가치를 판별하는 체계적인 과정을 의미한다. 평가결과를 통해 학생들의 교육목표 달성 수준을 파악함과 동시에 교육목표의 적절성, 학습내용 선정의 타당성, 교수학습방법의 효용성 등을 평가하는 것을 포함한다. 우리는 일상생활에서 "수린이는 수학을 잘한다." 또는 "시우는 야구를 잘한다."라는 말을 흔하게 사용한다. 두 표현은 인간 행위에 대한 평가정보라는 공통점이 있지만, 그 말에 내포하고 있는 교육적 가치는 다르다. 일반적으로 수학을 잘한다는 것은 '수학시험에서 높은 성적을 얻는다.'는 것을 의미하나, 야구를 잘한다는 것은 '공을 빠르게 던진다.' '수비를 잘한다.' '공을 잘 친다.' '공을 던지고 받는 폼이 멋있다.' 등 다양한 관점에서 생각해 볼 수 있다. 전자의 경우에는 수학성적에 대한 상대적 위치 정보를 주기 때문에 "더 열심히 해야 한다." 또는 "잘했다."라는 평가밖에 할 수 없다. 반면, 야구에 대해서는 무엇을 잘하고 못하는지에 대한 정보를 얻을 수 있어 못하는 부분에 대해서 보다 더 연습하고 잘하는 부분은 심화시키는 학습을 유도할 수 있는데, 이러한 관점이 교육평가의 본질적인 기능을 수행하는 것이라 볼 수 있다.

교육평가 본연의 목적은 다음과 같다.

첫째, 교육평가의 정의에서도 확인할 수 있듯이 학생들의 학업성취도를 확인하기 위함이다. 교육은 인간 행동의 계획적 변화를 추구하는 목적 지향적 활동으로, 학습자가 목표를 어느 정도 달성했는지는 학업성취도를 평가함으로써 확인 가능하다. 교육평가는 학습자들에게 교육을 제공하고, 미리 설정한 교육목표를 학습자들이 어느 정도 달성했는지를 측정함으로써 교육의 성과를 확인하고, 그 결과에 기초하여 교육의 내용과 방법을 개선한다.

둘째, 교육평가를 수행하는 것은 일정 기준에 의해 학습자들을 분류하고 선발하기 위함이다. 좁은 의미로는 학습자들의 학습활동에 대해 평가하고 점수를 매기거나 서열화하는 활동을 의미하고, 넓은 의미로는 상급학교로의 진학이나 취업 여부를 결정하기 위한 목적으로 하는 활동을 의미한다. 특정 학교나 기업에 입학 또는 입사하고자 하는 사람들이 많을 때 학교나 기업은 자신의 조직에 적합한 인재를 선발해서 입학 및 입사의 기회를 제공하는데, 이때 교육평가결과 자료를 활용한다.

셋째, 교육평가는 학습자들의 학습 전 과정에 있어 어려운 점을 진단하기 위해 수행한다. 한 단원의 학습이 이루어진 후 그 단원에서 다룬 내용을 학습자들이 잘 이해했는지 확인하기 위해 평가를 해 보면, 어떤 내용에 대한 이해도가 낮은지 학생 개개인의 측면과 학생 전체의 측면에서 확인해 볼 수 있다. 또한 학습곤란의 원인이 학습내용과 방법에 있는지, 선행학습의 부족 때문인지, 심리·정서적인 문제가 있는지 등에 대해 파악이 되면 보다 적합하게 수업을 개선하는 데 도움이 된다.

넷째, 교육평가는 교육 프로그램의 교육적 효과를 확인하고 개선하기 위해 수행한다. 교육 프로그램은 특정 학습목표 달성을 위해 새로 개발한 작은 단위의 프로그램뿐만 아니라 초·중·고등학교 교육과정, 수업 계열과 절차, 수업자료, 학급조직 등과 같이 장기적이고 넓은 단위가 포함된 개념이다. 시간적으로는 1시간 동안 운영되는 교육 프로그램에서 3~4년 동안 운영되는 교육 프로그램을 포함하고, 규모적으로는 특정 학급에서 이루어지는 교육 프로그램에서 시도교육청 산하에서 이루어지는 교육 프로그램까지 다양하다. 교육 프로그램을 통해 교육받은 학습자를 대상으로 학업성취도평가를 수행하는 이유는 교육 프로그램의 질을 평가하고 프로그램의 질적 개선을 도모하기 위함이다.

다섯째, 교육평가는 교육정책을 수립하기 위한 기초 자료를 수집하기 위해 수행한다. 교육평가는 교육의 제반 문제를 이해하고 올바른 교육정책을 수립하는 데 도움을 줄 수 있는 자료를 제공한다. 예를 들어, 전국 규모의 평가연구나 OECD 주관의 PISA와 같은 국제 학력비교 연구결과는 우리나라 국민이 꼭 습득해야 하는 기본 능력에 대한 상대적 수준을 이해하고 부족한 능력에 대한 교육정책을 수립하는 데 중요한 자료를 제공한다.

교육평가와 관련하여 2022 개정 교육과정 총론에서는 "평가는 학생 개개인의 교육목표 도달 정도를 확인하고, 학습의 부족한 부분을 보충하며, 교수·학습의 질을 개선"하는 데 주안점을 둘 것을 권고하고 있다. 이를 위해 성취기준에 근거하여 교수·학습과 평가활동이 일관성이 있어야 하며 교과목의 성격과 학습자의 특성을 고려하여 적합한 평가방법을 활용해야 함을 제시하고 있다.

활동하기 1 **사법고시 vs. 법률전문대학원**

☞ 우리나라의 자격제도는 자격을 부여하는 직무의 특성상 다양한 방식으로 운영되고 있다. 정보처리기사, 부동산중개사 등 시험을 통해 그 결과가 조건을 만족할 때 부여하는 시험검정, 교원자격과 같이 법적으로 정해진 일정한 교원양성과정을 이수하면 자격을 인정해 주는 무시험검정, 의사 또는 간호사와 같이 정해진 교육기관에서의 교육과정을 이수한 사람에게만 주어지는 시험을 보고 일정 수준 이상의 결과를 받은 사람에게만 제공되는 특정교육이수기반 시험검정 등이 있다. 이와 관련하여 법조인들은 사법고시라는 시험검정을 통해 자격이 부여되었으나 2017년에 사법고시가 폐지되고 이후 법률전문대학원(로스쿨)을 이수 후 변호사 시험에 합격하면 자격이 주어지는 방식으로 변경되었다. 사법고시가 폐지된 지금도 사법고시를 부활해야 한다는 주장이 끊이지 않고 있다. 사법고시와 로스쿨 제도를 다음의 두 가지 관점에서 생각해 보고 어떤 제도가 우리나라의 현실에 더 적합한지 선택하고 그 근거를 제시하시오.

1) 선발의 공정성 측면에서 적합한 제도
2) 법조인의 전문성 함양 측면에서 적합한 제도
3) 우리나라 현실에 적합한 제도

---

2. 교육평가의 유형

교육평가의 유형은 기준에 따라 여러 가지 유형으로 구분할 수 있다. 평가기준의 유형에 따라서 임의평가, 상대평가, 절대평가 방법이 있고, 평가기능에 따라서는 진단평가, 형성평가, 총괄평가가 있다.

1) 평가기준에 따른 분류

교육평가의 유형은 평가기준에 따라 임의평가, 상대평가, 절대평가의 방법으로 구분하지만, 여기서는 교육현장에서 활용빈도가 높은 상대평가와 절대평가에 대해서 살펴보겠다.

상대평가는 규준지향평가(norm-referenced evaluation)로, 개인의 학업성과를 다른 학생의 성적과 비교하여 집단 내에서의 상대적 위치로 평가하는 방법을 의미한다. 학생이 평가에 참여하여 얻은 점수나 측정치를 사전에 설정한 규준(norm)에 비추어 상대적인 서열을 결정하는 평가방법이다. 규준은 집단 내 개인의 상호 비교를 목적으로 원점수의 상대적 위치를 설명해 주는 규칙이나 기능을 의미한다. 예를 들어, 대학에서 상대평가를 위해 사전에 설정한 평점 배당 비율이 규준에 해당된다. 현재 대학에서는 상대평가방법을 적용할 때 A등급 30%, B등급 40%, C 이하 등급 30%로 사전에 결정해 놓는데, 이 비율이 규준이고 이에 따라 학생들의 성적이 어느 등급에 해당하는지를 평가한다.

교육목적에 도달할 수 있는 사람은 다수 중 일부나 소수에 불과하므로 학생들의 능력을 최대한 변별하여 각자의 능력에 맞는 수준의 교육을 제공해야 한다고 보는 선발적 교육관에 근거한 평가방법이 상대평가방법이다. 상대평가의 장점은 학급 또는 학교 내에서의 학생들의 상대적 위치를 확인하는 데 있어 교사의 주관적 편견이 개입될 가능성이 낮아 공정한 평가방법이라고 볼 수 있다. 하지만 학생들의 교육목표 달성과 관련한 진정한 의미의 학습효과는 확인하기 어려워 교육 프로그램에 대한 실질적 개선 자료를 제공해 주지는 못한다는 한계가 있다. 뿐만 아니라 학생 간 경쟁의식을 조장함으로써 학생의 정신 건강에 부정적인 영향을 미칠 수 있다. 또한 집단마다 학생들의 성취도에 편차가 클 경우 집단 간 비교가 어렵다. 예를 들어, A고등학교에서의 내신등급이 3등급인 학생과 B고등학교에서 3등급인 학생의 학업성취수준이 동일하다고 평가하기가 어렵다.

절대평가는 준거지향평가(criterion-referenced evaluation)로, 학생의 학업성취도를 주어진 학습목표의 달성 정도에 따라 절대적으로 평가하는 방법이다. 준거(criterion)는 학습자가 어떤 일을 수행할 수 있다고 확신하는 지식 혹은 기술의 수준을 의미하는 것으로, 수업에서의 준거는 학습목표를 의미한다. 즉, 절대평가는 학습목표를 기준으로 학생들이 그 학습목표를 얼마나 달성했는가를 측정하는 평가방법으로서, 상대적 서열에는 관심이 없고 학습성과의 절대적 수준이 어느 정도인지에 관심이 있다. 대학에서 학생들은 특정 수업을 절대평가방법으로 하는 것을 선호하는데, 이는 절대평가방법이 상대평가방법보다 학점을 더 잘 받을 수 있다고 오해하기 때문이다. 그러나 개념적으로 반드시 그런 것은 아니며, 오히려 상대평가방법에서는 상위 30%가 반드시 A등급을 받게 되지만 절대평가방법을 적용할 때는 A등급을 받는 학생이 1명도 없을 수 있다.

절대평가방법은 적절한 교육방법만 적용된다면 누구나 학습목표를 달성할 수 있다는 발달적 교육관에 근거한 평가방법이다. 절대평가방법은 교육의 목표 달성도와 발전도를 확인할 수 있고 교육개선에 기여할 수 있는 평가방법이다. 또한 학생의 도전 상대가 다른 학생이 아니라 지적 탁월성인 절대기준이기 때문에 학생들의 지속적 성장을 촉진할 수 있다. 반면, 절대평가방법은 절대기준의 설정이 어렵고 교수자마다 동일 내용에 대해서도 절대적이라고 판단하는 기준이 상이할 가능성이 있다. 이에 따라 많은 사람 중에서 특정 수의 인재를 선발하기 위한 상황에서는 적용하는 데 한계가 있다. 예를 들어, 서울대학교 로스쿨은 학생들의 과도한 학점경쟁으로 인해 학생들의 개인주의적 성향이 강해지고 학습분위기가 개별화되는 현상을 막고자 일부 교과목에 한하여 절대평가방법을 도입하였으나, 향후 채용에 있어 객관적인 평가 자료로 활용하는 데 한계가 있다는 문제가 제기되었다. 기존의 절대평가방법은 성취도를 기본조건을 충족하면 S(Satisfactory), 그렇지 않으면 U(Unsatisfactory)로 평가하는 방식이었다. 그런데 기존 절대평가방법의 문제를 개선하고자 현재는 S⁺ 학점을 추가하여 S⁺, S, U의 세 단계로 세분화함으로써 기존의 절대평가방법에 상대평가의 장점을 더한 평가방법을 도입하고 있다. S⁺학점은 전체 수강인원의 15% 미만에 해당하는 인원까지 부여할 수 있다.

대학에서는 왜 상대평가방법을 적용하는 것인가

수업을 마무리하고 학점 정정기간이 되면 학생들은 때때로 특정 수업의 교수님에게 최종적으로 받은 학점과 관련하여 문의 이메일을 보내거나 면담을 요청한다. 요청의 사유는 다음 학기 학습에 참고하고자 한다면서 자신이 어떤 점에서 부족한지에 대해 구체적으로 알고 싶다는 내용이 대다수이다. 학생들은 자신의 학점에 만족하지 못했기 때문에 이런 내용의 이메일을 보냈을 것이다. 학생들이 이런 생각을 하는 이유는 대학에서 상대평가방법을 적용하고 있는 것에서 기인하기도 한다. 각 교과목의 학습목표를 달성했다고 하더라도 자신보다 시험이나 과제에서 더 높은 점수를 받은 학생이 많으면 좋은 성적을 받기 어렵기 때문이다.

그렇다면 대학에 왜 상대평가가 적용되기 시작했을까? 1981년 지금의 교육부에 해당하는 문교부는 '졸업정원제'를 실시하였다. 이것은 입학 인원을 정원보다 훨씬 많이 선발한 뒤 학년이 올라갈 때마다 하위 성적에 해당하는 학생들을 탈락시키는 제도이다. 이는 당시 사회 문제로 대두되었던 재수생의 수를 줄이기 위한 방법이었다. 문교부는 대학이 효율적이고 합리적인 탈락제도를 마련할 수 있도록 상대평가방식을 채택하도록 지침을 내렸다. 사실 그때까지 대학은 1학년 기초 과목을 제외한 대부분의 교과목에서 절대평가방법을 적용하였다. 이에 1982년 서울대학교를 시작으로 전국의 대학들은 상대평가방법을 전 학년에 확대 적용하기 시작하였다. 그러나 대학과 학생들의 반발로 1984년 졸업정원제는 사라졌고, 평가도 교수의 재량으로 결정하게 되었다. 이후 1997년 IMF 시절 졸업생들의 취업이 어려워지자 교수들이 학생들에게 학점을 후하게 주는 학점인플레이션 현상이 나타났다. 대학별 졸업생들의 평균학점을 살펴보더라도 1997년 이후 평균 학점이 상당 수준 향상된 것으로 확인된다. 이에 사회적으로 대학에서 획득한 학점을 신뢰할 수 없다는 비판이 많아져서 교육부는 A는 30%, B까지 포함해서 70%를 유지해야 한다는 지침을 내렸다. 물론 지난 2015년 이 지침이 삭제되기는 했으나, 대학을 평가하는 여러 항목 중 학점 관리의 엄정성 측면에서 여전히 교육부는 대학에서 이루어지는 평가방법에 대해 관여하고 있다.

상대평가는 선발을 목적으로 할 때 빛을 발하는 평가방법인데 대학교육에서 상대평가를 전면 도입하다 보니 대학의 공부 문화조차 경쟁적으로 바뀌게 되었고, 이에 일부 대학에서는 절대평가방법을 도입하기 시작하였다. 예를 들어, 연세대학교 의과대학은 지식의 습득 평가는 Pass와 Non Pass로만 평가하는 절대평가방법을 도입하였다. 도입결과 의사국시 합격률이 평균 이상이었고 학생들의 연구역량도 획기적으로 개선되었다고 한다. 또한 고려대학교는 2015학년도 2학기부터 절대평가방법을 도입하였고 일부 교과목에 한하여 상대평가를 허용하고 있다. 지난 코로나19 사태로 온라인 비대면 수업이 늘면서 학점논란을 해소하기 위해 대부분의 대학에서 절대평가방법을 적용하였다. 그 결과, 2021학년도 2학기 기준으로 봤을 때 전체 전공과목의 평점이 A+에 해당하는 학생이 30% 이상으로 나타나 학점인플레이션에 대한 우려의 목소리가 다시 커졌다. 뿐만 아니라, 교수들도 절대평가방법적용으로 학생들이 예전처럼 공부를 열심히 하지 않는다는 불만을 제기하였다. 학생들도 교수님마다 절대평가기준이 상이하여 어떤 분은 전체 학생을 모두 A+을 주는 반면, 어떤 교수님은 학습목표를 100% 달성한 학생이 없다고 하면서 전체 A+을 한 명에게도 주지 않는 분이 있다는 불만을 제기하기도 하였다. 이에 따라 전면 절대평가를 도입했던 많은 대학교가 팬데믹 이후 대부분 상대평가방법으로 변경하여 적용하고 있다.

절대평가방법의 도입은 학생 간 협력적인 면학 분위기를 만들고 자발적 학습동기를 유발할 수 있는 교육적인 평가방법임에는 확실하다. 그러나 학점인플레이션으로 인한 기업의 대학에 대한 불신, 학생의 노력 감소, 절대평가적용에 대한 표준화된 방법 부재 등의 문제가 있다. 또한 등록금 동결로 대학의 재정이 어려운 상황에서 교육부로부터 재정적 지원을 받아야 하는 대학이 교육부에서 권장하고 있는 사항을 무시하기는 어려운 것이 현실이다.

☀ 생각해 보기

1. 여러분이 그동안 수강했던 수업경험을 기반으로 절대평가방법과 상대평가방법에 대한 장점과 단점은 무엇인가?

2. 대학에서 여러분이 선택한 수업을 충실하게 이수하면서 의미 있는 학습을 하기 위해서는 어떤 평가방법이 적합한가?

2) 평가기능에 따른 분류

평가방법은 평가기능 또는 평가시기에 따라 진단평가, 형성평가, 총괄평가로 구분된다. 진단평가(diagnostic evaluation)는 어떤 수업을 시작하기 전에 미리 알고 있어야 하는 지식과 기술을 보유하고 있는지를 확인하기 위해 실시하는 평가를 의미한다. 대표적인 진단평가의 예로는, 학기 초에 전 학년에서 학습한 전체 내용에 대한 기초학력검사 또는 수업 시작 전에 지난 시간에 배운 내용에 대해 교사가 질문하거나 간단한 시험을 보는 것이 해당된다. 진단평가를 통해 교사나 학생은 해당 학습을 진행하는 데 있어 부족한 점이 있는지를 파악하여 학습목표를 수정하거나 교수학습활동 계획을 수립하는 데 반영한다. 또한 반 편성의 기초자료로 활용하기도 한다.

형성평가(formative evaluation)는 수업 중에 학습목표 달성 여부를 확인함으로써 학생들이 학습내용에 대해 얼마나 이해하고 있는지를 파악하여 다음 수업활동에 반영하기 위해 실시하는 평가방법이다. 형성평가는 대체로 수업 중에 이루어지며, 학생들의 학습내용 이해도를 파악할 수 있기 때문에 교수방법을 개선하는 데 도움을 준다. 이처럼 학생의 능력을 평가하는 데 목적이 있는 것이 아니라 교수학습활동을 개선하는 데 목적이 있기 때문에 평가결과가 학생의 성적에 반영되지 않고 수업속도를 늦추거나 학습진도를 변경하는 근거자료로 활용된다. 형성평가의 방법은 쪽지시험, 교사의 질문 또는 관찰 등 다양한 방법으로 이루어질 수 있다.

총괄평가(summative evaluation)는 일정 기간의 학습활동이 끝난 다음에 학생들이 교육목표를 얼마나 달성했는지 확인하기 위해 실시하는 평가이다. 보통 대단원 이상의 학습이 끝났을 때 실시하는 것으로, 중간고사와 기말고사가 이에 해당된다. 총괄평가에서는 시험 범위에 해당되는 학습목표에 대해 고루 평가할 수 있도록 문제를 출제한다. 총괄평가의 결과는 학생들의 성적에 반영하고, 이를 통해 미래 학생들의 성적을 예측하기도 한다. 또한 학습집단의 성취도 비교, 교수학습방법 간의 비교 등 교육의 질을 관리하는 자료로도 활용된다.

3. 평가방법의 종류와 특징

1) 지필평가

지필평가는 학생이 습득한 지식이나 기술을 확인하기 위해 종이와 필기도구를 이용하여 주어진 문항에 응답한 내용을 평가하는 방식이다. 지필평가방법으로 선택형 문항과 서답형 문항이 있다. 학교에서의 시험은 보통 지필평가를 의미하며 대체로 선택형 문항으로 구성되어 있다. 그 이유는 학습한 내용을 기반으로 선택형 문항으로 학생들의 성취도를 평가하는 방법은 효율적이면서도 공정한 측정 결과를 산출할 수 있다는 믿음 때문이다. 그러나 최근에는 21세기 학생들의 핵심역량인 창의력, 문제해결능력, 소통능력 등을 향상시키기 위해 학교에서 서답형 평가의 비율을 확대하고 있다.

선택형 문항으로는 선다형, 진위형, 연결형 문항이 있고 이미 정답이 정해져 있기 때문에 기계적으로 채점이 가능하여 효율적이고 객관적이기 때문에 오랫동안 시험의 전형적인 방법으로 활용되어 왔다. 학습한 내용을 얼마나 많이 그리고 정확하게 알고 있는지를 양적으로 측정하는 방법으로 철저하게 행동주의 학습이론에 근거한 평가방식이다. 선다형 문항은 어떤 정답을 원하는지에 따라 최선답형, 정답형, 다답형, 부정형 등 다양하여 진위형이나 연결형 문항보다는 물어보는 내용에 대해 정확하게 이해하고 있어야 정답을 선택할 수 있다. 여러 개의 선택지 중 최선답형은 '가장 정답에 가까운 답'을 선택하는 것이고 정답형은 '정답'을, 다답형은 '2개 이상의 정답'을, 부정형은 '틀린 것'을 선택하는 문항이다. 이 중 최선답형이 가장 까다로운 문제일 수 있으며 국어교과에서 많이 활용되기도 한다. 채점의 신뢰도와 객관도가 높으면서 문제의 난이도를 쉽게 조절할 수 있는 반면, 좋은 문항개발이 어렵고 신중하고 능력 있는 학생보다는 어설프게 이해하고 있는 학생에게 유리한 문항이다. 진위형 문항은 제시한 진술문의 진위를 'O/X'로 판단하는 문제이다. 연령이 어린 학생에게 적합하며 문제출제가 용이한 반면, 추측의 오차를 통제하기 어려운 문제가 있다. 연결형 문항은 전제와 답지를 연결하는 문항으로 다양한 내용을 한꺼번에 물어볼 수 있는 장점이 있으나 추측요인이 작용할 수 있으므로 전제와 답지의 수를 달리함으로써 문항의 신뢰도를 높일 수 있다.

서답형 문항으로는 피험자가 답변을 만들어야 하는 형태로 완성형, 단답형, 논술형 문항이 해당된다. 완성형 문항은 제시문장에서 일정 단어나 구를 비워 놓고 여기에 적합한 단어 또는 어구를 채워 넣는 방식이다. 문항 제작 및 채점이 용이하고 추측요인을 배제시킬 수 있으나 단순한 개념 또는 사실 습득 여부만을 측정가능하다. 단답형 문항은 질문에 대해 간단한 단어 또는 어구를 채워 넣는 형태로 완성형 문항과 장단점이 유사하다. 논술형 문항은 주어진 질문에 대해 학생의 생각이나 주장을 논리적으로 설득력 있게 조직하여 작성해야 함을 요구하는 형태이다. 학생들의 고등사고능력을 측정가능하며 평가활동을 통해 학생들의 표현력과 논리적·비판적 사고 등의 학습에 도움이 된다. 반면, 평가자의 전문성과 주관성의 경계가 명확하지 않아 공정성의 문제가 늘 제기된다.

2) 수행평가

학교교육과정을 안내하는 포스트모더니즘 철학의 대두는 기존의 객관적·절대적 진리관에서 주관적·상대적 진리관으로 바뀌었으며 이로 인해 인식론도 주관적·상대적 지식을 강조하게 되었다. 그럼에도 불구하고 학교교육은 여전히 학생들의 객관적·절대적 지식 습득을 확인하는 선택형 중심의 지필평가가 지배적이었는데 이는 대량교육시스템 체제하에서 지필평가가 가지고 있는 효율성과 객관성의 우수성을 저버리기 어려웠기 때문이다. 그러나 최근 인공지능 기술의 발달을 통한 사회의 변화는 더 이상 단편적인 지식이나 사실의 암기보다는 비판적 사고에 기반한 창의력과 복잡한 문제해결력이 필요함을 강조하고 있다. 이에 따라 그 어느 때보다 수행평가 방법이 강조되고 있고 이를 통해 학생들의 고등사고능력 및 바른 인성을 함양할 것을 지향하고 있다.

수행평가(performance evaluation)는 학생들이 학습과제를 수행하는 과정이나 결과에 대해 교사가 직접 관찰하고, 그 관찰결과를 토대로 학생의 지식, 기능, 태도 등에 대해 전문적으로 판단하는 평가방법이다. 그렇기 때문에 객관식으로 답을 찾는 평가와는 차별화된 평가방법으로 과제를 제시할 때 채점기준(rubrics)을 함께 제시한다. 지식을 얼마나 암기하고 있느냐가 아니라, 그 지식을 실제로 활용할 수 있는지에 대해 평가하기 위한 방법이다. 학습의 결과를 평가하는 것이 아니라, 수행평가는 과제를 해결하기 위해 학생들이 사고하고 행동하는 과정에 대해 평가하기 때문에 과정평가적인 특징이 있다. 또한 수행평가는 학생들의 경쟁보다는 서로 협력하여 과제를 해결하도록 유도함으로써 협력적 문제해결력과 같은 고차원적인 사고력을 향상시키는 데 효과적이다. 수행평가방법으로는 시험 이외 과제, 발표, 프로젝트, 실험·실습, 포트폴리오 등의 방법이 있으며 지필평가방법 중 논술형 문항도 수행평가로 활용가능하다. 학습자로서 수행평가에서 좋은 결과를 얻기 위해서는 매 수업과정에 적극적으로 참여함으로써 평가방법에 대해 충분히 이해하고 성실하게 학습과정을 제시하고 축적해야 한다. 따라서 해당 교과목에 대한 학습능력뿐만 아니라 시간 관리, 자기 관리 등의 메타인지능력이 요구된다.

읽기자료 2

입시제도에서의 수월성 평가와 형평성: 고교학점제와 수능

우리나라의 대학 입시제도는 광복 이후 지속적으로 크고 작은 변천 과정을 거쳤다. 그동안의 입시제도는 크게 세 유형으로 구분할 수 있다. 1980년 이전은 대학별 본고사 중심 시기로 볼 수 있고, 1981년부터 1995년까지는 대입 학력고사 중심 시기, 1995년 이후는 수능/내신/논술 3각 체제 시기이다. 본고사 중심의 시기에는 주관식 서술형 시험으로 입시 경쟁과 사교육을 유발하였고, 이를 막기 위해 대입 학력고사 중심 시기에는 본고사를 폐지하고 객관식 선다형 시험을 보았으며, 수능/내신/논술 3각 체계의 시기에는 학생들이 자신의 강점에 따라 다양한 제도를 활용하여 대학에 입학할 수 있도록 보완하였다. 입시제도의 변천은 수월성과 형평성의 싸움이다. 능력을 어떻게 변별력 있게 평가할 수 있는가와 누구나 열심히 하면 좋은 평가를 받을 수 있어야 한다는 것이다.

현재의 입시제도 중 대학수학능력시험(일명 수능)은 총괄평가에 해당되며, 학생부종합전형과 입학사정관제도는 학습결과뿐만 아니라 고등학교 3년 동안 어떻게 생활했는지에 대해 종합적으로 평가하기 때문에 수행평가의 일종이라고 볼 수 있다. 지난 문재인 정부는 조국사태로 인해 촉발된 입시 공정성 문제를 해결하기 위해 정시확대를 주장하였고 수도권의 상당수의 대학들이 정시비율을 확대하였다. 이 정책에 대한 여론조사에서도 찬성비율이 높게 나타났다. 얼핏 보면 정시가 보다 공정한 것으로 보이나 대학입시와 관련된 통계자료를 보면 정시나 학종이나 모두 부모의 사회경제적 수준이 높을수록 좋은 성적을 얻게 되는데 그 이유는 양질의 사교육에서 기인한다. 따라서 어떤 입시제도이냐의 문제보다는 사는 지역과 부모의 경제적 수준에 상관없이 대학을 선택하고 입시를 준비하는 데 있어 어떻게 하면 공평한 기회를 제공해 줄 수 있느냐가 중요한 문제이다.

이 시기에 함께 제안된 정책이 고교학점제로 2025년 전국의 고등학교 1학년부터 전면 도입을 위해 준비 중에 있다. 고교학점제는 고등학교 공교육의 정상화를 위해 학생 선택형 교육과정 운영을 통해 학생 맞춤형 교육을 실현함으로써 학습동기를 불러일으키고 학생 스스로 진로를 개척하기 위해 도입되었다. 학생들이 진로 및 적성에 따라 과목을 선택하고 이수기준에 도달한 과목에 대해 학점을 취득 및 누적하여 졸업하는 제도로서 학생마다 차별화된 교육을 받을 수 있는 기회를 제공하기 위함이다. 그러나 이러한 고교학점제는 현재의 수능제도와는 맞지 않는다는 비판이 거세게 이루어지고 있어 교육부를 중심으로 대책마련이 시급하다.

활동하기 2 **대학입시제도**

1. 고교학점제의 도입으로 그동안 고등학교 교육에서 발생했던 문제 중 어떤 것을 해결할 수 있을 것이라 생각하는가? 그에 반해 우려되는 걱정에는 무엇이 있는가?
2. 고교학점제 도입 후 수능제도를 효과적으로 유지하기 위해서는 어떤 정책이 수반되어야 하는가?

제10장
디지털 기술 활용 교육

---

1. 디지털 전환 시대에 발전하고 있는 인공지능을 활용한 학습서비스의 특징을 설명할 수 있다.

2. 나의 디지털 리터러시 수준을 진단하고 부족한 능력을 향상시킬 수 있는 학습계획을 수립하여 실천할 수 있다.

3. 개인 학습 또는 동료와의 협업을 지원하는 다양한 디지털 학습도구를 활용할 수 있다.

1. 디지털 활용 교육의 이해

1) 디지털 전환시대 디지털 활용 교육

디지털 전환시대를 맞이하여 교수자 한 명이 30여 명의 학생을 가르쳐야 하는 환경에서 실현하지 못했던 개인 맞춤형 수업을 에듀테크를 활용하여 실현하기 위한 준비와 노력을 기울이고 있다. 에듀테크란 교육(education)과 기술(technology)의 합성어로 교육에 인공지능을 포함한 기술을 활용하는 서비스를 의미한다. 교육환경에 디지털 기술을 활용하면서 교수학습방법이 변화되고 교수자, 학습자 등의 구성원 간 상호작용 방식이 디지털 기술을 기반으로 변화하는 디지털 전환이 이루어지고 있다.

디지털 활용 교육은 디지털 기술을 교육하고 학습하는 데 활용하는 것을 의미한다. 디지털 활용 교육은 내용으로서의 디지털 교육과 도구로서의 디지털 교육으로 구분할 수 있으며 디지털 이해교육, 개발교육, 활용교육, 윤리교육을 통해 학습자들의 인성, 창의성, 비판적 사고력, 컴퓨팅 사고, 융합역량을 증진시키는 것을 목표로 한다. 내용으로서 디지털 활용 교육은 디지털 SW/HW를 활용할 수 있도록 하는 것이고 도구로서 디지털 활용 교육은 교수학습전략 중 하나로 디지털 기술을 활용하는 것이다.

최근 학습도구로 활용할 수 있는 대표적인 시스템으로는 ChatGPT가 있다. 생성형 AI는 빅데이터를 학습하여 창의적인 산출물을 생성하는 기술로 지속적으로 개발되어 왔으나 2022년 11월말에 출시된 ChatGPT는 그동안 생성형 AI에 대해 인간이 가지고 있었던 편견을 완전히 없애고 유용하게 활용 가능한 기술로 인식되었다. ChatGPT는 기본적으로 프롬프트(Prompt)에 질문(명령어)을 입력하면 질문에 대한 답을 얻을 수 있다. 질문의 종류에 따라 번역, 요약, 문장완성, 문법교정, 아이디어 제공, 이야기 만들기, 글쓰기, 프로그램 코드 작성, 그림 제작 등의 활동에 도움을 받을 수 있다. 성균관대 학생들을 대상으로 ChatGPT 활용에 대한 설문조사를 수행한 결과, 참여학생의 60% 이상이 어려운 개념을 검색하거나, 글을 작성하기 위한 자료조사 그리고 코딩 과

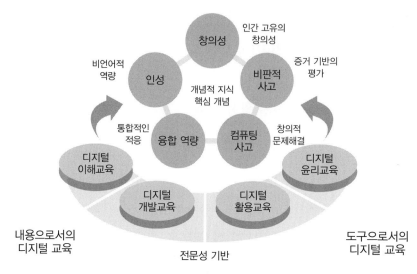

[그림 10-1] 디지털 활용 교육 개념도(박기현 외, 2023)

제를 해결하기 위해 사용하는 것으로 나타났다. 이러한 결과는 대다수의 대학생들이 과제수행 및 학습목적으로 ChatGPT를 활용하고 있음을 알 수 있다.

ChatGPT와 같이 우리가 활용할 수 있는 생성형 AI로는 구글의 bard, 마이크로소프트사의 new Bing이 있고 이미지를 생성해 주는 서비스로는 DALL-E2, Midjourney, Stable Diffusion 등이 있으며 음악생성 서비스로는 Soundraw, AIVA 등이 있다.

ChatGPT를 효과적으로 사용하기 위한 간단한 활용방법은 다음과 같다. 최대한 구체적이고 명확한 질문이 되도록 질문의 범위, 주제, 내용의 양, 원하는 결과물에 대해 명확하게 제시하면 좋다. 예를 들어, "ChatGPT 활용방법을 제시하시오."보다는 "내가 대학생 1학년 컴퓨터 공학 학생인데 ChatGPT를 공부에 활용할 수 있는 방법을 제시하시오."가 보다 원하는 정보를 얻을 가능성이 높다. 뿐만 아니라 ChatGPT에서는 앞에 나눈 대화를 기억하고 맥락에 맞게 답변하므로 단계별로 더 구체화된 질문을 계속해서 할 수 있다. 그러나 생성형 AI를 활용함에 있어 주의할 사항은 2021년까지의 정보를 학습했기 때문에 최신정보에 대해서는 제공받을 수 없으며 데이터를 기반으로 학습한 결과이기 때문에 부정확한 정보를 사실처럼 제공받을 수 있다. 활용의 용

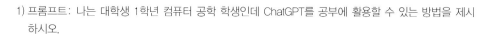

1) 프롬프트: 나는 대학생 1학년 컴퓨터 공학 학생인데 ChatGPT를 공부에 활용할 수 있는 방법을 제시하시오.

대학 1학년 컴퓨터 공학 학생으로서, ChatGPT를 공부에 활용할 수 있는 몇 가지 방법은 다음과 같습니다:

1. **프로그래밍 도움:** 프로그래밍 언어, 알고리즘 또는 코드 디버깅과 관련된 질문에 대답을 얻기 위해 ChatGPT를 활용할 수 있습니다. 코드 예제와 문제 해결 방법을 요청하세요.
2. **컴퓨터 공학 개념 설명:** 어려운 컴퓨터 공학 개념을 이해하는 데 도움을 받을 수 있습니다. ChatGPT에게 개념을 간단하게 설명해달라고 요청하고 이를 자신의 학습에 적용하세요.
3. **프로젝트 아이디어와 설계:** 프로젝트나 과제를 위한 아이디어와 설계를 얻기 위해 ChatGPT와 논의하세요. 새로운 프로젝트를 계획하고 개발할 때 유용할 수 있습니다.
4. **공부 일정 및 시간 관리:** ChatGPT에게 학업 일정을 계획하는 방법과 시간 관리 전략에 대한 조언을 구하세요. 효율적인 학습 및 프로젝트 관리를 위한 도움을 받을 수 있습니다.
5. **논문 및 보고서 작성:** 논문 또는 보고서 작성 시, ChatGPT에게 글의 구조, 논리, 문법, 및 스타일에 대한 조언을 얻기 위해 상세한 질문을 하세요.
6. **컴퓨터 공학 관련 뉴스 및 트렌드:** 최신 컴퓨터 공학 동향 및 연구 주제에 대한 정보를 얻기 위해 ChatGPT에게 관련 질문을 하세요.
7. **컴퓨터 공학 커뮤니티 참여:** 컴퓨터 공학 관련 온라인 커뮤니티에서의 참여 및 토론을 도와줄 ChatGPT와 연습하세요.

이러한 방법을 통해 ChatGPT를 컴퓨터 공학 학습의 보조 도구로 활용하여 학업을 더 효과적으로 추진할 수 있습니다.

2) 프롬프트: 위의 방법 중 가장 효과가 있는 3가지 방법을 선택하시오.

가장 효과가 있는 3가지 방법을 선택하면 다음과 같습니다:

1. **프로그래밍 도움:** 컴퓨터 공학 학생으로서, 프로그래밍과 코드 작성이 중요한 부분입니다. ChatGPT를 활용하여 코드 작성, 알고리즘 및 디버깅에 대한 도움을 얻을 수 있습니다.
2. **컴퓨터 공학 개념 설명:** 어려운 컴퓨터 공학 개념을 이해하는 데 도움을 받는 것은 매우 중요합니다. ChatGPT를 사용하여 이러한 개념을 보다 명확하게 이해하고 학습할 수 있습니다.
3. **프로젝트 아이디어와 설계:** 컴퓨터 공학 프로젝트를 계획하고 개발할 때, ChatGPT를 활용하여 창의적인 아이디어와 설계를 얻을 수 있습니다. 이는 학습과 프로젝트 개발을 향상시키는 데 도움이 될 것입니다.

이러한 방법은 컴퓨터 공학 학습을 개선하는 데 가장 효과적일 것으로 기대됩니다.

[그림 10-2] ChatGPT 활용 사례

이성으로 인해 과제를 수행할 때 너무 ChatGPT에 의존할 가능성이 있어 학업수준이 떨어질 가능성도 존재한다.

활동하기 1 **ChatGPT 활용 경험**

☞ 여러분은 다양한 목적으로 ChatGPT를 활용한 경험이 있을 것이다. 여러분의 경험을 친구들과 공유하고 보다 효과적으로 활용할 수 있는 팁을 공유하자.

1) 어떤 목적으로 ChatGPT를 활용하고 있는가? ChatGPT에게 도움을 받았던 경험과 도움을 받지 못했던 경험에 대해 공유하기
2) 만약 여러분이 스스로 혼자의 힘으로 과제를 수행하여 제출했는데 B를 받았고, 친구는 ChatGPT를 활용하여 과제를 수행하고 A를 받은 경우 이것은 표절과 같은 윤리적인 문제에 해당된다고 생각하는가? 그리고 모든 교과목에서 ChatGPT 활용은 허용되어야 하는가?
3) 나만의 ChatGPT 활용 팁 공유하기(프롬프트 작성방법, 유용한 사이트 정보 등)

---

2) 디지털 활용 맞춤형 교육서비스

개별화 학습, 개인 맞춤형 교육은 공교육이 시작된 이래로 교육의 지향점이었으나 학교교육환경의 특성상 실현하지 못한 한계가 있었다. 그러나 최근 지능형 디지털 기술의 발달로 인해 그 가능성에 대한 희망을 갖고 학생 맞춤형 교육환경을 구축하고 실현하기 위해 다각적인 측면에서 노력을 기울이고 있다. 학생 맞춤형 수업에 대한 이론적 근거를 제시한 미국의 교육심리학자 블룸(Benjamin Bloom)은 개별 학생에게 적합한 학습환경과 충분한 시간을 제공하면 대부분의 학생들이 학습목표를 달성할 수 있음을 실험을 통해 증명하였다. 그러나 1:1 개별학습을 교실수업에서 적용할 수 없기에 이를 2시그마 문제라고 불렀고 교육분야의 최대의 난제로 여겨 왔다. 인공지능 기술을 적용한 초기 지능형 튜터링 시스템(Intelligent Tutoring System)도 개별화 학습을 실현하기 위해 적용되었으나 그 성과는 미비하였다. 그러나 최근 빅데이터와 인공지능 기반 에듀테크의 발달을 통해 개별화 학습 실현에 대한 가능성을 확인하였

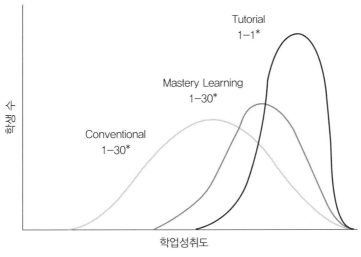

[그림 10-3] 2시그마 문제(Bloom, 1984)

고 보다 정교한 실현을 위해 연구 및 개발에 박차를 가하고 있다. 이에 발맞추어 2022 개정 교육과정에서도 디지털 기술 활용을 통한 개별 맞춤형 교육을 통해 모든 학생이 자신의 삶과 성장을 주도할 수 있는 교육을 수행하는 방향으로 개정되었다.

학교교육환경에서도 교사가 AI 보조교사와 협력하여 학생들의 학습을 지원할 수 있을 뿐만 아니라 학생 스스로도 학습관리시스템(Learning Management System)에서 제공하는 다양한 인공지능 교육서비스를 통해 학습지원을 받을 수 있다. 예를 들어, 최근 은행이나 회사 홈페이지에서 간단한 질문에 대해 응답해 주는 챗봇을 통해 우리는 직접 전화를 걸어 질문하고 문제를 해결했던 일들을 문자대화를 통해 간단하게 처리할 수 있게 되었다. 이와 같이 특정 교과목에서의 수업일정과 과제 등에 대한 질문에 답변을 받을 수 있는 교과목별 챗봇을 운영할 수 있다. 그리고 전공수업과 관련하여 배운 개념이 이해가 되지 않을 때 보충학습자료를 제공받아 학습할 수도 있을 뿐만 아니라 시험을 대비하여 족보에서 나왔던 문제들을 기반으로 사전 연습문제 풀이를 통해 스스로 이해도를 확인해 볼 수 있는 등의 활동을 할 수 있다. 현재 실현가능한 기술기반의 교육서비스로 대학생들의 자기조절학습 지원에 대한 인식을 조사한 결과, 학습자들은 인공지능기반 교육서비스가 학습자가 설정한 학습목표를 달성하도록 자기조절학습전략을 적용하는 데 도움이 된다고 응답하였다. 10가지의 교육서비스 중 AI analtyics와 AI reflection이 가장 도움이 될 것으로 인식하였고, 반면 단순 흥미를 유발하는 Virtual human이나 학습내용과 미래진로와의 관련성을 제공하는 AI companion에 대해 상대적으로 가장 도움이 되지 않는다고 응답하였다. 대학생들은 자신들의 특성이나 수준에 맞춤형 서비스를 제공받기를 기대하고 있으나 동기와 관련된 측면에서는 개별학습자의 요구를 충족시키는 것이 어려울 것으로 예상된다.

⟨표 10-1⟩ 자기조절학습을 지원하는 인공지능기반 교육서비스 유형(진성희 외, 2023)

자기조절학습전략	AI 교육서비스	설명
사전학습 활성화	Pre-question generator	학습목표 관련 사전학습지식을 활성화하는 질문을 생성하고 평가함
목표 설정	Plan organizer	학생의 학습이력을 기반으로 학습목표를 설정하도록 돕고 실행계획을 제안함
과제가치 활성화	AI companion	학습내용과 학생의 진로 및 흥미분야와의 연관성을 제시함으로써 학습에 대한 동기를 증진시키는 역할을 수행함
인지전략 선택 및 적용	Intelligent suggestion	학생의 학습스타일과 학습이력데이터 분석 결과에 따라 적용할 학습전략을 제안함
메타인지적 모니터링	AI analytics	학생의 행동 데이터(예: 클릭현황, 또는 퀴즈)와 학습성과(예: 주간 학습내용, 시험, 다시 보기) 등을 분석하여 제공함
동기 및 정서 관리	Virtual human	학생들이 동영상 수업에 집중할 수 있도록 좋아하는 연예인의 외모와 목소리로 수업을 진행함
도움 구하기	AI agent	학생들의 질문에 답변을 제공함
복습하기	Notelink	학생이 작성한 노트를 사진으로 찍어서 올리면 관련 영상이나 추가 자료를 제시함
자기평가	Adaptive quiz	학생의 지식수준에 맞는 맞춤형 연습 문제를 제공함
자기만족	AI reflection	학습과정 및 결과에 대한 강약점을 분석하여 제시함으로써 학생 스스로 성찰할 수 있도록 도움을 줌

2. 디지털 리터러시

1) 디지털 리터러시의 개념

리터러시(literacy)는 지식과 정보를 습득하는 기초능력으로써 초기에는 대부분 문자로 지식이 전달되었기에 문자를 읽고 쓰는 능력을 의미하였다. 이후 사회가 발전하면서 지식과 정보가 문자로만 전달되는 것이 아니라 정보통신기술의 발달로 인해 컴퓨터 리터러시, 정보 리터러시, 미디어 리터러시 등의 개념으로 발전하였다. 최근에는 이러한 디지털 기술을 활용한 지식과 정보를 습득하는 능력을 포괄하여 디지털 리터러시라 한다. 디지털 리터러시는 "컴퓨터를 통해 생산되는 방대한 자료로부터 다양한 유형의 정보를 이해하고 사용하는 능력"으로 정의된다.

디지털 리터러시는 기본소양으로써 일반생활 및 직업에서 만족스러운 삶을 영위하기 위해 디지털 기술을 적절하게 활용하는 능력이 필요함을 강조한 개념이다. 이에 교육부는 학생들에게 필요한 기초소양으로 언어소양과 수리소양과 함께 디지털 소양을 제시하였고 디지털 기기와 소프트웨어를 활용하여 정보를 활용 및 생성하고 의사소통하며 문제해결하는 능력을 포함하면서 윤리적 활용 능력도 갖추기를 기대하고 있다.

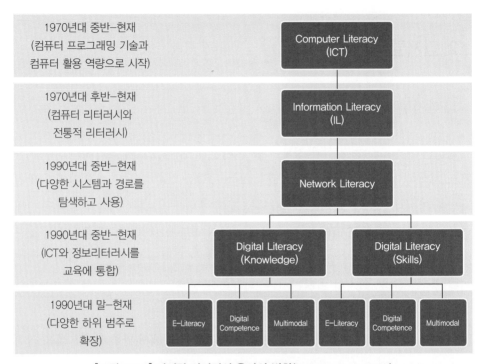

<table>
<tbody>
<tr><td>1970년대 중반-현재
(컴퓨터 프로그래밍 기술과
컴퓨터 활용 역량으로 시작)</td><td>Computer Literacy (ICT)</td></tr>
<tr><td>1970년대 후반-현재
(컴퓨터 리터러시와
전통적 리터러시)</td><td>Information Literacy (IL)</td></tr>
<tr><td>1990년대 중반-현재
(다양한 시스템과 경로를
탐색하고 사용)</td><td>Network Literacy</td></tr>
<tr><td>1990년대 중반-현재
(ICT와 정보리터러시를
교육에 통합)</td><td>Digital Literacy (Knowledge) / Digital Literacy (Skills)</td></tr>
<tr><td>1990년대 말-현재
(다양한 하위 범주로
확장)</td><td>E-Literacy / Digital Competence / Multimodal / E-Literacy / Digital Competence / Multimodal</td></tr>
</tbody>
</table>

[그림 10-4] 디지털 리터러시 용어의 변화(Boechler et al., 2014)

〈표 10-2〉 디지털 리터러시 체계(교육부, 2022)

대영역	소영역
디지털 기기와 소프트웨어의 활용	• 디지털 기기의 활용 • 소프트웨어의 활용 • 인공지능의 활용
디지털 정보의 활용과 생성	• 자료의 수집과 저장 • 정보의 분석과 표현 • 디지털 콘텐츠 생성
디지털 의사소통과 문제해결	• 디지털 의사소통 • 디지털 문제해결
디지털 윤리와 정보보호	• 디지털 윤리 • 디지털 정보보호

2) 대학생 디지털 리터러시 진단

디지털 리터러시의 수준을 측정하는 방법은 다양하나 대학생에게는 대학수업 및 자기계발을 위해 디지털 기기 및 소프트웨어를 적절하게 활용하고 정보탐색 및 생산 활동을 능숙하게 하기를 기대한다. 그리고 디지털 기기를 활용하여 다른 학생들과 공유하고 협력할 수 있으며 디지털 기기와 정보를 윤리적으로 활용할 수 있는 능력을 요구하고 있다. 이에 여러분의 디지털 리터러시 수준을 디지털 기기와 소프트웨어 활용, 디지털 정보의 활용과 생성, 디지털 공유와 협업, 디지털 윤리와 정보보호 차원에서 측정해 보고자 한다.

활동하기 2 **대학생 디지털 리터러시 진단**

1) 다음 각 항목을 읽고 여러분은 얼마나 능숙하게 활용할 수 있는지 응답하시오.

문항	전혀 그렇지 않다	그렇지 않다	보통 이다	그렇다	매우 그렇다	평균
	1	2	3	4	5	
1. 수업 수강에 필요한 학습관리 시스템(etl, e-class 등) 사용						
2. 수업 관련 소프트웨어의 설치, 삭제, 업그레이드						
3. 인터넷 및 네트워크 연결 및 필요한 옵션 설정						
4. 수업 관련 자료의 이동 (메일 발송, USB, 메모리카드)						A
5. 수업 관련 자료의 저장, 관리, 폴더 형성 및 삭제						
6. 컴퓨터의 하드웨어와 소프트웨어 관련 문제 해결						
7. 네트워크 접속 장애 해결						
8. 수업에 필요한 정보의 인터넷 검색						
9. 정보 검색 시 연산자, 해시태그 등 선별적 조건 활용						
10. 온라인 도서관을 활용한 정보 검색						B
11. 컴퓨터 기반 문서 저작 도구(한글 등)를 통한 문서 제작						
12. 텍스트, 사진, 표, 차트를 포함한 문서나 ppt 제작						

13. 웹 기반 문서저작 도구(구글 닥스 등)를 통한 자료 제작						
14. 문서에서 표, 도표, 색상, 글꼴 크기 등의 활용						
15. 멀티미디어 자료(사진, 영상 등)의 제작 및 편집						
16. 스마트 기기(핸드폰, 아이패드 등)를 학습활동의 보조자료로 활용						
17. 스마트 기기, 인터넷을 통한 사교활동						C
18. 인터넷을 통한 정보공유						
19. 블로그, 밴드, SNS(카카오톡) 등을 통한 협력과제 수행						
20. 온라인상에서 타인의 개인정보 및 프라이버시 존중						
21. 음란퇴폐물과 같은 반사회적 불건전 정보를 활용 안 함						D
22. 익명의 온라인에 접하는 사람들을 존중하며 악성댓글과 같은 네티켓에 어긋나는 행동 안 함						

2) 다음의 디지털 리터러시 진단결과를 다음 표에 작성하시오.

항목		평균
디지털 기기 및 SW 활용	A	
디지털 정보의 활용과 생성	B	
디지털 공유와 협업	C	
디지털 윤리와 정보보호	D	

3) 여러분에게 부족한 능력은 무엇인가? 디지털 리터러시가 여러분의 학습활동에 얼마나 영향을 미친다고 생각하며 부족한 디지털 리터러시 능력을 보완하기 위한 추후 학습계획을 작성하시오.

3. 디지털 활용 학습플랫폼 및 학습도구

1) 학습공간의 확대

디지털 기술의 활용은 그동안 교실과 같은 공간에서 교수자와 학습자가 함께 수업을 하는 학습공간 외에 줌(Zoom)과 같은 실시간 화상수업, 시뮬레이터와 같은 특수 학습장비를 갖춘 곳에서 이루어지는 학습, 메타버스 학습 등 다양한 학습공간에서의 학습이 가능하게 되었다. 이를 교수자와 학습자의 존재여부를 공간과 시간으로 구분하여 제시할 수 있다. 교수자와 학습자가 동일한 시간대에 존재하면 수업이라 하고 교수자와 학습자가 시간적으로 분리되어 있으면 학습자의 주도적 학습이 요구되므로 학습이라 할 수 있다. 이와 같이 우리는 다양한 형태의 학습활동에 참여가 가능하다.

〈표 10-3〉 시간과 공간에 의한 교육유형 구분

		공간	
		동일	상이
시간	동일	교실 수업	실시간 화상 수업 메타버스 수업
	상이	컴퓨터랩, 실험실 시뮬레이션/AR/VR 학습	e-Learning

교실수업의 경우에는 교수자가 주도적으로 수업을 설계하여 운영함에 따라 전문가인 교수자가 학습자의 반응을 살피면서 그에 부합하는 수업진행이 가능하고 현장에서 학습활동에 대한 피드백을 즉시 제공할 수 있다. 이와 함께 학습자들도 교수자의 관찰하에 집중하여 수업에 참여한다. 실시간 화상 수업이나 메타버스 수업의 경우에는 교수자와 학습자 모두 정해진 장소로 이동하지 않아도 되기 때문에 이동시간을 줄일 수 있고 필요에 따라 자신의 모습을 보여 주지 않아도 된다는 편리함이 있다.

이러한 편리함 때문에 학습에 집중하기가 어렵고 학습자 간 상호작용을 통해 의견을 결정하는 활동은 가능하나 시간이 오래 걸리는 단점이 있다. 그러나 원거리에 떨어져 있는 학습자 간 협업활동을 해야 할 경우나, 교수자가 학생에게 개별 피드백을 제공해야 하는 명확한 목적이 있는 경우에는 보조활동수단으로 매우 효율적인 방법을 제공한다. 직접 경험이 어려운 학습내용의 경우 시뮬레이터를 활용해야 하거나 특수한 실험장비를 활용해야만 하는 경우에는 장비를 몇십 대씩 갖추기가 경제적으로 어려워 특정 장소에 설치해 놓고 학생들이 활용시간 계획에 따라 학습하는 방법이 있다. 개인 PC에 소프트웨어를 설치해서 할 수 있는 활동이 아닌 고가의 특수 소프트웨어나 장비를 활용해야 하는 공학계열 또는 의학계열 학생들에게 적용될 수 있는 학습유형이다. 마지막으로 지식 및 기술 습득의 목적으로 미리 준비된 교육콘텐츠를 학습자가 원하는 시간 및 장소에서 자유롭게 학습할 수 있는 환경을 제공하는 이러닝 학습이 있다. 교수자가 대체로 동영상으로 수업콘텐츠를 촬영한 것으로 교수학습관리시스템에 탑재하면 학습자가 이에 대해 학습하고 필요에 따라 과제를 수행하거나 퀴즈를 보는 활동을 추가적으로 한다. 이러닝 학습은 위에 제시한 4가지의 수업활동 중 학습자의 자기주도적 학습능력이 요구되는 학습으로 학습자가 목표의식이 있는 경우에는 효율적인 방법일 수 있으나 일반적으로는 학습동기를 유발하기 힘든 유형에 속한다.

2) 디지털 학습 플랫폼

디지털 학습 플랫폼에는 학습관리시스템, 화상수업시스템, AR/VR 플랫폼, 메타버스 플랫폼 등이 있다. 학습관리시스템은 학생의 학습을 지원하기 위한 목적으로 교육내용 및 콘텐츠를 관리하고 학생의 학습이력을 기록 및 추적하여 최적의 학습을 지원하는 소프트웨어 애플리케이션이다. 학습관리시스템에서는 사용자 관리, 전공 및 교과목 관리, 학생성적관리, 소통 및 협원지원, 온라인 퀴즈 및 시험, 설문조사 등의 다양한 기능을 제공하고 있다. 최근 지능형 디지털 기술 발달로 학생 및 학습과정에 대한 데이터를 분석하여 개별 학습자 맞춤형 교육서비스를 제공하기도 한다. 학습관리시스템은 각 대학에서 이클래스, e-TL, 블랙보드, 캔버스 등의 이름으로 불리며 사용되고 있다.

　화상수업시스템은 지난 코로나19 시기에 대안적인 교육방법으로 선택한 원격수업방법에서 화상회의시스템인 줌(Zoom)을 사용하기 시작하면서 보편화되었다. 줌 외에도 구글의 미트(Meet), 마이크로소프트사의 팀즈(Teams) 등 다양하나 사용편이성 측면에서는 줌이 가장 적합하여 활용도가 높다. 원래의 목적이 수업용이 아니었기 때문에 출석확인 등의 불편함은 있으나 최근 각 대학의 교수학습관리시스템과 연동하여 출석확인도 가능해졌다. 줌에서 제공하는 기능을 보면 스피커와 화면 조정, 보안, 참여자 관리, 설문조사, 채팅, 화면공유, 기록, 소회의실, 참여자 반응 등의 화상수업에서 필요한 다양한 도구들을 제공하고 있다. 최근에는 인공지능 컴패니언(AI Companion)을 활용하여 회의내용을 요약해 주거나 중요한 내용을 강조해 주는 기능도 제공해 주고 있다.

　증강현실, 가상현실, 혼합현실 기술을 교육목적으로 활용하는 사례가 증가하고 있다. 증강현실은 현실의 이미지나 배경에 3차원의 가상의 이미지를 겹쳐서 하나의 영상처럼 보여 주는 기술이고 가상현실은 실재에 존재하지 않거나 실제 존재하는 미지의 공간을 새로운 공간으로 대체하여 시간과 공간에 구애받지 않고 경험해 볼 수 있는 기술이다. 마지막으로 혼합기술은 가상현실과 증강현실의 장점을 결합한 기술로 현실세계의 모습에 가상의 물체와 정보를 혼합하고 사용자와 상호작용할 수 있는 기술을 의미한다. 이러한 기술을 교육적으로 활용하기 위해서는 콘텐츠 개발이 선행되어야 한다. 증강현실 기술 구현을 위한 대표적인 플랫폼으로는 구글사의 ARCore와 애플사의 ARKit가 있으며 가상현실 플랫폼으로는 코스페이스(Cospace)가 있다. 혼합기술을 위한 플랫폼으로는 마이크로소프트사의 홀로렌즈(HoloLens)나 실시간 3D 개발 엔진을 제공하는 Unity 등이 있다. 증강현실, 가상현실, 혼합현실 기술은 시간적ㆍ지리적으로 우리가 직접 경험해 보지 못하는 역사적 사건, 과학적 현상 등에 대한 몰입경험을 제공한다.

[그림 10-5] 가상현실, 증강현실, 혼합현실의 특징(박인우 외, 2017)

메타버스는 3차원의 가상세계를 의미하는 것으로 현실과 유사한 가상의 공간에서 자신과 동일시되는 아바타가 자유롭게 돌아다니면서 체험할 수 있는 세계이다. 메타버스 플랫폼으로는 게더타운(Gathertown), 제페토(Zepeto), 로블록스(Roblox), 세컨라이프(Secondlife) 등 다양하다. 우리나라는 교육용으로 게더타운과 제페토를 많이 활용했으며 코로나19 시기에 한창 성행하여 학습환경의 대세가 될 것으로 예상했으나 현재는 이벤트용으로 활용하고 있다. 게더타운은 2차원 그래픽과 화상회의 솔루션을 결합한 플랫폼이고 제페토는 3차원 가상공간에서 다양한 교육활동이 가능한 플랫폼이다. 메타버스 환경을 교육적으로 활용할 때의 이점은 학생들이 다양한 학습자와 만나 소통하고 경험을 공유하거나 특정 미디어 자료 등을 보면서 토의하거나 프로젝트를 진행할 때 물리적으로 돌아다니면서 디지털 기기를 조작하지 않아도 된다는 이점은 있으나 여전히 원하는 학습활동을 성공적으로 수행하기에는 플랫폼 활용 기술을 소유하고 있어야 한다. 이에 따라 특정 학습활동을 수행하는 데 있어 면대면 수업보다 시간이 더 많이 소요되는 경향이 있다.

3) 디지털 학습도구

대학생으로서 다른 학생들과 협업하고 자신이 수행한 과제 또는 프로젝트를 발표하는 등 다양한 학습활동에 참여하면서 활용할 수 있는 디지털 학습도구들이 있다. 이러한 도구들을 효과적으로 활용하면 학습활동을 효율적 또는 효과적으로 하는 데 도움을 받을 수 있다. 대표적인 디지털 학습도구로는 상호작용 소통도구, 협업도구, 언어학습도구, 프로그래밍학습도구 등 다양하다.

다른 사람과의 상호작용을 지원하는 도구로는 Mentimeter, Slido, Kahoot 등이 있다. Mentimeter(mentimeter.com)는 실시간으로 다른 사람들의 다양한 의견을 수집하고 공유할 수 있는 웹 애플리케이션으로 화면에 참여자들의 의견을 바로 보여 줄 수 있기 때문에 동기유발 및 현장에서 참여자들의 의견을 수집하여 그 결과를 그래프로 바로 제시하고자 할 때 유용하게 사용할 수 있는 애플리케이션이다. 의견수집방법으로는 선택형 문항(Multiple choice)으로 물어볼 수도 있고 개방형 질문으로 학생들이 응답한 결과를 워드 클라우드 또는 텍스트 형태로 모두 보여 줄 수 있는 방법도 있다. Slido(slido.com)는 발표하는 동안 참여자들로부터 질문을 받거나 설문을 수행할 수 있다. Mentimeter는 개설자가 해당 질문을 오픈했을 때만 참여자가 응답을 할 수 있는 반면, Slido는 개설시간을 설정할 수 있어 그 시간 안에는 질문에 대한 응답을 할 수 있는 특징이 있다. Kahoot(kahoot.com)은 게임기반의 퀴즈 플랫폼으로 참여자가 재미있게 퀴즈에 참여하도록 하는 데 효과적인 플랫폼이다. 전 세계적으로 사용자가 많으며 회원가입 없이 Kahoot에서 제공하는 Game PIN 번호만 있으면 PC나 폰으로 참여가 가능한 장점이 있다.

팀원들과 함께 진행하는 프로젝트 관리 및 협업을 지원하는 도구로는 Padlet, Trello, Notion 등이 있다. 패들렛(padlet.com)은 온라인 포스트잇으로 학습자의 의견을 공유할 수 있는 도구이다. 패들렛은 실시간으로 공동작업이 가능하며 모바일로도 쉽게 참여할 수 있고 텍스트, 이미지, 영상 등 다양한 멀티미디어도 포함할 수 있어 자료 공유도 쉽게 할 수 있다. 트렐로(trello.com)는 프로젝트 관리형 협업도구로 보드

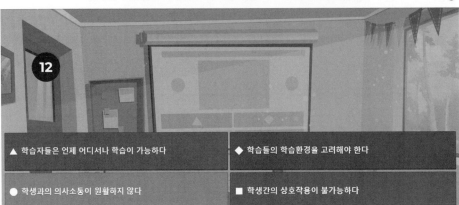

[그림 10-6] Kahoot에서 제공하는 퀴즈 화면의 사례

위에 카드들을 만들어 팀원들과 소통하고 프로젝트를 효율적으로 관리할 수 있도록 지원하는 도구이다. 트렐로는 업무, 일정, 자료관리 등에 용이하여 학교뿐만 아니라 기업에서도 많이 활용하고 있는 도구이다. 입무와 관련하여 해야 할 업무, 진행 중인 업무, 완료업무, 보류 등으로 구분하여 카드로 업무들을 나열한 뒤 진행 중인 업무가 완료되었을 때 해당카드를 옮겨 팀원들이 공동으로 업무진행상황을 모니터링하기 쉽다. Notion(notion.so)은 협업도구로뿐만이 아니라 다양한 블록과 템플릿으로 사용자들이 쉽게 콘텐츠를 개발하고 공유할 수 있도록 지원하는 플랫폼이다. 트렐로에서 제공하는 업무, 일정, 자료관리에도 유용하고 그룹별로 공유콘텐츠를 달리 지정할 수 있을 뿐만 아니라 활용목적에 맞는 형태의 템플릿을 활용할 수 있다는 장점이 있다.

영어활용과 관련하여 널리 사용되고 있는 구글번역기(translate.google.com)와 파파고(papago.naver.com)와 같은 애플리케이션도 있지만 듀어링고(Duolingo), AI 튜터와의 회화연습기회를 제공하는 스픽(Speak) 등 다양한 애플리케이션이 있다. 고등학교에서 제2외국어를 선택하는 데 있어 예전에는 학교에 계신 외국어담당선생님이 누구냐에 따라 선택의 폭에 한계가 있었다. 먼 옛날 저자도 고등학교시절 독일어를 배우고 싶었으나 일본어 선생님밖에 계시지 않아 배우고 싶은 마음이 없었음에도 불구하고 일본어를 선택했었던 기억이 있다. 최근에는 외국어 학습 애플리케이션을 통해 제2외국어를 학생이 원하는 언어를 선택하여 학습할 수 있는 기회를 제공할 수 있게 되었다. 이와 함께 무료 코딩교육과 코딩교육프로그램을 제공하는 코드닷오알지(Code.org)와 같은 플랫폼들이 증가하고 있다. 다양한 연령대의 참여자들에게 맞춤형 코딩 교육을 30개 이상의 언어로 제공하고 있다.

활동하기 3 **내가 사용하는 디지털 학습도구**

☞ 여러분이 학습에 도움이 되거나 개인적 용도로 활용하고 있는 디지털 도구 중 유용하다고 생각되는 도구에는 어떤 것들이 있는가? 그것을 사용하는 데 있어 다른 학생들에게 주고 싶은 팁(tip)이 있다면 무엇인가?

제11장

창의융합 교육

학습목표

1. 다른 전공분야의 사람들을 존중하며 그들과 원활하게 소통할 수 있다.

2. 디자인적 사고방법론에 따라 팀원들과 협업하여 프로젝트를 진행할 수 있다.

1. 창의와 융합

1) 개념적 의미

기술을 포함한 사회의 급속한 변화는 그 어느 때보다 창의와 융합능력의 필요성에 대해 강조하고 있다. 4차 산업혁명시대의 핵심기술에는 인공지능, 사물인터넷, 클라우드컴퓨팅, 빅데이터, 모바일 테크놀로지 등이 있다. 지능형 인공지능의 발달은 산업분야뿐만 아니라 직업과 일상생활의 변화를 초래하고 있다. 단순반복적으로 이루어지는 업무들이 인공지능기반의 기술로 대체됨에 따라 창의와 융합역량은 개인, 사회, 국가적 차원에서 필요한 핵심역량으로 자리매김하게 되었다. 개인적으로는 희망하는 직업을 얻기 위해 필요하고, 사회의 다양한 문제를 해결하기 위해 요구되며, 국가적으로는 미래전략을 수립하여 국가경쟁력을 강화하기 위해 요구된다. 과거에는 논리적·효율적 문제해결이 중요했다면 현대는 지식이 활용되는 환경에 부합하도록 지식을 재구성하거나 새로운 지식을 창출하는 능력이 요구된다. 이에 따라 창의적 문제해결력과 함께 다른 분야의 전문가와 효과적으로 협업하면서 지식을 창출하는 융합능력 또한 강조되고 있다.

창의의 영어표현인 Creativity는 '만들다'라는 의미의 라틴어 creare에서 유래하였고 언어학자인 촘스키에 의해 처음 사용되었다. 한자로 창의(創意)의 '創(창)'은 '倉(곳간 창)'과 '刀(도끼 도)'의 합성어로 '곳간을 도끼로 파괴한다.'는 의미이다. 옛날 곳간은 그 집안에서 수확한 곡식을 저장하는 창고로서 전 재산을 의미하기도 했는데 이러한 곳간을 도끼로 파괴한다는 뜻은 기존의 생각을 파괴한다는 의미를 가지고 있다.

활동하기 1 **창의적인 물건과 인물의 특징**

1. 여러분 주변에서 활용되고 있는 물건 중 가장 창의적이라고 생각되는 물건 하나를 선택하여 작성하고, 선택한 근거에 대해서도 설명하시오.

2. 주변 인물 중 여러분이 생각하기에 가장 창의적인 사람은 누구인가? 그 사람이 가지고 있는 어떤 특징 때문에 창의적이라고 생각하는지 그 이유도 함께 작성하시오.

　　창의에 대한 학자들의 정의는 강조점이 무엇이냐에 따라 학자마다 다양하게 정의되었다. 길퍼드(Joy Paul Guilford)는 개인의 사고에 중점을 두고 "새롭고 신기한 것을 산출하는 힘"이라고 정의하였고, 토렌스(Paul Torrance)는 창의적 문제해결 과정을 강조하여 "곤란한 문제를 인식하고 그것을 해결하기 위해 아이디어를 내고 가설을 세우고 검증하며 그 결과를 전달하는 과정"으로 정의하였다. 로저스(Carl Rogers)는 창의는 개인의 특성이 아니라 환경과의 상호작용에서 산출되는 것으로서 "특정한 상황에서 개인을 둘러싼 사건, 사람, 상황과 상호작용하면서 새로운 결과가 산출되는 과정"으로 이해하였다.

　　창의적 사고의 구성요소로는 유창성, 유연성, 독창성, 정교성이 있다. 유창성 (fluency)은 주어진 자극에 대하여 제한된 시간 내에 많은 양의 반응을 보일 수 있는 능력을 의미한다. 쉽게 말해서 제한된 시간 내에 얼마나 다양한 아이디어를 많이 생각해 낼 수 있느냐와 관련된 능력이다. 세기의 발명가 에디슨도 300:1의 법칙을 제안하였는데, 어떤 문제를 해결하기 위해 또는 새로운 접근을 하기 위해서는 적어도 300개의 아이디어는 있어야 그중에서 최소한 1개가 혁신적이면서 쓸모 있는 아이디어가 된다고 하였다. 따라서 창의적 사고의 핵심에는 다양한 아이디어를 생산해 낼 수 있는 유창성이 요구된다. 이에 비해 유연성(flexibility)은 한 가지 상황에 대해 다양하게 접근할 수 있는 능력으로, 유창성이 사고의 양이라고 한다면 유연성은 사고의 폭을 의미한다. 우리가 어떤 문제 상황에 대해서 다양한 아이디어를 산출하기 위해서는 그 접근방식이 다양하지 않으면 불가능하다. 따라서 유창성과 유연성은 서로 독립적이라기보다는 매우 밀접한 관련이 있는 능력이라고 볼 수 있다. 독창성(originality)은 자신만의 참신하고 새로운 아이디어나 해결책을 산출할 수 있는 능력을 의미하고, 정교성(elaboration)은 초기의 아이디어를 보다 치밀하고 가치 있는 것으로 발전시키는 능력을 의미한다. 창의적 사고가 학습이 가능하다는 것은 유창성, 유연성, 정교성이 많은 연습을 통해 향상 가능하다는 것이고, 그 결과로 산출되는 것이 독창성이라 볼 수 있다.

읽기자료

한국전쟁 초기 심리학자 토렌스는 미 공군으로부터 항공기 승무원들이 추락 후 적진 후방에 고립되었거나 극한적인 위험 상황에서도 생존할 수 있는 능력을 키울 훈련 프로그램을 개발해 달라는 요청을 받았다. 이를 위해 그는 관련 연구 문헌들을 찾아보고 제2차 세계대전 당시 이미 그러한 경험을 했던 생존자들을 만나 인터뷰도 하였다. 그런데 이 과정에서 생존에 가장 필수적인 요소로 그가 발견한 것에 놀라지 않을 수 없었는데, 그것은 다름 아닌 '창의성'이었다. 당시 훈련 과정에서는 발생 가능한 모든 적대적 상황들에 어떻게 대처할 것인가에 대한 많은 정보를 제공하였고, 생존하였거나 포로수용소로부터 탈출한 사람들의 실제 사례들에 대해 토론하였으며 실제 모의연습까지도 하였다. 그러나 승무원들이 아무리 많은 훈련을 받았더라도 실제 상황에 직면하면 그들은 거의 항상 전혀 예상치 못했던 불확실한 상황에 대처해야만 했다. 생존했던 사람들은 훈련을 통해 배우지 않았던 완전히 새로운 생존방법을 생각해 내기 위해 자신들의 훈련내용과 인생경험의 여러 요소들을 새롭게 조합해야만 했는데, 이때 창의성은 바로 생존의 도구였던 것이다.

이러한 발견은 오늘날의 지식 정보화 사회에서도 동일하게 적용될 수 있다. 오늘날처럼 불확실성과 복잡성이 그 어느 때보다도 증폭된 사회에서나 비연속성의 시대에서는 창의성이 바로 생존의 필수요소인 것이다. 실제 여러 미래학자들이 21세기를 창의성의 시대라고 일컫고

> 있는 것도 동일한 맥락에서이다. 오늘날 기업 경쟁력의 원천은 산업화 사회에서와 같은 자본이나 대규모 시설과 같은 유형의 자산이 아닌 눈에 보이지 않는 무형자산(intangible asset)에 있다고 한다. 이러한 무형자산은 바로 기업 조직 구성원들의 '창의력'에 있으며, 이것이 바로 기업의 핵심역량이다. 전통적 상식을 넘어서는 변혁의 시대에는 새로운 조류에 적응하는 것만으로는 부족하다. 오늘날의 기업 환경에서는 창의력을 바탕으로 기회를 선점하고 트렌드와 시장을 스스로 창출해 내는 것만이 생존의 유일한 길이다.
>
> – 『창의성의 이해: 창의적 사고력』, 한국문화예술교육진흥원

다음으로 융합의 사전적 의미는 다른 종류의 것이 녹아서 서로 구별이 없게 하나로 결합되거나 그렇게 만드는 일을 의미한다. 융합의 대상이 사물이나 기술일 때는 다른 종류의 대상이 가지고 있는 특징이 최종 결과물에 어느 정도 유지되느냐에 따라 하이브리드(hybrid), 퓨전(fusion), 컨버전스(convergence)와 같이 다양한 단어로 사용된다. 그러나 이를 인간이 소유한 융합역량이라고 했을 때는 '정보를 수집하여 다양한 학문의 지식과 기술을 통합하고 활용하는 능력'으로 정의될 수 있다. 특히 최근에는 융합역량을 독립된 역량으로 보기보다는 융합역량이 최종 창의역량을 발현하는 데 요구되는 역량으로 창의융합역량으로 함께 묶어서 지칭하는 경우가 많다. 창의융합역량이란 문제를 새로운 시각에서 발견하고 이를 해결하기 위해 다양한 분야의 지식과 기술을 수용하고 응용함으로써 새로운 가치를 창출하는 능력이라 볼 수 있다.

2) 창의와 융합에 대한 오해

창의와 융합에 대한 오해에 대해 살펴보기 전에 다음 '생각해 보기' 활동을 해 보자.

생각해 보기

☞ 창의와 융합에 대한 문장을 읽고 맞다고 생각하면 ○, 틀리다고 생각하면 X를 선택하시오.

창의성은 유전적 · 선천적으로 타고나는 특성이다.	○	X
창의적인 사람은 별난 행동, 남과 다른 튀는 행동을 한다.	○	X
창의성은 특별한 영역에 필요한 특성이다.	○	X
거대하고 새로운 것만을 만들어 내는 것이 창의력이다.	○	X
창의적 인물은 IQ가 높다.	○	X
융합인재는 두 개 이상의 분야에서 깊이 있는 전문지식이 있어야 한다.	○	X
융합인재는 복수전공 또는 부전공의 소유자여야 한다.	○	X

　사회적으로 강조되고 있는 창의와 융합과 관련하여 너무 높은 수준의 결과물들이 공유되다 보니 창의융합역량은 일반인과는 거리가 먼 뛰어난 사람들만이 갖추고 있는 능력이라는 편견이 있다. 그 대표적인 예가 '창의적 인물은 IQ가 높다.'는 인식이다. 세기의 창의적 과학자인 아인슈타인의 IQ는 얼마였을까? 그의 IQ가 160이었다는 사실은 그렇게 뛰어난 창의적 인물이 되기 위해서는 암묵적으로 IQ도 그에 상응하게 높아야 된다는 편견을 갖게 한다. 이와 관련하여 1921년 미국 스탠퍼드대학교의 심리학자 루이스 터먼(Lewis Terman) 교수는 캘리포니아 초중고생 25만 명을 대상으로 IQ 검사를 실시하였고, 그중 IQ가 140에서 200에 이르는 최상위 그룹 1,470명을 선발하여 이들의 인생을 추적하는 역사적 연구를 시작하였다. 성인이 되면서 얻은 각종 시험에서의 성적 · 수상 내역, 결혼, 심리상태, 승진 등에 대한 다양한 정보를 수집하여 분석하였다. 터먼 교수는 IQ가 높은 집단이 성공적 인생과 영웅적 지위를 누릴 것이라고 장담하였지만, 절대 다수가 평범한 직장인으로의 삶을 살았고 인생의 실패자도 상당수 있었다. 물론 IQ가 높은 집단에 속한 사람들 중 교수, 판사, 공무원, 사업가가 있기도 하였지만 전국적인 지명도를 가진 인물은 없었다. 그러나 25만 명 중 IQ 검사에서 최상위 그룹에 속하지 못했던 초등학생 2명은 노벨 물리학상을 수상

하였다. 이 연구의 결과는 IQ가 최고의 성과를 내는 결정요인이 아니라, 그 밖에 목표를 추구하는 끈기와 집중력, 자신감, 정서적·사회적 적응 능력, 성취 욕구 등이 탁월한 업적을 이루는 동력이라고 발표되었다. 그러나 탁월한 성과를 내는 데 있어 IQ가 전혀 영향을 미치지 않는 것은 아니며 최소 115 이상은 되어야 수월하고, 다만 더 높다고 해서 더 큰 성취를 이루는 것은 아니라고 발표하였다.

　창의적 사고의 방해 요인 중 하나로는 한국 교육문화의 특징을 들 수 있다. 현재 개정된 교육과정에서는 창의융합교육을 강조하고 있으나 여전히 우리나라의 교육은 교과내용에 학습분량이 많고 점수화와 서열화를 위한 선다형 지필평가방법을 오랫동안 지속하여 학생들은 정해진 답을 찾는 것에 익숙하다. 창의와 융합은 답이 있는 정형화된 문제를 잘 해결할 수 있는 상황에서 필요한 것이 아니라 답이 없는 비정형화된 문제를 해결하는 데 필요한 능력인데, 한국의 학생들은 이러한 문제를 접해 볼 기회가 상대적으로 낮다. 또한 답이 다양하게 산출될 수 있는 문제에 대해 상당히 낮설어하고 어려워하는 것도 사실이다. [그림 11-1]은 우리가 어렸을 때부터 즐겨 했던 활동의 예시이다. 이 활동의 이름은 무엇인가? 이 퀴즈의 이름은 '틀린 그림 찾기'이다. 우리가 무의식적으로 사용하는 이름인데, 다시 생각해 보면 이 이름이 적절한 것

[그림 11-1] 토이스토리의 한 장면

인지 생각해 볼 필요가 있다. 이 그림은 어떤 그림이 옳고 그른 것이 아니라 두 그림 간에 다른 부분을 찾는 것으로, 즉 '다른 그림 찾기'임에도 불구하고 우리는 문화적으로 정답을 찾도록 강요하고 있는 것은 아닌지 생각해 볼 필요가 있다.

　융합에 대한 개념적 정의가 다양하듯이 융합인재에 대한 생각도 사람마다 상황마다 다양하게 접근하고 있다. 일본의 자동차 회사인 도요타에서의 융합인재는 한 분야에 대해 깊이 있게 알면서 관련 분야의 지식을 폭넓게 갖춘 'T자형 인재'를 말하며, 삼성종합기술원의 손욱 회장은 'π자형 인재'를 거론하며 두 분야 이상의 전문지식을 확보하고 상호 연결하는 역량을 확보한 인재라고 정의하였다. 이러한 정의는 일반인에게 융합인재를 다양한 분야의 지식을 소유하고 있는 사람으로 오해하게 하여, 대학에서는 복수전공을 이수하거나 자기가 속한 전공과 함께 다른 분야의 공부도 해야 하나라는 생각을 하게 만들었다. 그러나 융합역량의 핵심은 개인적인 측면에서 하나의 분야에 대해 깊이 있는 전문지식을 가진 사람이 다른 분야에 대한 포용력과 존중을 기반으로 다른 분야의 전문가와 효과적으로 소통하면서 협력할 수 있는 능력에 있다. 따라서 그 어느 때보다 자기 분야에 대한 깊이 있는 학습과 사고 활동이 이루어져야 하기 때문에 자신이 선택한 전공공부를 열심히 해야 하며, 모든 분야를 얇고 폭넓은 수준에서 상식만 함양하려고 하면 융합인재뿐만 아니라 전공분야의 인재도 되기 어렵다. 융합역량의 핵심은 자기 분야가 아닌 다른전공 분야에 대한 존중과 다른 분야 사람과의 효과적 의사소통 및 협업 능력이다. 이러한 능력은 혼자 이론을 암기하고 연습하는 학습만으로는 신장시키기 어려우며, 이에 실제적인 문제를 가지고 다른 전공의 학습자들과 협력하는 경험이 무엇보다 중요하다고 볼 수 있다.

활동하기 2 **창의융합역량 진단하기**

☞ 다음 질문지를 읽고 솔직하게 응답하여 항목별로 점수의 합계를 산출하시오.

문 항	전혀 아니다	아니다	보통 이다	그렇다	매우 그렇다	합계
1. 나는 팀 활동할 때 적극적으로 많은 아이디어를 제시한다.	①	②	③	④	⑤	
2. 나는 아이디어를 가능한 구체적으로 제시한다.	①	②	③	④	⑤	
3. 나는 다양한 시각에서 문제를 보고 대안을 찾는다.	①	②	③	④	⑤	
4. 나는 어떤 상황에 대해 새롭고 독특하게 생각한다.	①	②	③	④	⑤	
5. 나는 남들이 당연하게 생각하는 것에 대해서도 의문을 갖는다.	①	②	③	④	⑤	
6. 나는 영화를 보거나 이야기를 들을 때 다른 사람들이 인지하지 못하는 부분의 변화도 잘 알아챈다.	①	②	③	④	⑤	
7. 나는 단순하거나 반복적인 일이라도 쉽게 지루해하거나 포기하지 않고 끝까지 한다.	①	②	③	④	⑤	
8. 나는 남의 의견이나 생각이 다르다는 것에 두려움을 느끼지 않는다.	①	②	③	④	⑤	
9. 나는 어려운 일이나 새로운 일을 맡게 될 때, 발전의 기회로 간주하고 노력한다.	①	②	③	④	⑤	
10. 나는 친구 또는 동료의 다른 의견을 존중한다.	①	②	③	④	⑤	
11. 나는 과제 또는 임무 수행 시 같은 팀 구성원들이 협력을 할 수 있는 자율적이고 수평적인 분위기를 형성한다.	①	②	③	④	⑤	
12. 나는 냉철하고 객관적인 의견을 제시하여 리더로서 팀의 결정에 도움이 되는 역할을 한다.	①	②	③	④	⑤	
13. 나는 복잡한 현상을 논리적으로 분석하여 전체적으로 파악한다.	①	②	③	④	⑤	
14. 나는 서로 관계가 없는 사물이나 현상 간의 관련성을 찾아 적절하게 결합하여 통합한다.	①	②	③	④	⑤	
15. 나는 전공에 필수적인 지식 및 기술을 지속적으로 습득한다	①	②	③	④	⑤	
16. 나는 나의 전공지식을 다른 분야와 어떻게 융합할지 생각한다.	①	②	③	④	⑤	
17. 나는 문제해결을 위하여 여러 분야의 지식을 접목하여 새로운 지식으로 재구성하는 것을 잘 한다.	①	②	③	④	⑤	
18. 나는 새로운 상황에 적응하거나 변화된 상황에서 문제를 해결하기 위해 기존의 고정된 생각이나 가치에서 탈피하여 혁신적인 생각이나 가치를 창출한다.	①	②	③	④	⑤	

| 19. 나는 쓸모없어진 자료의 구성방식을 새롭게 하여 유용한 자료로 만든다. | ① | ② | ③ | ④ | ⑤ | |
| 20. 나는 타문화에 대한 이해와 수용을 통해 전통 혹은 기존 문화를 새롭게 변화시켜 나갈 방안을 만든다. | ① | ② | ③ | ④ | ⑤ | |

창의융합역량 집계표(점수:　　/ 100점)

문항	하위역량	점수	설명
1~4	창의적 능력		새롭고 다양한 아이디어를 만들어 내고 창의적 대안을 구안해 낼 수 있는 인지적 능력
5~8	창의적 성격		창의적 능력이 산출물을 만들어 내면서 최종적인 성취를 얻을 수 있도록 하는 개인의 정의적 특성
9~12	창의적 리더십		적극적인 자기관리를 통해 사회에 적응하고, 타인을 존중하며, 공동체 협력을 통해 다양한 자원을 이용하여 창의융합 산출물을 창출해 내도록 독려하는 리더십
12~16	융합적 사고		다양한 분야의 지식과 기술을 이해하고 분석 및 추론하여 적용 및 응용할 수 있는 사고능력
17~20	융합적 가치창출		다양한 분야 간 접근을 통해 새로운 지식과 가치를 창출하는 능력

2. 창의적 문제해결

창의성에 대한 개념을 창의적 문제해결 과정으로 보는 관점이 있다. 창의성을 교육한다는 것은 이러한 창의적 문제해결 방법론을 학습하게 하는 것이라고 생각할 수도 있다. 시대와 사회의 변화 속에서 창의를 바라보는 관점이 달라졌듯이 창의적 문제해결에 접근하는 방식도 달라졌다. 여기에서는 창의적 문제해결에 대한 새로운 패러다임에 대해 생각해 보고, 대표적인 문제해결 방법인 디자인 싱킹(Design Thinking)과 그 적용 사례에 대해 살펴보고자 한다.

1) 창의적 문제해결의 패러다임 변화

창의성이 현실세계에서 가시화되는 방법 중 하나가 창의적 문제해결이다. 그동안 창의성에 대해 범접할 수 없는 영역으로 생각했던 것은 창의적 문제해결을 하는 사람들이 특정한 전문가들이라는 인식이 있었기 때문이다. 기업에서도 새로운 신제품을 개발하거나 특정한 목적을 달성하기 위해서는 우수사원을 중심으로 전략팀(Task Force Team)을 구성하여 진행하며, 일반 직원들을 대상으로 전략팀을 구성하지는 않는다. 이러한 사례는 누구나 창의적 문제해결을 할 수 있는 것은 아니라는 생각에서 기인한 것이라 볼 수 있다. 또한 기업이나 기관에서 구성원들의 노력만으로 해결되지 않는 문제가 있을 때도 외부 전문 컨설턴트들의 도움을 받아 문제를 해결한다. 이 컨설턴트들은 해당 분야에서의 수년간의 경험과 전문 지식을 소유한 사람들로서, 대부분 그들의 경험에 기반하여 문제를 해결하는 경향이 있었다. 얼마 전까지만 해도 어떤 분야의 문제는 그 분야의 지식이나 경험이 많으면 어느 정도의 범위에서 문제를 해결할 수 있었다. 그러나 현대와 같이 복잡한 사회에서 발생하는 문제는 사전지식과 경험의 테두리 안에서 해결할 수 없는 경우가 많아지고 있다. 그동안 발생하지 않았던 새로운 문제는 그 분야의 경험이나 지식보다는 그 문제와 전혀 연결되지 않는 다른 분야에서 해결안을 찾을 수밖에 없게 된 것이다.

그동안은 창의적 문제해결이 전문가의 영역이었는데, 현대에는 그 분야의 전문가가 아닌 다른 분야의 사람들도 창의적 문제해결을 할 수 있음을 보여 주는 많은 사례가 생겨나고 있다. 그 예로, 최근 글로벌 컨설팅 회사들은 특정 기업에서의 근무경력이 없는 사람들을 고용해서 컨설팅 방법을 학습하고 이후 본업에 투입하는 방식을 적용하고 있다. 이렇게 하는 이유는 특정 기업에서의 근무경력이 오히려 고정관념이 되어 창의적 문제를 해결하는 데 방해가 된다는 생각에서다. 일반인도 문제를 창의적으로 해결할 수는 있으나 아무나 그렇게 할 수 있는 것은 아니다. 그렇다면 무엇이 필요할까?

첫째, 문제를 해결하고자 하는 열정과 의지이다. 문제를 창의적으로 해결한다는 것은 어떤 알고리즘에 수를 대입하여 산출하는 것이 아니라 해결방법을 새롭게 찾아 나가야 하는 긴 여정이 될 수 있다. 수업시간에 프로젝트를 진행하는 과정에서 팀원들마다 프로젝트에 임하는 목표는 다를 수 있다. 어떤 학생은 적당한 학점을 받을 수 있는 정도로만 하고 싶을 수 있고, 어떤 학생은 최선을 다한 노력을 해서 멋있는 결과물을 산출하고 싶을 수 있다. 전자는 프로젝트를 진행하는 과정에서 어려움에 부딪히면 현실적인 방법을 찾아 최소한의 마무리만 되는 방식으로 하고 싶을 것이고, 후자는 많은 어려움이 예상되지만 다양한 접근방식을 시도해 볼 가능성이 크다. 이와 같이 어떤 문제를 임하는 자세와 태도가 그 문제를 창의적으로 해결할 수 있는 핵심 열쇠임을 강조하고 싶다. 그 대표적인 사례로 주부들이 가정에서 살림을 하는 데 필요한 물건이나 제품들을 스스로 개발하여 상품화하는 것을 들 수 있다. 그들은 생활하면서 꼭 필요하다고 생각했기 때문에 기존의 그 어떤 제품보다 사용자의 요구에 부합하는 제품을 개발할 수 있는 것이다.

둘째, 인간에 대한 관심이다. 기술이 발전하고 인공지능의 활용이 확대되어 가고 있는 4차 산업혁명시대에 기술이 더욱더 강조되고 있는 것처럼 보이지만, 그러한 기술이 적용되는 대상은 인간 사회이기 때문에 그 어느 때보다도 인간에 대한 관심이 문제해결의 핵심에 있다. 인간중심의 설계라는 용어는 이러한 점을 강조한 것이다. 현대사회에서 기존 제품들은 더 이상 그 기능을 향상시키는 데 한계가 있다. 제품 자체의 기능 분석보다는 그 제품을 사용하는 사람들이 무엇을 원하는지, 무엇을 불편해하는지에 대한 관심이 선행되어야 한다. 그래서 공학도들에게 인문사회학적인 소양이 강조되고 있고, 인문사회학도들에게도 공학적 소양을 갖춰야 한다고 강조하고 있다. 여러분이 창의적인 사람이 되고 싶다면 오늘부터 주변 사람들에 대한 관찰을 시작해 보기 바란다. 그리고 그 관찰결과를 기록하면 평소 보이지 않던 것이 보이고 평소 발견되지 않았던 문제들도 찾게 될 것이다.

셋째, 다양한 경험과 실천력이다. 창의적 문제해결은 사고활동을 기반으로 하고 있다. 사고활동은 사고하는 자원 또는 재료가 있어야 한다. 우리가 활용할 수 있는 자원은 우리가 소유하고 있는 지식과 경험 또는 우리가 수집할 수 있는 외부자료들이다. 그렇기 때문에 경험이 많을수록 사고의 폭이 넓은 것은 사실이고, 정보검색능력이 우수할수록 우리에게 필요한 자료들을 효율적으로 수집할 수 있다. 따라서 최대한 목적 있는 직·간접적 경험을 많이 해야 한다. 그리고 사고한 것을 그 상황에 맞게 실천해 보는 것이다. 생각만으로는 우리의 생각이 적합한지 알 수 없다. 그것을 실현해 봐야 알 수 있다. 따라서 최대한 빨리 실천해 보고, 만약 의도대로 되지 않는다면 수정을 반복하는 것이 보다 좋은 해결안을 찾는 방법이다.

2) 디자인 싱킹

창의적 문제해결의 패러다임을 바꾼 방법론은 '디자인 싱킹(Design Thinking)'이라고 할 수 있다. 누구나 어떤 문제를 발견하고 해결하고자 하는 의지가 있는 사람이라면 디자인 싱킹 방법론을 적용하여 문제를 해결할 수 있다는 것을 많은 사례가 보여 주고 있다.

'디자인(design)'이라 하면 시각적으로 예쁘게 하는 것이라고 생각할 가능성이 크지만, 사전적 의미로는 '설계하다, 만들다' 등의 뜻이 있다. 노벨 경제학상을 받은 허버트 사이먼(Simon, H.)은 디자인을 기존의 상태에서 좀 더 나은 것으로 변형하는 것으로 정의하였다. 디자인을 잘하기 위해서는 기존의 상태가 어떠한지 살펴봐야 하고, 그것을 기능적으로 또는 미학적으로 더 나은 것으로 변형하는 것이 디자인이라는 것이다. 디자인 싱킹은 사고를 디자인한다는 의미로, 데이비드 켈리(Kelly, D.)는 "사람 중심의 공감을 통해 새롭게 문제점을 발견하고 빠른 실패와 협업을 통해 창의적인 혁신을 촉진하는 마인드셋"으로 정의하였다.

본래 디자인 싱킹은 디자인 분야에서 시작된 혁신 프로세스와 사고 방법이다. 디자인 분야에서 문제를 해결하거나 디자인을 하는 과정을 안내하는 프로세스였는데, 이러한 방법론이 교육, 경영, 공학 등 다른 분야에서 혁신적 문제해결을 안내하는 방법으로 효과적임을 검증받아 널리 알려지게 되었다. 디자인 싱킹의 핵심은 인간을 관찰하고 공감하며 소비자 및 다양한 분야의 전문가들과 협업하여 정의하기 어려운

[그림 11-2] 디자인 싱킹 과정

문제의 본질을 이해하려는 활동을 안내한다. 그리고 문제가 정의되면 확산적 사고와 수렴적 사고의 반복된 통합적 사고로 해결안을 도출하고, 최대한 빨리 프로토타입(prototype)을 만들어서 실패를 반복하여 최선의 방법을 찾는 창의적 문제해결 방법이다.

　디자인 싱킹이 세계적인 관심을 받게 된 몇 가지 대표적인 사례가 있다. 그 첫 번째 사례가 미숙아들을 위한 워머(Infant Warmer)이다. 매년 전 세계적으로 1,340만 명의 미숙아가 태어나고 있으며, 그중 90만 명이 생명을 잃고 있다. 이는 10명 중 1명의 아이가 미숙아이며 매 40초마다 한 명의 아이가 사망하고 있음을 설명해 준다. 우리도 주변에서 또는 언론에서 미숙아들이 태어나고 있음을 알고 있으나 그들이 생명을 잃었다는 이야기는 좀처럼 듣지 못한다. 그 이유는 우리나라의 경우 병원에 인큐베이터가 있어 미숙아들이 필요기간 동안 인큐베이터에서 생활을 하기 때문이다. 매년 개발도상국에서 태어나는 미숙아들은 인큐베이터의 비싼 이용료 때문에 인큐베이터를 이용할 수 없는 사람이 많다. 그래서 오랜 기간 동안 의공학자들은 저렴한 인큐베이터를 개발하기 위해 노력해 왔다. 기존 인큐베이터의 가격은 평균 20,000~30,000달러 정도였는데 의공학자들의 노력에 의해 10% 수준인 2,000달러 정도 가격의 새 인큐베이터가 개발되었으나, 이것 또한 이용하지 못하는 사람이 많은 것이 문제였다.

디자인 싱킹의 메카인 스탠퍼드대학교에서 디자인 싱킹 교과목을 수강한 두 명의 학생은 이 문제에 대해 관심을 가졌고, 무엇이 근본적인 문제인지에 대해 접근하기 시작했다. 인큐베이터의 가격은 왜 비싼 것인지, 인큐베이터의 근본적인 기능은 무엇인지, 미숙아들의 사망률이 높은 이유에 대해 자료도 찾아보고 전문가들도 만나 의견을 물어보는 등 다양한 활동을 수행하였다. 결국 미숙아들은 피하지방이 없어 체내온도를 유지하는 기능이 약화되어 저체온증으로 사망하는 비율이 높다는 것을 알게 되었으며, 체온을 유지시킬 수 있는 방안에 대해 집중적으로 아이디어를 내기 시

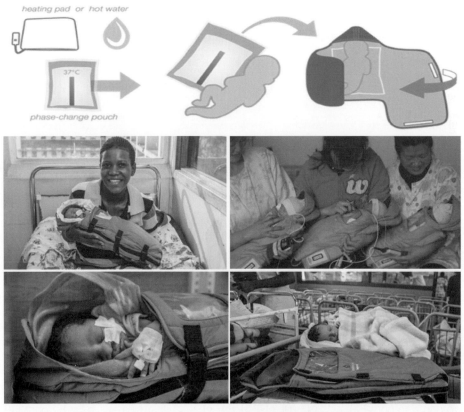

[그림 11-3] Infant Warmer 제품 구성 및 활용 사례

작하였다. 손난로와 같이 일시적으로 열을 내는 물질을 알아내어 결과적으로 유아용 워머(Infant warmer)를 개발하게 되었고, 뜨거운 물에 넣어 끓이면 일정 기간 동안 온도가 유지되는 물질을 개발하여 그것을 워머 안에 넣어 활용하게 된 것이다. 이 워머는 놀랍게도 25달러밖에 되지 않았으며, 기업의 기부로 대량 생산하여 개발도상국에게 배포함으로써 미숙아들의 사망률을 낮추는 데 혁신적으로 기여한 제품으로 평가받고 있다.

　두 번째 대표적인 사례는 MRI Adventure Series이다. MRI를 찍을 때는 장비 안에서 움직이면 안 되기 때문에 어린이와 유아를 대상으로 하는 경우 대부분 마취를 해야 한다. MRI를 찍기 위해서는 커다란 기계 안으로 들어가야 하고 좁은 공간에서 큰 기계가 우리의 몸 주변을 돌며 엄청난 소음이 발생하는데, 2~3분가량 되는 짧은 시간이지만 그동안 움직이지 않고 가만히 있어야 한다. MRI를 찍어 본 경험이 있는 사람이라면 잘 알겠지만, 공포 또는 무서움의 감정이 느껴지는 상황이라 어린아이의 경우에는 이러한 느낌을 견딜 수 없기에 마취를 하게 되는데, 유아와 어린이가 MRI를 찍기 위해서는 마취과 의사의 업무 스케줄에 따라 상당 시간을 대기해야 하는 문제가 발생한다. 따라서 그동안 병원에서는 마취과 의사 업무의 효율적인 스케줄링을 하는 데 주력해 왔다.

　어느 날 제너럴 일렉트릭(GE)의 MRI 엔지니어인 더그 디츠(Doug Dietz)는 병원에서 MRI를 찍기 위해 기다리는 어린이들 중 찍기 싫어서 우는 어린이들을 보았고, 아이들이 울지 않고 MRI를 촬영할 수 있는 방법은 없을까라는 문제의식을 가지고 해결방안을 강구하였다. 디츠는 산업공학자였음에도 불구하고 기술적 해결에는 한계가 있다고 판단하였고, 에릭 켐퍼(Eric Kemper)와 협력하여 스토리텔링 기반 판타지 MRI를 개발하였다. MRI는 기존의 것과 동일하나 그 활용 방법을 달리한 것이다. 어린이들이 오면 자신이 좋아하는 캐릭터를 선택하여 코스튬(costume)을 입고, 스토리텔링 기법으로 어린이들에게 12분 동안 움직이지 않도록 미션을 제공하여 수행하도록 하는 방법이다. 이 제품으로 병원은 의사소통이 가능한 어린이들의 MRI 촬영을 마취 없이 할 수 있게 되었다.

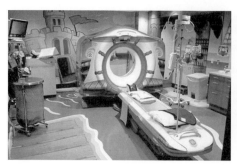

[그림 11-4] GE MRI Adventure Series

  첫째 사례는 의공학자가 아닌 대학원생 두 명의 열정에 의해 혁신적인 해결안을 도출한 사례이고, 둘째 사례는 산업공학자가 인문사회학적인 해결안을 도출한 사례이다. 이러한 사례는 앞서 설명한 바와 같이 전문분야의 지식과 경험에 의한 문제해결이 아니라, 문제를 해결하고자 하는 의지를 가지고 디자인 싱킹 방법론에 따라 다양한 분야의 전문가 또는 자료조사를 통해 실현 가능한 해결안을 도출한 사례로 볼 수 있다. 이는 여러분도 의지를 가지고 다른 분야의 사람과 효율적으로 의사소통을 하거나 협업을 한다면 혁신적인 해결안을 도출할 수 있다는 것을 시사한다.

활동하기 3 **팀프로젝트 수행하기: 대학생활에서 접하는 다양한 문제**

☞ 우리는 행복한 대학생활을 위해 크고 작은 문제들을 해결하면서 생활해야 한다. 디자인 싱킹 방법
으로 동료가 가지고 있는 어려움을 찾고 그것을 해결할 수 있는 방안을 도출한 뒤 해결안을 제공해
주는 활동을 해 보자.

1) 팀마다 다른 팀에서 문제를 해결해 줄 클라이언트 한 명을 선정한다. 신입생 선택을 추천한다.

　예) A팀에서 김민지 학생을 클라이언트로 선정한 경우. 김민지 학생은 B팀에서 디자인 싱킹 방
　　법에 따라 문제를 찾기 위해 수행하는 인터뷰 대상자가 되고 해결안을 제시했을 때 그 평가
　　를 진행하게 된다.

2) 클라이언트에게 질문할 질문지(5개 문항 이상)를 개발한다.

　– 적절하지 않은 질문: 대답하기가 애매하고 모호함

　　예) 대학생활하면서 힘들거나 불편한 점은 무엇인가요?

　– 적절한 질문: 구체적인 상황과 함께 질문함

　　예) 수강신청 시 힘들거나 어려운 점이 있었나요?

　　　자취를 하는지요? 만약 그렇다면 자취생활과 관련하여 힘든 점은 무엇인가요?

3) 클라이언트 대상으로 인터뷰를 진행한다.

　예) B팀의 경우 A팀에 있는 김민지 학생을 대상으로 인터뷰를 진행한다.

4) 문제를 정의한다.

　– WHO는 WHAT 하기를 원한다. 왜냐하면 WHY하기 때문이다.

5) 팀원들과 논의하여 문제를 해결할 수 있는 아이디어 3가지를 도출한다.

6) 클라이언트 대상으로 해결안에 대한 평가 및 피드백을 받는다.

　예) B팀의 경우 A팀에 있는 김민지 학생에게 해결안 3가지에 대해 설명하고 좋은 점과 개선점에
　　대한 피드백을 받는다.

제12장
한국교육의 강점과 위기

학습목표

1. 대한민국의 전통적 교육관의 특징을 이해하고 현대의 교육현상에 대해 설명할 수 있다.

2. 한국교육이 국가ㆍ사회ㆍ개인발전에 기여한 점에 대해 설명할 수 있다.

3. 한국교육의 위기를 인지하고 해결할 과제에 대해서 논의할 수 있다.

한국교육은 강점도 많지만 개선해야 할 부분도 상당하다. 한국교육의 강점과 약점을 논하기 전에 우리의 교육경험을 먼저 공유해 보도록 하자.

활동하기 1 '나의 긍정적인 교육경험 vs. 부정적인 교육경험'에 대한 토의

☞ 지난 초 · 중 · 고등학교 12년간의 교육경험과 현재 대학에서의 교육경험을 되돌아봤을 때, 여러분이 생각하는 가장 긍정적인 교육경험과 부정적인 교육경험에는 어떤 것이 있는지 토의해 보자.

1) 가장 긍정적으로 판단되는 교육경험은 무엇이고, 왜 그렇게 생각하는가?
2) 가장 부정적으로 판단되는 교육경험은 무엇이고, 왜 그렇게 생각하는가?
3) 팀원들과 의견을 공유하시오.

---

1. 한국의 전통적 교육관

1) 전통적 교육관의 특징

한국은 한국전쟁 이후 정치 · 경제 · 사회 전반에 걸쳐 급속도로 발전하였고, 그 발전의 원동력 중 하나가 교육이라는 것은 누구도 반대하기 힘들 것이다. 우리나라는 전통적으로 교육을 중요하게 생각하는 사상을 가지고 있어 온 국민의 교육열이 다른 나라에 비해 높았으며, 그 결과 우리나라의 국가경제발전에 긍정적인 영향을 미쳐 왔다. 그러나 우리나라의 전통적인 교육관은 긍정적인 측면과 함께 폐해도 있었으며, 오늘날 우리가 경험하는 교육현상에 다소 부정적인 영향을 미치고 있는 것도 사실이다. 이와 관련하여 우리나라의 대표적인 전통적 교육관의 특징을 살펴보면, 다음과 같이 세 가지로 설명할 수 있다.

첫째, 숭문주의(崇文主義) 사상이다. 숭문주의는 조선시대에 문(文)을 무(武)보다 더 높게 평가하여 문신(文臣)을 무신(武臣)보다 우대했던 조선시대의 사회적 경향을

의미한다. 조선시대 사회계급은 사농공상제도에 기반하고 있었으며 사(士)인 양반을 우대했던 사회였다. 19세기 말 조선시대의 학문형식은 한문이었고 그 내용은 유교였다. 한문으로 쓰인 유교를 공부하여 과거제도를 통과해야 문신이 될 수 있었던 사회였다. 따라서 사회에서 우대하는 사회계급으로의 진입은 글공부를 통한 입신양명이었다. 즉, 조선시대 교육의 유무는 한문인 글을 배웠느냐의 유무로 구분하였다. 이러한 조선시대의 문무관념이 현대까지도 상당기간 전공 및 직업을 선택하는 데 영향을 미쳤다. 그러나 최근 지능형 기술의 발전은 이러한 전통적인 숭문주의 사상에서 벗어나 그 어느 때보다 과학기술적 학문이 더 존중받는 시대가 도래하였다.

둘째, 학력주의(學歷主義) 사상이다. 학력은 배움의 이력을 의미하는 것으로, 어떤 사람이 고졸인지 또는 대졸인지의 여부를 그 사람의 능력을 평가하는 중요한 잣대로 생각하는 것이다. 일반적으로 학력에 따라 직업의 진입장벽이 다르고 경제적 대우도 다르며, 이는 다른 나라들도 마찬가지이다. 그런데 우리나라는 학력을 중시하는 문화가 대학진학에 대한 강한 요구로 이어지고 있다는 것이 특징이다. 이러한 결과로 우리나라의 대학진학률은 2008년도에 83.8%를 최고점으로 점차 낮아져서 2017년도

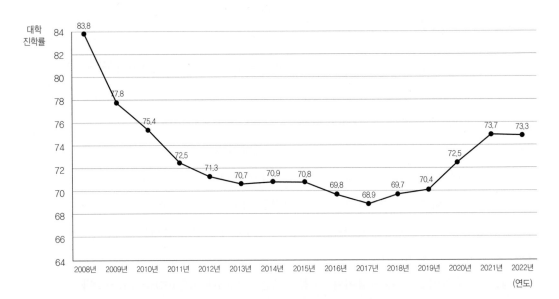

[그림 12-1] 연도별 대학진학률(출처: 통계청)

기준 68.9%에 최저점이었으며 이후 다소 향상되어 2022년도에는 73.3%인 것으로 나타났다.

　셋째, 출세지향주의(出世指向主義) 사상이다. 출세는 '세상에 나간다.'는 뜻으로 학교를 졸업한 후 사회생활을 한다는 의미이나, 실제로는 사회적으로 영향력 있는 높은 자리에 오르거나 금전적인 부를 형성하는 것을 의미한다. 한국의 정서는 관계지향적인 성향을 띠고 있어 남들이 자신을 어떻게 평가하느냐를 매우 중요하게 생각하고, 내가 잘되어야 주변 사람들과의 좋은 관계 형성이 용이하다고 판단한다. 따라서 사람들이 선호하는 직업이나 자리를 차지하기 위해서는 경쟁을 통한 생존이 필수과정이며 체면과 형식을 중요시하는 경향이 많다. 다시 말해, 자신의 적성에 대한 고려 없이 그저 남들에게 높이 평가받으며 부러움의 대상이 되는 직업을 갖고, 그것을 통해 부를 축적하려는 경향이 있다는 것이다.

　이러한 숭문주의, 학력주의, 출세지향주의적인 생각은 오랫동안 우리나라의 교육에 영향을 미쳐 왔다. 한국전쟁 이후 우리나라 전반이 초토화되었을 때 이것을 일으켜 세울 수 있었던 것은 국민의 힘이었다. 우리나라는 사회 전반에 걸쳐 밑바닥 수준에 있는 것을 높이기 위해 개인·사회·국가적 차원에서 교육에 가장 많은 노력과 비용을 투자했으며, 그 결과 오늘날의 대한민국으로 성장·발전할 수 있었다. 사회에 필요한 많은 인재를 단시간에 양성할 수밖에 없었고, 이에 온 국민이 가지고 있는 전통적 교육관의 영향으로 부모 세대는 공부를 못 했어도 자식들은 공부를 더 많이 시키기 위해 온갖 노력을 기울여 왔다. 그러나 이러한 한국의 전통적 교육관은 그동안 개발도상국이었던 한국을 선진국의 대열에 진입하는 데는 효과가 있었으나 시대적 변화에 부합하면서 국민이 행복한 교육을 실현하기 위해서는 다른 교육관이 요구되어야 한다는 비판의 목소리가 커지고 있다.

2) 현대 한국의 교육현상

　우리는 흔히 대학이나 대학원을 졸업한 사람에게 "가방끈이 길다."라는 표현을 쓰는데, 이 표현은 실제 가방끈이 길다는 의미가 아니라 학업을 오랫동안 길게 해 온 사람이라는 것을 나타낸다. 사실 이 표현은 학력이 높은 사람을 존중하는 표현이라기보다 비아냥거리는 표현으로 더 많이 사용되는 말이다. 그러나 이제는 대학을 졸업했느냐보다 대학에서 무엇을 배워서 어떤 능력을 갖추었느냐가 더 중요한 시대가 되었다. 그동안 우리나라는 학력을 중요시하는 경향성 때문에 모든 청소년이 좋은 대학에 가기 위해 자신의 온갖 열정과 노력을 쏟아부어 왔다. 하지만 정작 그렇게 입학하고 싶어 했던 대학에 들어가서는 조기 탈진하여 목표 없는 생활을 하는 대학생이 수없이 많다. 또한 사회는 학생들이 대학 4년 동안 발전할 수 있는 무한한 가능성이 있음에도 불구하고 단지 그 사람의 학력만을 보고 능력을 판단하여 인재를 선발해 왔다. 그러나 고등학교 3학년 때의 인지적 능력수준으로 그 사람의 능력을 판단하는 것은 정확하지 않다는 많은 증거가 산출되어 왔다.

이에 한국사회는 그동안 전통적으로 우리의 사상을 지배해 왔던 학력주의 사상에서 실력과 능력을 중시하는 사회로 전환하기 위해 많은 노력을 기울이고 있다. 인재를 채용함에 있어 학력과 대학의 성적보다는 대학 4년 동안 어떤 경험을 통해 무엇을 배웠는지에 대해 관심을 갖기 시작했고, 블라인드 채용이나 적성검사, 다면평가와 같은 다양한 인재선발시스템을 적용하고 있다.

전통적인 교육관으로 인한 현대교육현상의 두드러진 또 다른 문제로 청소년들의 '인성'을 들 수 있다. 「교육기본법」을 보면, "교육은 홍익인간(弘益人間)의 이념 아래 모든 국민으로 하여금 인격을 도야(陶冶)하고 자주적 생활 능력과 민주 시민으로서 필요한 자질을 갖추게 함으로써 인간다운 삶을 영위하게 하고 민주국가의 발전과 인류공영(人類共榮)의 이상을 실현하는 데에 이바지하게 함을 목적으로 한다."라고 명시되어 있다. 그러나 대부분의 부모를 포함한 교사들은 우리나라의 학력주의 및 출세지향주의 교육관에 따라 자신의 아이를 남들보다 뛰어난 능력을 가진 사람으로 키우기 위해 경쟁에서 이길 수 있는 공부를 하게 하고, 경쟁에서 이겨야지만 성공적인 삶을 보장받을 수 있다는 신념을 주입시켜 왔다. 이러한 결과, 우리나라의 청소년들은 인간의 본성을 균형 있게 계발하지 못하고 한쪽만 계발함에 따라 인간이 보편적으로 가져야 하는 윤리의식이 부족하게 되었다.

　인간의 본성(本性)은 인격(personality)과 성격(character)으로 구성되어 있다. 인격은 인간으로서 보편적으로 가지고 있는 특성으로, 보편도덕과 윤리의식을 말한다. 성격은 개인적으로 특수하게 가지고 있는 특성으로, 개인적 차원에서의 발달과 성숙을 의미한다. 경쟁에서 남을 이기기 위해 인간이 보편적으로 가지고 있는 특성인 인격보다는 개인의 능력을 발달시키는 성격 측면에 중점을 두고 교육을 해 온 것이 사실이다. 그동안 가정 및 학교 교육에서는 인성과 윤리 교육을 소홀히 하고 학생의 능력을 개발하는 데 교육의 초점이 맞춰져 왔다. 이에 따라 국민은 미래사회 대비를 위해 시급히 추진해야 할 교육으로 시민·인성교육을 1순위로 답변하였으며 선생님들도 학생에게 가장 해 주고 싶은 교육으로 인성교육을 제시하였다. 오늘날 인성의 중요성은 초·중·고등학교만의 문제를 넘어 기업에서도 인재를 채용할 때 가장 중요한 요소로 평가하는 항목이라는 것이 많은 연구를 통해서도 보고된 바 있다. 인성교육에 대한 사회 전반의 요구에 따라 최근에는 초·중·고등학교뿐만 아니라 대학에서도 인성교육을 강화하기 위해 노력하고 있다.

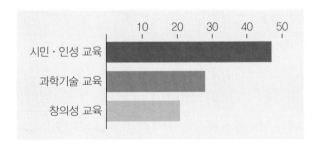

[그림 12-2] 미래사회 대비 시급히 추진해야 할 교육(출처: 교육부 학교교육과정 포럼 운영단)

활동하기 2 **한국교육의 강점**

☞ 한국전쟁으로 나라 전체가 초토화된 한국이 50년 만에 세계 경제순위 10위 안에 드는 강국으로 발전된 원동력에 대하여 대부분 '교육'을 말한다. 우리는 우리나라 교육의 문제점에 대해서는 많은 이야기를 하는 데 반해 우리의 교육이 가지고 있는 장점에 대해서는 소홀히 하고 있는 경향이 있다. 한국교육의 강점이 무엇인지 토의해 보자.

1) 펜실베이니아 주립대학 한류 연구학자 샘 리처드(Sam Richards) 교수가 한국교육문화에 대해 발언하거나 수업한 자료를 찾아본다.
2) 한국교육문화의 어떤 점을 긍정적으로 평가하는가?
3) 여러분이 생각하는 우리 교육의 강점은 무엇인가?

2. 한국교육의 명암

1) 한국교육의 강점

한국경제의 고속성장과 함께 K-POP을 포함한 드라마, 영화, 음식, 스포츠 등의 한국문화의 세계적 확산은 오바마(Barack Obama) 전 대통령을 포함한 세계의 많은 이가 한국교육에도 관심을 갖게 하였고 그 결과 장점이 부각되고 있다. 외부적 시각이 아닌 한국인으로서 우리나라 교육의 강점을 객관적인 관점에서 정리하면 다음과 같다. 첫째, 한국교육은 국가발전에 크게 기여하였다. 그 근거로 2022년 국민 1인당 총생산(GDP)는 약 32,236달러로 1960년 158달러에서 약 200배 이상 증가했다. 같은 기간 세계평균 증가율이 약 24배인 것을 감안했을 때 우리나라의 경제성장은 극명하게 발전하였음을 알 수 있다. 그리고 교육부에서 발간한 「한국의 발전, 교육이 원동력이었다」라는 자료에는 한국의 경제적 성장과 교육정책의 관계를 4단계로 구분하여 설명하고 있다.

1단계(1948~1960년)는 초등교육의 확대와 문해교육을 통해 경제발전의 토대를 구축한 시기이다. 해방 및 한국전쟁 복구기에 해당하는 이 시기는 농업 등 1차 산업이 주된 산업이었으므로 교육은 이러한 산업구조에 노동력을 제공하는 데 기여하였고, 특히 산업사회에 필요한 가치인 신뢰와 근면성 등을 가르치는 데 주력하였다. 이를 위해 초등교육을 의무화하였고 문해교육에 집중하여 1958년 12세 이상의 문해율이 96%에 도달한 바 있다.

2단계(1961~1980년)는 중등교육을 보편화하고 직업교육을 활성화한 단계이다. 정부는 1967년 경제개발 5개년 계획 수립과 함께 과학기술진흥 5개년 계획 등을 수립하여 산업 부문별로 인력이 필요하였는데, 특히 노동 집약적 산업발달에 필요한 기능인력 양성에 대한 요구가 있었다. 이에 중등교육을 보편화하고 직업교육을 활성화하기 위해 실업계 고등학교를 확대하였다.

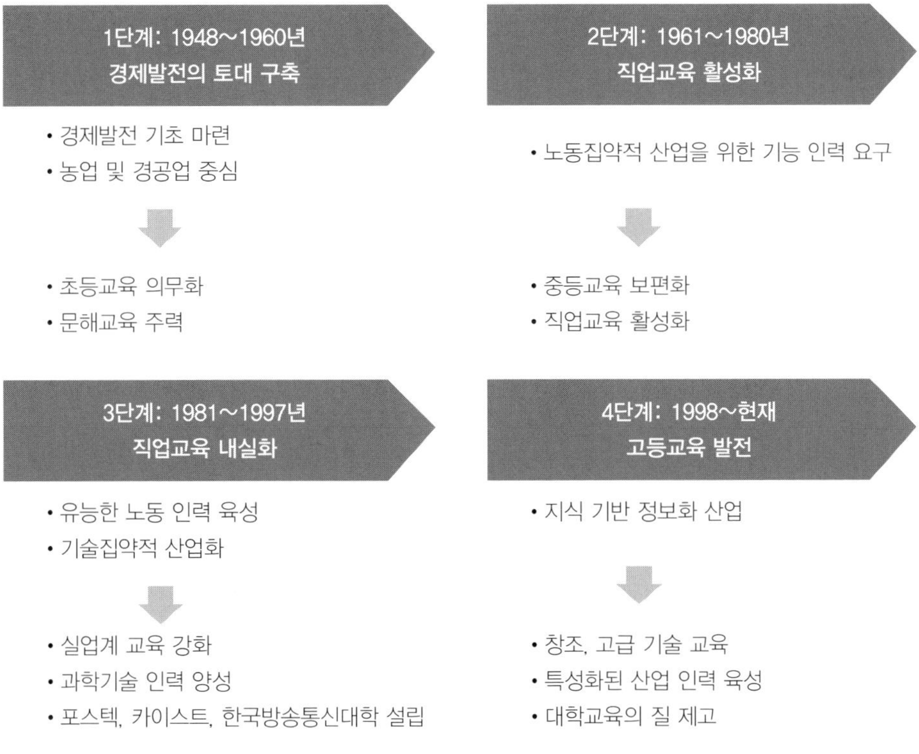

1단계: 1948~1960년
경제발전의 토대 구축

• 경제발전 기초 마련
• 농업 및 경공업 중심

• 초등교육 의무화
• 문해교육 주력

2단계: 1961~1980년
직업교육 활성화

• 노동집약적 산업을 위한 기능 인력 요구

• 중등교육 보편화
• 직업교육 활성화

3단계: 1981~1997년
직업교육 내실화

• 유능한 노동 인력 육성
• 기술집약적 산업화

• 실업계 교육 강화
• 과학기술 인력 양성
• 포스텍, 카이스트, 한국방송통신대학 설립

4단계: 1998~현재
고등교육 발전

• 지식 기반 정보화 산업

• 창조, 고급 기술 교육
• 특성화된 산업 인력 육성
• 대학교육의 질 제고

[그림 12-3] 경제적 성장과 교육정책과의 관계

3단계(1981~1997년)는 직업교육을 내실화하고 고등교육의 기회를 확대한 시기이다. 한국의 산업구조가 노동집약적 경공업 중심에서 자본 집약적 중화학공업으로 발전함에 따라 단순 기능 인력보다 더 숙련된 노동 인력이 필요하게 되었다. 이에 실업계 고등학교 교육을 강화하고 첨단과학기술 분야의 인재를 집중적으로 양성하기 위해 포스텍과 카이스트와 같은 연구중심대학을 설립하였다. 또한 고등교육의 기회를 확대하기 위해 방송통신대학교를 설립하였다.

4단계(1998~현재)는 지식기반 사회에 필요한 지식을 창출할 수 있는 고등교육이 발전한 시기이다. 1990년대 말부터 세계경제의 변화에 따라 지식집약 첨단기술 산업 육성을 위해 창의적 인재양성에 대한 필요성이 증가되었다. 이에 기존의 직업고등학교는 특성화고등학교로 변모하였고, 대학교육도 세계적 수준의 교육시스템을 갖추도록 하기 위해 다양한 평가를 통해 질 관리를 하고 있다.

교육을 통한 국가 발전의 다른 근거로는 시대별 각급 학교 취학률을 볼 수 있다. 국가의 경쟁력은 국민의 교육수준과 밀접한 관련이 있다. 우리나라의 경우 1950년대 초반까지만 해도 초등학교 취학률이 50% 정도였으나, 1970년에 이미 100%를 달성했다. 중·고등학교의 경우도 1990년대 후반에 거의 100%에 도달하였으며, 대학 취학률은 2008년을 정점으로 점차 하락하다가 2018년부터 다소 증가하여 2022년도에

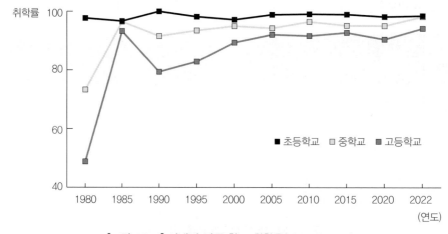

[그림 12-4] 시대별 각급 학교 취학률(자료: 지표누리)

는 73.3%인 것으로 나타났다. 특히 초·중·고등학생의 취학률이 100% 미만인 이유 중 하나는 학력미인정학교인 대안학교 취학과 홈스쿨링의 사례가 증가하고 있기 때문이다. 우리나라 국민의 문맹률은 거의 0%이며, 중학교까지가 의무교육이고 고등학교가 무상교육임에 따라 국민으로서 기본적으로 요구되는 지식, 기술, 태도에 대한 학습은 거의 이루어지고 있다고 볼 수 있다.

둘째, 우리나라 교육의 강점으로 높은 학업성취율을 들 수 있다. 경제협력기구(OECD)는 세계 각국의 의무교육이 종료되는 시점인 만 15세의 학생들을 대상으로 3년마다 국제학업성취도평가(Programme for International Student Assessment: PISA)를 실시한다. 평가과목은 읽기, 수학, 과학이 기본 과목이다. 이 연구의 목적은 사회의 변화에 부합하는 기본소양을 갖추었는지를 평가함으로써 각 나라에서 교육정책을 수립하는 데 기초 자료를 제공하기 위함이다. 이 평가결과는 우리나라의 학업성취도 수준에 대한 국제적 위치를 파악하는 데 도움이 되는데, 최근 평가결과가 다소 떨어지고는 있으나 여전히 우리나라는 모든 교과목 영역에 대하여 약 60여 개의 참여국가 중 최상위 수준임을 확인할 수 있다. 즉, 우리나라 학생들의 학업성취도 수준은 상대

〈표 12-1〉 OECD 주관 PISA 평가 결과 추이

구분			PISA 2000 (43/28)	PISA 2003 (41/30)	PISA 2006 (57/30)	PISA 2009 (75/34)	PISA 2012 (65/34)	PISA 2015 (72/35)	PISA 2018 (79/37)
읽기	평균 점수		525	534	556	539	536	517	514
	순위	OECD	6	2	1	1~2	1~2	3~8	2~7
		전체	7	2	1	2~4	3~5	4~9	6~11
수학	평균 점수		547	542	547	546	554	524	526
	순위	OECD	2	2	1~2	1~2	1	1~4	1~4
		전체	3	3	1~4	3~6	3~5	6~9	5~9
과학	평균 점수		552	538	522	538	538	516	519
	순위	OECD	1	3	5~9	2~4	2~4	5~8	3~5
		전체	1	4	7~13	4~7	5~8	9~14	6~10

적으로 매우 높다는 것을 의미하며, 이는 우리나라 교육의 질적 수준이 높다는 것을 의미한다.

셋째, 높은 학업성취도와 함께 우리나라 교육의 강점으로 낮은 기초학력 미달률을 들 수 있다. 높은 학업성취도는 공교육뿐만 아니라 일면 사교육의 효과라고 볼 수도 있지만, 낮은 기초학력 미달률은 우리나라 공교육의 수준을 증명하는 것이라 볼 수 있다. 기초학력 미달률은 중3 학생과 고2 학생을 대상으로 국가수준 학업성취도평가에서 '기초학력 미달'로 판정받은 학생의 비율을 의미한다. 학년별로 달성해야 할 성취수준을 우수, 보통, 기초학력, 기초학력 미달 등 4단계로 구분하고 학력수준이 미달된 마지막 단계에 속하는 학생을 의미한다. 국어, 수학, 영어 과목에서 목표 성취수준의 20% 이상을 달성하지 못한 경우이다. 1986년부터 매년 국가수준 학업성취도평가를 실시해 왔으나 학교 간 서열화와 경쟁이 과열된다는 비판하에 2017년부터는 전수 조사를 하지 않고 중3과 고2 학생 중 3%만을 대상으로 표집 조사 방식으로 진행한다. 기초학력 미달률은 지난 2011년부터 5% 이하를 유지하다가 2018년도에 6%대까지 올랐고 최근에는 9%로 향상되었다. 그 원인은 국어, 영어 교과목에 비해 수학의 기초학력률이 10%대로 올라가면서 전체 평균이 증가했기 때문이다. 이에 따라 국제적인 수준에서는 낮은 수준이나 이에 대한 원인 분석과 대책 마련이 필요하다는 비판을 받고 있다. 최근 수학능력평가에서 가장 풀기 어렵다는 킬러문항을 없애기 위한

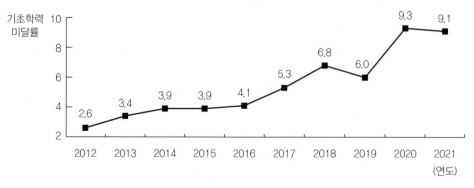

[그림 12-5] 연도별 기초학력 미달률

정책을 통해 수학교육의 방향을 바꾸고 이를 통해 일찍 수학을 포기하는 학생의 수를 줄이고자 하는 노력 등을 강구하고 있다.

넷째, 우리나라 교육의 강점으로 능력에 기반한 선발경쟁 체제 시스템인 대학 입시 제도를 들 수 있다. 온 국민이 교육에서 가장 큰 문제라고 지적하고 있는 대학수학능력시험은 국가 주도의 획일적인 평가방식이라고 볼 수 있으나, 다른 한편으로는 모든 국민이 원하면 누구나 시험이라는 제도를 통해 우수한 인재로 선발될 수 있는 기회를 제공하는 제도이기도 하다. 과거 "개천에서 용 났다."라는 말이 성행했던 시절, 사회적 계층 이동의 가장 강력한 수단이 대학 입시제도였다. 이 때문에 온 국민이 교육을 통해 보다 더 나은 삶을 살기 위해 노력한 것이 전 국민의 교육적 수준을 높이게 된 결과를 산출하였다. 이와 함께 대학 입시제도는 지속적으로 사회에서 요구하는 인재를 양성하기 위한 교육의 질적 제고에 박차를 가하는 역할도 수행하고 있다.

2) 한국교육의 위기

지금까지 한국교육이 국가의 경제성장 및 학생들의 학습성과 측면에서 강점이 있음을 살펴보았다. 하지만 이와 함께 우리나라의 교육에는 전 국민의 높은 교육열과 교육시스템으로 인해 다양한 문제들이 발생하고 있기도 하다.

첫째, 초·중·고 학생들의 사교육에 많은 비용이 투입되고 있으며 부모의 소득수준에 따라 큰 차이가 난다. 매년 학생 1인당 사교육비는 상승하고 있으며 2022년도 통계청이 교육부와 협력하여 전국의 초중고등학생을 대상으로 실시한 '2022년 초·중·고 사교육조사' 결과에 따르면 월평균 전체 41만 원을 사교육비로 사용하고 있으며 초등학생은 37.2만 원, 중학생은 43.8만 원, 고등학생은 46만 원을 사용하고 있는 것으로 확인되었다. 학교급별로 초등학생이 사교육에 참여하는 비율이 85.2%로 가장 높았고, 중학생은 76.2%, 고등학생은 72.5%로 학년이 올라갈수록 사교육 참여비율은 낮아지는 것으로 나타났으나 전체적으로 사교육 참여 비율(78.3%)이 상당히 높은 수준이다. 특히 월평균 가구소득이 높을수록 사교육비 지출이 높았으며 월소득 200만

원 미만인 가구와 월소득 800만 원 이상인 가구 간 사교육비 투자비용에 있어 약 5배가 차이가 난다. 이는 가계소득이 사교육 참여로 이어져 교육 양극화가 심화되는 문제를 야기하고 있다. 이에 최근 교육부에서는 사교육대책팀을 마련하여 다양한 국민의 의견을 수렴하고 사교육비 경감대책을 마련하고 있다. 대표적인 의견으로는 입시경쟁교육 해소와 대학체제 개편, 기초학력 보장을 위한 협력교사 배치, 과도한 선행교육 상품 및 불법적인 신종 사교육 상품 규제 등이 필요하다는 의견이 제안되고 있다.

둘째, 낮은 학업 효율화 지수를 들 수 있다. 전 세계적으로 우리나라 청소년들의 학습시간은 상당히 많다. 한국교육개발원의 조사 결과에 따르면 매일 평균 9시간 정도의 학습을 하고 있는 것으로 나타나고 있는데, 그러한 학습시간에 비례하여 우리나라 청소년들의 수학과목 성취도는 높다. 반면, 미국의 경우는 학습시간이 7시간 30분인 것에 비해 수학성취도 점수가 상당히 낮다. 그러나 핀란드의 경우는 학습시간은 우리나라의 반인 4시간 22분밖에 되지 않음에도 수학성취도 점수가 우리나라와 비슷한 수준임을 확인할 수 있다. 이러한 점에서 학습효율화 지수를 산출한 결과를 살펴보면, 우리나라는 OECD 30개국 중 24위로 매우 낮은 수준임을 확인할 수 있다. 낮은 학

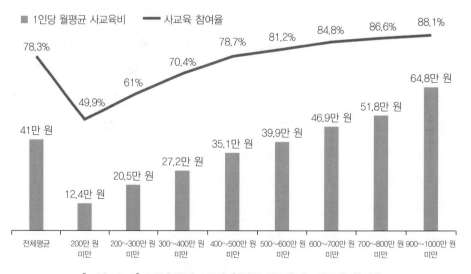

[그림 12-6] 소득수준별 1인당 월평균 사교육비 · 사교육 참여율

습효율화 지수는 집중을 하지 못하고 그냥 책상에 앉아 있는 시간이 많다는 것을 의미한다. 그러므로 학습효율화 지수는 학업성취에만 영향을 미치는 것이 아니라, 청소년들의 삶의 질과 행복 지수와 직결되는 매우 중요한 지표이다.

셋째, 한국 학생들은 인지적인 측면에서의 학업성취도는 높으나 자기효능감과 학습동기수준은 매우 낮다. 교육학적으로 보면, 학습동기가 높거나 해당 학습활동에 대한 자기효능감이 높을 때 결과적으로 학업성취도가 높다. 그러나 한국 학생들의 연구결과는 매우 이례적이다. 국제교육성취도평가협회(IEA)에서 주관하는 수학·과학 성취도 추이변화 국제비교 연구에 참여한 한국은 수학과 과학 교과목의 성취도에서 초등학교와 중학교 모두 2~4위를 차지하는 우수한 성과를 보여 주었다. 하지만 초등학생의 경우에는 참여국 58개국 중 수학에 대한 흥미도는 57위, 과학에 대한 흥미도는 53위였고, 중학생의 경우 39개국 참여국 중 수학에 대한 흥미도는 36위, 과학에 대한 흥미도는 37위로 흥미도는 밑바닥 수준인 것으로 나타났다. 학생 개인의 동기에서 학습을 수행한 것이 아니라 부모나 선생님의 강요 또는 사회적 분위기에 의해 억지로 해야 된다는 생각에서 공부를 했기 때문에 좋은 성적을 받았음에도 불구하고 그 교과목에 대한 흥미는 낮은 것으로 해석된다.

[그림 12-7] 15세 청소년 나라별 하루 평균 학습시간과 수학점수

〈표 12-2〉 학업성취도 국제비교평가 결과[1]

	초등학교 4학년(58개국 참여)		중학교 2학년(39개국 참여)	
	성취도	흥미도	성취도	흥미도
수학	3위	57위	3위	36위
과학	2위	53위	4위	37위

넷째, 학생들의 낮은 사회적 상호작용 능력이다. 사회적 상호작용은 인간이 공동체 속에서 이웃과 조화롭게 살아가기 위해 필요한 능력이다. OECD에서 진행한 DeSeCo 프로젝트에서는 개인이 성공적인 삶을 살고 사회에 잘 적응하기 위해서는 지적 능력, 사회적 상호작용 능력, 자율적 행동 능력의 세 가지 핵심 역량이 필요하다고 보고하였다. 국제비교연구를 통해 한국은 지적 능력에서는 세계 최고 수준, 자율적 행동 능력은 중간 수준, 사회적 상호작용 능력은 최하위 수준인 것으로 나타났다. 한국청소년정책연구원이 중학교 2학년을 대상으로 2009년에 수행한 국제 시민 의식 교육연구에서 한국 청소년의 사회적 상호작용 역량은 36개국 중 35위였으나 2016년 연구에서는 다른 나라에 비해 상승하였다. 그 이유는 역량중심 교육과정 운영, 학생 주도의 학습참여 기회 확대, 학교와 지역사회 연계 확대 등의 노력의 결과로 해석된다. 과도한 경쟁에서 살아남기 위해 다른 사람과의 소통을 줄여 최대한 학습시간을 확보했던 노력이 청소년의 사회적 상호작용 능력 발달을 저해했기에 이러한 문제를 줄이기 위한 국가, 학교, 개인차원에서의 대책마련이 지속되어야 한다.

3) 한국교육의 과제

우리나라의 교육은 분명히 강점이 많지만, 개선해야 할 문제점도 있다. 우리나라는 무엇보다 교육을 최고의 가치로 생각하는 인식이 역사적으로 있었고 현대사회에서도 그렇다. 국가 발전 및 사회문제해결 수단의 첫 번째로 '교육'을 생각하고 실천해

---

1) 2019년 TIMSS(수학, 과학 학업성취도 국제비교평가) 결과: 초등학교 58개국, 중학교 39개국 참여

왔다. 남북이 분단되어 있어 국방비에 상당한 예산을 투자할 수밖에 없는 상황임을 고려할 때 교육에 투자하는 예산비율이 매우 높다는 것은 교육에 대한 높은 관심을 반영한다. 가정에서도 자녀교육에 시간적·경제적으로 상당한 투자를 한다. 가정에 뜻밖의 소득이 생겼을 때, 한국의 부모들은 물건이나 음식으로 소비하기보다는 자녀들의 교육을 위해 대부분 투자하는 경향이 있다. 이와 같이 한국은 교육을 최고의 가치로 인식하는 것이 어쩌면 무엇보다 큰 강점이며, 이것이 한국을 지속적으로 발전시킨 힘이 되어 왔다. 그럼에도 불구하고 이제 우리는 교육에 있어 변화를 가져와야 할 시기에 있다.

세계적인 교육전문가 켄 로빈슨(Ken Robinson)은 학교가 창의력을 죽인다라는 TED 강연을 통해 교육 정책가 및 실천가들에게 변화를 실천할 것을 주장하고 있다. 그는 지금까지의 교육은 산업혁명시대에 적합한 교육이었으며, 현시대에는 학습자의 창의성을 개발할 수 있는 방향으로 바꿔야 한다고 주장하였다.

"우리는 예측 불가능한 시대에 살고 있다. 누구도 5년 이후는 물론 내년의 일도 예견할 수 없다. 따라서 교육은 학습자들이 그들이 살아가는 세상을 이해할 수 있도록 지원해야 한다. 과거에는 삶을 영위하기 위하여 열심히 일했고 정규 졸업장을 취득하면 됐지만, 이제는 이런 것들이 개인의 가치를 증명하지 않는다. 미래는 혁신적이고 창의적이고 독창적인 인재를 원하며, 체계적인 교육을 통해 이들의 역량을 촉진할 수 있다."

한국의 교육은 그동안 전문가들의 지식을 중심으로, 교사가 설명한 내용과 교재를 공부하고 암기하여 시험에서 좋은 성적을 받도록 교육받았다. 이러한 교육은 한국의 전 국민을 일정 수준 이상의 지적 소유자로 양성하는 데 효과가 있었으며, 그 결과 우리나라의 발전에 기여해 왔다. 그러나 향후 미래는 남이 창출한 지식을 암기하고 적용하는 능력을 가진 인재보다 스스로 지식을 창출할 수 있는 인재를 원한다. 이런 사회에서는 공동체의 일원으로서 다른 사람들과 소통하면서 다양한 경험 속에서 새로운 가치를 발견할 수 있는 역량을 개발하는 교육이 요구된다. 이렇게 하기 위해서는 학습자의 흥미, 능력, 동기가 매우 중요하며, 이론학습과 함께 창의·체험 학습과 토의·토론 학습 등이 더욱더 활발하게 이루어져야 한다. 무엇보다도 중요한 것은 남과 경쟁해서 살아남아야 행복한 것이 아니라, 남과 함께했을 때 보다 더 잘할 수 있고 행복할 수 있다는 가치를 한국의 청소년 및 대학생들이 학습할 수 있도록 해야 할 때이다.

활동하기 3   **한국의 교육문화**

☞ 우리는 한국교육의 강점과 약점에 대해서 살펴보았다. 여러분의 경험에 기반하여 시대적 변화에 부합하도록 한국의 문화를 어떻게 개선하면 좋을지 의견을 제시해 보자.

1) 우리나라 공부문화의 장점은 무엇인가?
2) 미래학자 앨빈 토플러(Alvin Toffler)는 한국은 미래 발전 가능성이 높은 나라지만 미래세대를 가르치는 방법을 반드시 바꿔야 한다고 제시한 의견은 한국사회에 큰 영향력을 미치고 있다. 한국교육의 어떤 문제를 지적한 것이라고 생각하는가?
3) 여러분이 판단하기에 한국교육의 가장 큰 문제가 무엇이며 그것을 해결하기 위한 국가차원, 학교차원, 개인차원에서의 개선할 사항은 무엇인가?

제13장
미래사회와 교육

---

1. 미래교육에 영향을 미칠 메가트렌드에 대해 설명할 수 있다.

2. 미래교육에 대한 발전방향을 이해하고 향후 나의 잠재력을 증진시킬 수 있는 학습계획
   을 수립할 수 있다.

1. 미래사회 메가트렌드와 교육

교육은 국가적·개인적 측면에서도 미래사회를 준비하기 위한 목적을 내재하고 있기에 미래사회의 발전 및 변화에 민감할 수밖에 없다. 현재 지능형 디지털 기술의 발전과 인구·사회학적 변화는 미래세계가 지금과는 상당히 달라질 것이 확실하며 변화된 사회에 적응하기 위한 민첩성이 요구되는 시대이다. 미래 경제, 사회, 교육, 개인생활에 깊이 영향을 미칠 메가트렌드로는 인구 및 사회 변화, 기술혁신 및 디지털화, 기후변화와 지속가능성, 경제권력의 변화, 불평등 심화, 사이버 보안 및 데이터 개인정보, 정신건강의 중요성 인식 증가 등이 제시되고 있다. 세계는 고령화에 따른 의료보험, 사회보장제도, 연금제도 등에 큰 영향을 미치고 있는 현상을 해결하기 위해 고군분투하고 있으며 사회가 다양화해져 성별, 인종, 민족성에 대한 보다 포괄적이고 공정한 관행이 이루어질 것으로 예상된다. 관련하여 우리나라의 최근 가장 큰 사회문제도 고령화 사회 및 저출산 현상이 거론되고 있다. 기술혁신 및 디지털화는 일상생활에서도 혁명을 일으키고 있는 수준이며 기후온난화를 포함한 환경문제가 심각하여 지구의 지속가능성을 위한 다각적인 측면에서의 실천이 실행되고 있다. 이와 함께 경제권력이 미국을 포함한 서구에서 중국, 인도와 같이 동쪽과 남쪽으로 이동하고 있다. 디지털 기술의 진보와 발전은 불평등의 심화를 초래할 것으로 예상하고 사이버 보안 및 개인정보 보안의 문제도 함께 해결할 문제로 더 강조되고 있다. 이러한 기술 혁신을 통한 국가사회의 발전 및 변화는 인간의 정신 건강의 중요성을 부각시키고 웰빙에 대한 관심도가 높아지게 하고 있다.

특히 인공지능의 발전은 우리의 미래 사회에 큰 변화를 가져올 것으로 예상된다. 이와 관련하여 가까운 미래에 실현될 것으로 예측되는 몇 가지 기술혁신에 대한 높은 기대감과 함께 우려도 큰 사안들이 있다. 이미 국내 뉴스에서 많이 등장하고 있는 에어택시, 드론택시처럼 모빌리티(mobility)의 실현으로 자동차가 날아다니거나 완전한 자율주행이 실행되면 안전을 보장하는 제도가 함께 마련되어야 한다. 인간향상기술로 수명연장 또는 노화를 막을 수 있는지 더 나아가 인공지능과 뇌를 연결하여 신인류를 탄생시켜 인간의 영원한 꿈이었던 영생하는 것이 가능할지 이를 통해 더 나은 세상을 만들 수 있을지 등의 많은 의문이 생겨나고 있다. 교육과 관련해서도 디지털 교과서와 인공지능 시스템으로 공교육의 질을 혁신하여 불평등을 감소시킬지 아니면 경제수준에 따라 미래 혁신기술의 사용에 차이가 있어 오히려 교육불평등을 야기시킬지 아직 확실한 예측은 불가능한 상황이다.

OECD에서는 3년마다 교육에 영향을 미치는 트렌드에 대한 보고서를 발간하고 있다. 최근 보고서에서 발표한 교육에 영향을 미치는 메가트렌드로 성장(Growth), 생활과 일(Living & working), 지식과 힘(Knowledge and power), 정체성과 소속감(Identify and belonging), 변화하는 본성(Our changing nature) 등 5가지 키워드를 교육과 연결지어 설명하였다. 교육은 경제성장과 밀접한 관련이 있어 개인을 경제활동이 가능한 인재로 성장시킴은 물론 개인의 사회적 이동을 가능하게 하는 역할을 수행하고 있다. 이와 함께 향후에는 지속가능한 생태계 보존 및 글로벌 공동번영을 위해 기여해야 함을 강조하였다. 기술과 사회의 발전은 근로시간을 감소시키고 재택근무를 포함한 근로환경을 변화시켰다. 이에 대한 교육의 역할이 강조되고 있으며 학교에서만의 교육이 아닌 평생학습을 실천할 수 있는 실생활교육의 활성화에 기여해야 한다. 또한 방대한 양의 지식과 데이터의 접근성이 높아진 반면, 거짓뉴스와 불확실한 정보가 난무한 현대사회에 옳고 그름을 판단할 수 있는 분석력과 의사결정력이 개인 및 집단에게 모두 요구되며 이에 대한 교육의 책임이 강조된다. 가상세계의 확장은 새로운 형태의 소속감을 탄생시켰으며 기존 국적, 인종, 성별 등에 대해 인간이 가지고 있는 정체성 외 자신을 설명할 수 있는 새로운 형태의 소속감이 형성되고 있어 올바른 세계관, 가치관 등에 대한 교육도 함께 이루어져야 한다. 그리고 사람이 사람답게 살기 위해서는 사회와 환경에 대한 분석이 근간이 되어야 하므로 사회와 환경이 지속가능한 발전을 이루기 위해서는 인간에게 생각하는 힘을 길러 줘야 하고 이를 위한 교육방법의 변화가 이루어져야 한다.

이러한 메가트렌드 중 디지털 기술의 혁신이 교육정책 수립 및 학교교육에 영향을 미쳐 변화가 이루어지고 있는 특징으로는 실감화, 연결화, 지능화, 융합화를 들 수 있다. 첫째, AR/VR/MR 기술의 발전은 학생에게 몰입형 경험을 제공하고 있다. 학교교육에서 개념교육방법의 주요방법으로는 사진, 동영상 자료와 같은 멀티미디어 자료를 활용하는 경우가 많았으나 이는 학생들에게 시각적인 경험밖에 주지 못하였다. 이에 AR/VR/MR 기술의 발전은 학교교육에서 학생들이 직접 조작하면서 경험을 통해 학습할 수 있는 기회를 제공함으로써 학습 동기 및 성과에 긍정적인 영향을 미칠 수 있다. 이에 관련 실감형 콘텐츠 개발 및 보급에 대한 요구가 높아지고 있다. 둘째, 디지털 기술의 발전은 학생의 성장과 발달을 위해 관련 이해관계자들이 협업할 수 있는 환경을 제공하고 있다. 지금까지도 여전히 학교와 가정과의 연결은 가정통신문이나 학부모 상담을 통해 이루어지는 경우도 있지만 현재 구축하고 있는 공공학습관리시스템을 포함한 인공지능플랫폼은 학생의 학습과정 및 성과를 학교, 교사, 학생, 학부모가 공유하고 함께 지원할 수 있는 환경을 마련해 가고 있다. 셋째, 인공지능 보조교사를 통한 학생 맞춤형 교육을 실현하기 위한 서비스를 제공하고 있다. 현재는 사설학원이나 교육기관 중심으로 제공되고 있는 인공지능 교육서비스, 콴다, 노리, 스픽 등과 같은 인공지능 애플리케이션을 학생들이 가정에서 사용하거나 학교에서 개별 선생님의 선택에 의해 활용되고 있으나 공공학습관리시스템이 마련되면 이러한 민간업체에서 제공하는 인공지능 교육서비스로 학생들에게 제공할 계획에 있다. 넷째, 디지털 기술을 통한 융합교육 실행이 용이해질 전망이다. 예전에는 교과 간 융합이나 주제간 융합교육을 수행하기 위해서는 선생님간 협업도 중요했지만 시간표 조정 등 관련하여 준비해야 할 사항이 많았다. 이러한 문제를 구글클래스룸과 같은 디지털기술 활용 학습플랫폼으로 상당부분 해결이 가능하게 됨에 따라 학교교육에서 강조되고 있는 융합교육의 활성화에 기여하고 있다.

2. 미래교육의 방향

앞에서 다룬 메가트렌드로 인해 급변화하는 사회를 이끌어 갈 미래의 주역에게 요구되는 3대 역량으로 획일적이지 않은 문제인식역량, 다양성의 가치를 조합하는 대안 도출 역량, 기계와의 협력적 소통 역량을 제시하였다. 이러한 역량을 함양하기 위한 미래교육은 어떠한 방향으로 이루어져야 할까? 여기서는 최근 시도되고 있는 교육사례를 기반으로 미래교육의 방향에 대해서 살펴보고자 한다.

1) 협력과 소통기반 학습

미래사회에서 요구하는 인재를 양성하기 위한 대학교육에서는 교과목지식(subject knowledge)보다는 과정지식(process knowledge)이 중요하다. 과정지식이라 함은 특정교과의 개념이나 이론이 아니라 학생이 모르는 분야에 대한 지식이나 기술을 습득할 수 있는 방법에 대한 지식을 의미한다. 최근에는 기초적인 배움의 능력으로 21세기 학습역량인 5C를 제안하고 있다. 현상이나 개념에 대해 비판적인 관점으로 해석하고 판단하는 비판적 사고력(Critical thinking), 기존의 다른 두 개를 연합하여 생각하거나 새로운 아이디어를 창출하는 창의력(Creativity), 자신의 생각을 조리 있게 표현하는 커뮤니케이션(Communication), 동료들과 목적을 효율적으로 달성하기 위해 협력하는 협업능력(Collaboration), 시민으로서 책임감을 가지고 다른 사람들과 더불어 살아가려는 시민의식(Citizenship)을 의미한다. 이 다섯 가지의 능력이 평생에 걸쳐 새로운 것을 스스로 학습하는 데 필요한 역량이라는 것이다.

이러한 사회의 요구와 함께 교육의 주체인 학생들의 요구도 살펴볼 필요가 있다. 대학생들은 대학진학을 선택한 이유로 '취업의 유리한 조건 획득'을 1순위로 선택하였다. 최근 대학졸업생 취업률은 65% 내외에 그쳤으며 많은 대학생이 취업준비를 위해 자유로운 대학생활을 반납하고 있는 실정이다. 한국대학신문이 전국의 대학생을 대상으로 실시한 설문조사 결과를 살펴보면, 대학만족도가 32.3%, 전공만족도는 41.5%로 상당히 낮았고, 대학생이 바라는 개선사항 1위는 '강의 질 향상'인 것으로 드러났다. 이러한 학습자의 요구와 함께 대학교육에 대한 사회의 요구로 많은 대학에서는 21C 학습역량을 함양할 수 있는 다양한 교수학습방법을 적용하고 있다. 이러한 교수학습방법은 학습의 주체가 학습자이며, 학습의 과정에서 발생하는 의사결정에 대한 권한이 학습자에게 주어지는 '학습자 중심의 교수학습방법'이라는 특징을 갖는다. 학습자 간 협력과 소통을 기반으로 하는 학습자 중심의 교수학습방법에는 문제중심학습, 프로젝트기반학습, 플립러닝, 토의 · 토론학습이 있고, 교수학습방법은 아니지만 교과목 유형으로는 캡스톤디자인이 있다.

먼저, 문제중심학습(Problem-based Learning)은 문제를 중심으로 학습이 이루어지도록 안내하는 교수학습방법이다. 일반적인 수업에서는 새로운 개념이나 이론에 대해 학습하고 배운 내용을 확인하기 위해 문제를 해결해 보는 활동을 한다. 그러나 문제중심학습은 문제를 해결하는 데 필요한 지식이나 기술을 사전에 가르쳐 주지 않고 문제를 해결하는 과정에서 학습자들이 자기주도적으로 필요한 지식과 기술을 학습하도록 안내하는 교수학습방법이다. 문제중심학습은 맥매스터대학교(McMaster University)의 배로우(Howard Barrows) 교수가 의학교육의 문제점을 개선하기 위해 개발한 교수학습방법으로서 "학습자들에게 실제적인 문제를 제시하고, 그 문제를 해결하기 위해 학습자들 상호 간에 공동으로 문제를 해결하는 방안을 강구하며, 개별학습과 협동학습을 통해 공통의 해결 방안을 마련하는 일련의 과정에서 학습이 이루어지게 되는 학습방법"이라 정의하였다. 문제중심학습의 특징은 수업이 문제로 시작하고 학습자중심의 학습이 이루어지며, 교수자는 학습자의 학습활동을 조언하고 촉진하는 역할을 수행하는 데 있다. 의학교육에서 시작된 문제중심학습은 학습자들의 문제해결 능력과 협업 능력 향상 등에 효과적이라는 수많은 연구결과에 따라 다양한 전공교육을 포함한 초 · 중등교육과 기업교육에서도 널리 활용되고 있는 교수학습방법이다.

프로젝트 기반 학습(Project-based Learning)은 특정 주제에 대해 문제해결능력을

향상시키는 자기주도적인 학습법을 의미한다. 프로젝트 기반 학습은 학습자 스스로
가 프로젝트 주제에 대해 질문을 생성하고 발전시키며 결과를 예측해 보고 검증하여
결론을 도출하고 과제의 산출물을 만들어 내는 학습형태이다. 문제중심학습과 유사
하게 생각될 수도 있으나 문제중심학습은 문제를 해결하는 데 필요한 지식이나 기술
을 가르쳐 주지 않고 시작하는 반면, 프로젝트 기반 학습의 경우에는 프로젝트 주제
를 해결하는 데 요구되는 핵심 지식이나 기술에 대해 사전에 학습이 진행되었을 가
능성이 높다. 또한 프로젝트 기반 학습은 공학교육에서 시작되었기 때문에 학습결
과로 물리적인 산출물이 있는 것이 특징이다. 예를 들어, 미국의 퍼듀대학교(Purdue
University)는 학생들이 팀을 구성하여 종이로 자전거를 만드는 프로젝트를 진행하고,
어떤 자전거가 안정적이면서 기능을 제대로 수행하는지 평가도 함께 이루어진다. 공
학교육에서 이루어지는 공학 설계활동은 대부분 프로젝트 기반 학습에 해당된다.

플립러닝(Flipped Learning)은 기존의 수업활동과 활동 내용을 뒤집는 '거꾸로 학습'
형태를 의미한다. 강의실에서 이루어지던 강의와 교재 읽기활동을 학습자들이 가정
에서 미리 학습해 오고, 강의실에서는 이미 습득한 지식을 적용하고 활용하는 토론을
하거나 문제해결 또는 프로젝트 등을 수행하는 학습을 의미한다. 미국 콜로라도주의
화학교사인 존 버그먼(John Bergman)과 애론 샘즈(Aaron Sams)가 처음 시도한 교수학
습방법으로, 학습자들의 고등 사고력을 향상시키는 데 적합한 교수학습방법이다. 우
리나라에서는 2014년 3월 KBS 파노라마 거꾸로 교실에 소개되면서 대중에게 알려지
기 시작해 초·중·고등학교 교육현장에 적용되기 시작하였다. 대학에서는 지난 코
로나19 사태로 인해 원격수업을 도입하여 모든 수업을 동영상 수업자료로 산출했던
경험이 포스트코로나 시기에 플립러닝 수업을 확산한 계기가 되었다. 사전학습으로
학습자들은 대부분 가정에서 동영상 강의로 학습을 하고, 교실에서는 다양한 학습자
중심의 활동을 하며, 수업 이후에는 학습내용에 대한 성찰 및 피드백을 제공하는 활
동이 이루어진다.

토의·토론(discussion/debate) 학습은 학습자들의 비판적 사고력을 극대화할 수 있
는 교수학습방법이다. 토의는 어떤 공통의 관심사에 대해 가장 바람직한 해결방안을

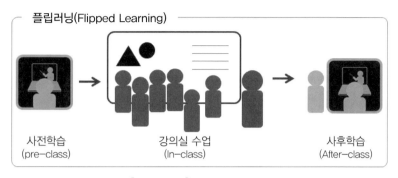

[그림 13-1] 플립러닝의 절차

찾기 위해 여러 사람이 자신의 의견을 제시하고 다른 사람의 의견을 듣는 활동이고, 토론은 하나의 문제에 대해 찬성과 반대의 입장에 있는 사람들이 각자 근거를 들어 자기주장의 정당함과 합리성을 설명하고 다른 입장에 있는 사람을 설득하는 활동이다. 따라서 토의 · 토론 학습은 두 명 이상의 학생이 팀을 이루어 어떤 주제에 대한 의견을 다양하게 논의하거나 찬반입장에서 자기의 의견을 주장하고 설득하는 활동을 하는 것이라고 할 수 있다. 대학교육에서 가장 보편적으로 활용할 수 있는 학습자중심의 교수학습방법으로 널리 적용되고 있다.

한편, 캡스톤디자인(Capstone design)은 학생들이 대학 4년 동안 배운 지식, 기술, 태도를 종합적으로 적용할 수 있는 능력과 실무 능력을 함양하기 위한 목적으로 운영되고 있는 교과목 유형 중 하나이다. 국내 캡스톤디자인 교과목은 공학교육인증제도가 한국에 들어온 1990년대 초부터 공학교육에서 운영해 오다가, 그 교육적 효과가 널리 알려지면서 현재는 전공 계열에 상관없이 모든 전공에서 운영되고 있다. 캡스톤디자인 교과목 운영 실적은 대학공시자료에 공개되고 대학평가지표로도 많이 활용되고 있는데, 이는 캡스톤디자인이 대학교육에서 매우 중요한 교과목으로 평가받고 있다는 증거이다. 캡스톤디자인 교과목의 특징은 비구조화된 실제적 문제를 팀 기반 프로젝트 학습과정으로 운영하고 있다는 점이다. 추후 학생이 전공분야로 취업했을 경우 직업현장에서 부딪힐 수 있는 문제를 졸업 전에 팀원들과 함께 해결해 볼 수 있는 학습기회를 제공함으로써 졸업 후에도 지속적으로 학습을 해야 한다는 동기

[그림 13-2] 캡스톤디자인 교과목에서의 학습활동 특징

를 형성하게 도와주는 수업 유형이다.

2) 교사와 학생의 주도성을 보장하는 맞춤형 교육실현

지능형 기술의 발달로 인해 학생 맞춤형 교육실현에 대한 기대가 커지고 있다. 교수자 한 명이 수십 명을 가르칠 수밖에 없는 학교현장에서 개인 맞춤형 교육은 실현할 수 없는 난제였다. 그러나 최근 지능형 기술의 발달은 교육관련 업무를 하는 사람들뿐만 아니라 일반 사람들조차도 미래 맞춤형 교육의 가능성에 들떠있는 분위기이다. 개념적으로 학교교육에 맞춤형 교육실현은 머지않은 미래에 가능할 것으로 보이나 기술적 가능성에도 불구하고 우리는 해결해야 할 윤리적·교육적 문제가 많다.

학교에서의 교육활동은 온라인이 아닌 교실에서 대부분의 활동이 이루어지는데 개인 맞춤형 교육을 실현하기 위해서는 학습과정에서의 수많은 데이터를 수집해야 한다. 물론 비디오, 오디오, 행동인식 등의 다양한 시스템을 통해 데이터를 수집할 수 있으나 이를 무분별하게 모든 데이터를 수집할 수도 없으며 만약 그런 시스템을 도입한다면 인간이 기계에 의해 감시당하는 환경이 되어 오히려 인간의 자율성과 독립성을 보장하지 못하는 환경에 처하게 될 것이다. 따라서 어느 수준의 맞춤형 수업을 실현하기를 원하고 그것을 실현하기 위해서 반드시 필요한 데이터는 무엇이며 그것을 어떻게 수집할 것인가에 대한 철저한 사전 연구 및 준비가 이루어져야 한다. 모두를 위한 맞춤형 서비스라기보다는 학생의 수준 또는 특성에 따라 그 필요가 다를 수 있다. 평균수준에 맞춰 수업이 이루어지는 학습환경에서는 평균미달의 학생을 교수자가 맞춤형 교육을 하기 어렵기 때문에 인공지능 보조교사의 지원이 더 필요할 수 있다.

이런 맥락에서 인공지능 교육서비스에 대한 교사와 학습자의 요구분석 결과는 향후 맞춤형 교육시스템을 구축하는 데 많은 시사점을 제공하고 있다. 인공지능 교육서비스에 대한 초·중·고등학교 교사 대상 요구분석을 실시한 결과, 교사들은 인공지능 교육서비스의 필요성 및 교육적 효과에 대해 긍정적으로 인식하고 있는 것으로 나타났다. 그러나 그 활용의 구체적인 방법과 관련하여 교사들은 인공지능 서비스를 통해 개별 학습자들의 학습과정에 대한 정보를 제공받기를 기대할 뿐 그들이 수행하고 있는 학습성과를 평가하고 맞춤형 피드백을 제공하는 핵심 교수활동은 본인들이 직접 하기를 원하는 것으로 확인되었다. 다시 말해서 교사의 전문성을 요구하는 교육과정 개발, 교수설계, 학업성취도 판단, 학생 맞춤형 피드백 제공 등의 활동은 인공지능 교육서비스가 대체하기를 희망하지 않는다는 것이다. 평가활동, 학습과정분석, 피드백 산출 등의 자동화에 대한 요구도 있었으나 인공지능이 결정한 것에 대한 최종판단은 교사가 하기를 기대하였다. 교사들은 오히려 학교에서 수업과는 별개로 해야 하는 출석확인, 공문작성, 기자재 관리와 같은 행정업무의 전산화 또는 자동화에 대한 기대가 높았다.

대학생을 대상으로 인공지능 교육서비스에 대한 요구를 조사한 연구에서도 학생들 또한 인공지능 교육서비스가 온라인 학습에서 자기조절학습을 지원하는 긍정적인 측면이 있음을 인정하면서도 학습자 정체성, 주체성, 자율성의 측면에서 고려되어야 하는 학습자의 양면적인 특성이 있음을 강조하였다. 첫째, 학습자의 정체성과 관련하여 맞춤형 수업을 실현하기 위해서는 학습자의 과거 학습이력에 기반하여 인지적 수준, 학습동기, 학습태도 등을 판단하고 그에 부합하는 학습지원을 해야 한다. 이러한 학습자의 특성 규명은 대체로 과거 데이터를 기반으로 하기 때문에 과거 학습성 과가 좋지 않은 경우 낮은 수준에 맞춰진 학습기회만 제공받게 되어 상대적으로 다른 학생들보다는 지속적으로 낮은 학업성취도를 산출할 것에 대한 걱정이 있었다. 따라 서 학습자들의 특성을 과거 데이터에 기반하여 규명하기도 하지만 학습자들은 자신 들의 발전의 가능성도 함께 고려되기를 기대하였다. 따라서 데이터 기반의 학습기회 와 함께 학생들이 자신이 학습할 학습내용의 수준을 선택하여 진행할 수 있는 기회도 함께 제공되어야 한다. 둘째, 학습자 주체성과 관련하여 학습자마다 학습태도가 달 라 학습에 참여하는 수준이 상이하다. 열심히 적극적으로 참여하고자 하는 학습자에 게 너무 많은 서비스를 제공하면 스스로 할 수 있는데 귀찮아할 수 있고 너무 소극적 인 학습자에게 너무 많은 것을 대신해 주면 인공지능에 너무 의존하고 인지적 노력을 하지 않을 가능성이 있다. 따라서 적극적인 학습자에게는 학습자에게 선택권을 많이 주고 소극적인 학습자에게는 학습을 안내하는 방식의 교육서비스를 적절한 수준에 서 제공할 필요가 있다. 마지막으로 학습자 자율성과 관련하여 학교교육에서 학습자 는 완전하게 독립적이고 자율적이지 못한다. 왜냐하면 성적을 교수자가 평가하기 때 문이다. 따라서 맞춤형 교육을 학습자의 특성에게만 맞출 것이 아니라 교과목 학습 목표 또는 교수자의 요구수준에 맞출 필요도 있다.

〈표 13-1〉 자기조절학습을 지원하는 AI 교육서비스 설계 시 유의점

구분	맞춤형 학습지원을 위한 학습자 특성의 양면성
학습자 정체성	학습자의 특성 규명 vs. 학습자의 잠재가능성
학습자 주체성	의존적인/수동적 학습자 vs. 주도적인 학습자
학습자 자율성	학습자의 독립성 vs. 학습자의 의존성

3) 새로운 형태의 학교 출현

사회의 변화에 맞추어 학습자 중심의 교수학습방법을 적용하고 유연한 교육제도 를 도입하는 등 다양한 시도를 하고 있으나 전통적으로 운영되어 왔던 학교시스템을

바꾸는 것은 내부 구성원들 간의 갈등을 해결하면서 진행해야 하기 때문에 사실 쉽지 않다. 이에 최근에는 새로운 형태의 대학들이 출현하고 있는데 그 대표적인 사례로 미국의 미네르바대학교와 한국의 태재대학교가 있다. 미네르바대학교는 IT 출신 기업가에 의해 설립되었으며 IT업계가 추구하는 혁신의 가치와 사회적 요구를 반영한 새로운 형태의 대학으로 설립 이후 학교운영방식이 혁신적이고 졸업생들의 능력이 출중하여 세계적인 관심을 받고 있는 대학이다. 우리나라의 태재대학교는 미네르바대학교의 운영철학 및 방식을 벤치마킹하여 한국화한 혁신대학이라 볼 수 있다.

미네르바대학교는 미국에서 공식 학사 학위로 인증받은 대학이다. 민간 투자를 유치하여 2012년에 설립하고 2014년에 개교한 학교로, 그 역사는 매우 짧으나 학생들의 지원율이 매우 높은 대학이다. 대학의 특성은, 물리적 교실은 없고 4년 동안 수업은 100% 온라인 수업으로만 이루어진다는 점과 100% 기숙사 생활을 한다는 것이다. 기숙사는 전 세계 7개 지역(미국, 독일, 아르헨티나, 인도, 한국, 영국, 이스라엘)에 위치해 있다. 학생들은 학기마다 이동하면서 그 나라의 문화를 체험하고 각 나라의 기업 및 기관과 프로젝트를 함께 진행하기도 하며 각 나라가 가지고 있는 문제를 탐구하고 지역 기반 연구를 수행하기도 한다. 예술과 인문학, 경영학, 컴퓨터과학, 자연과학, 사회과학의 다섯 개의 학부가 있으며 세부 전공은 학생들이 직접 설계할 수도 있다.

미네르바대학교의 특징 중 하나는 협력과 소통 기반의 온라인 학습플랫폼이라는 점이다. 한 강좌당 20명 내외로 구성되고 모든 강좌는 플립러닝 방식으로 운영되므로, 강좌에 참여하기 이전에 모든 학습자는 교재 또는 미리 제공한 학습자료를 가지고 학습을 해야 한다. 실시간 화상 학습플랫폼에서 학습이 시작되면 교수자가 각자 사전학습을 얼마나 해 왔는지 점검하고 문제를 풀거나 토의활동을 진행한다. 참여 학생 중 한 명이 자신의 의견을 이야기하면 다른 학생들은 문자 기반의 채팅에서 피드백을 제공하거나 질문을 할 수 있다. 강좌가 끝날 때마다 교수자가 모든 학습자의 참여도와 학습수행 정도를 평가하고 이를 기반으로 성적을 부여하기 때문에 별도의 시험은 없다. 교수자는 수업 외에 학생들과 온라인 상담을 진행하면서 학습을 진행하는 데 어려움은 없는지, 개인적인 학습도움이 필요한지 등에 대해 정기적으로 점검한다. 이러한 수업방식이 일반대학에 다니는 학생들보다 더 많이 준비하고 공부를 하게 함으로써 졸업시점에 높은 학습성과를 나타내는 것으로 보인다.

미네르바대학교의 혁신 교육과정 및 플랫폼을 벤치마킹한 우리나라의 태재대학교는 2023년 9월 개교하여 첫해 32명의 국내외 신입생을 선발하여 운영 중이다. 미네르바대학교와 유사하게 한국, 일본, 뉴욕, 홍콩, 모스크바에 있는 기숙사에 거주하면서 학습하고 수업은 모두 영어로 온라인 토론 및 프로젝트 학습으로 진행된다. 서울에서 3학기 수업을 마친 뒤 도쿄, 뉴욕, 홍콩, 모스크바에서 1학기씩 체류하고 마지막 학기에 서울에서 대학생활을 마무리하는 방식으로 운영된다. 전공학부는 인문사회학부, 자연과학부, 데이터과학과 인공지능학부, 비즈니스혁신학부로 구성되어 있다.

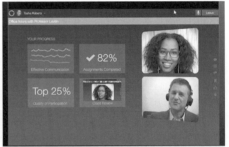

[그림 13-3] 미네르바대학교의 온라인 학습플랫폼

태재대학교에서는 세부 심화된 전공은 대학원에 맡기고 학부에서는 학문에 튼튼한 기초 체력, 생각하는 능력, 비판하는 능력, 상상하고 창조하는 능력을 신장시키기 위해 역량중심의 교육을 실시하는 것으로 계획하였다. 대부분의 대학에 교수학습센터가 있지만 태재대학교의 교수혁신센터는 교수임용 후 한 달 동안 전문성 향상 프로그램을 제공한다는 점, 모든 수업을 녹화하여 교육전문가가 수업자료를 분석하여 학생과 교수자 모두에게 지속적인 피드백을 제공한다는 점이 특징이다.

[그림 13-4] 태재대학교의 Active Learning

활동하기 1　태재대학교의 미래

☞ 우리나라의 태재대학교가 한국의 미네르바대학교라고 평가되면서 많은 언론에서 소개되고 있다. 특히 2023학년도 신입생 중 연세대 재학생 또는 외국 유학생들이 태재대학교에 지원하면서 관심이 더 커졌다. 이제 운영을 시작한 학교이기에 평가를 하기는 어렵겠지만 태재대학교의 어떤 특성이 사람들의 관심을 불러일으켰는지에 대해 생각해 보자.

1) 태재대학교의 어떤 특징이 이 시대에 부합하는 학습경험을 제공하고 있다고 생각하는가?
2) 최근 개설한 태재대학교가 성공적으로 이루어지기 위해서는 어떤 노력이 더 필요한가?
3) 태재대학교 또는 미네르바대학교의 운영방식 중 우리 대학교에 적용했으면 하는 것에는 무엇이 있는가? 그 이유는 무엇인가?

　세계의 관심을 받고 있는 미네르바대학교와 우리나라의 태재대학교는 대학교육의 운영방식을 혁신한 실험적인 학교라고 볼 수 있다. 대학이 추구하는 비전, 인재상, 교

육목표가 시대적 변화에 맞추어 수립되었다는 점, 학생들에게 전통적인 대학에서 제 공하는 데 한계가 있었던 글로벌 프로젝트 학습의 기회를 제공한다는 점, 모든 수업 이 학습자 중심의 수업방식으로 운영된다는 점은 높이 평가할 만하다. 그러나 역사 가 오래되지 않은 이러한 혁신대학의 평가는 응원과 함께 객관적인 시각으로 바라볼 필요가 있다. 단순히 지원율로는 그 대학의 우수성을 섣불리 평가해서는 안 된다는 것을 우리는 경험적으로 잘 알고 있다. 사실 우수한 대학의 학과일수록 경쟁률이 낮 은 경우가 상당히 많은데 왜냐하면 그 정도의 대학을 지원할 수 있는 대상이 얼마나 되느냐에 달려 있기 때문이다. 이와 함께 순수 온라인으로만 진행되는 수업에는 교 육목표의 특성상 적합한 것과 그렇지 않은 것이 있다. 이미 졸업생들이 배출되고 있 는 미네르바대학교도 컴퓨터과학이나 비즈니스 분야의 졸업생들의 성과가 그렇지 않은 전공보다 높은 것만 봐도 알 수 있다.

이와 함께 세계의 관심을 주목받았던 IT 기반의 K-12대상의 알트스쿨의 몰락은 새 로운 교육모델을 구상하는 데 있어 많은 시사점을 제공한다. 구글직원이었던 맥스 벤틸라에 의해 설립된 알트스쿨은 디지털 기술기반 맞춤형 교육을 제공한다는 특징 이 있다. 학생은 학교에 도착하면 태블릿으로 학습주제와 과제리스트를 확인하고 그 중 관심 있는 주제를 교사와 논의하여 결정한 뒤 개인학습이나 그룹학습을 진행한 다. 학업성취도는 시험으로 평가하는 것이 아니라 교사와 학생 간의 피드백을 통해 수시로 이루어진다. 수업장면은 모두 녹화되어 수업 후 교사와 운영자들은 녹화된 영상을 보면서 다음 학습을 설계한다. 수업방식은 학습자 중심의 맞춤형 교육을 실 현하고자 했으나 학교에 대한 학부모들의 신뢰를 얻지 못해 문을 닫는 학교들이 생겨 났다. 그 이유는 인간과의 상호작용이 아닌 디지털 기기와의 상호작용을 통한 학습 은 학생들의 기초학력을 향상시키지 못했고 학습활동으로 수집한 데이터를 활용하 여 개발한 맞춤형 교육 플랫폼으로 수익사업을 진행하면서 학교가 공익보다는 이윤 창출을 위한 기업화가 되어 갔기 때문이다. 전통학교시스템이 가지고 있는 문제점을 개선하기 위해 새로운 교육모델이 제시되고 있지만 교육적 철학과 인재양성에 대한 깊이 있는 고민, 그리고 전문적인 방법이 배제된 기술적인 접근만으로는 초기에 가지고 있었던 목적을 달성하는 데 한계가 있음을 확인할 수 있다. 그럼에도 불구하고 최신의 지능형 기술은 교육환경 및 학습지원적인 측면에서 분명히 효과적으로 활용할 수 있다. 그러나 보다 중요한 것은 인간과의 상호작용을 기본으로 하는 학습과정을 지원하기 위해 지능형 기술을 어떻게 활용할 수 있는가이다.

4) MOOC의 확대: 무료로 우수한 교육을 받을 수 있는 기회 확대

MOOC는 전통적인 교육환경에서는 없었던 IT기술을 통해 온라인 학습플랫폼에서 쌍방향적으로 교육이 이루어지는 수업을 말한다. MOOC(Massive Open Online Course)는 수강인원의 제한 없이 모든 사람이 무료로 수강가능하며 웹기반의 특정 학습목표 달성을 중심으로 구성된 대규모 온라인 공개강좌이다.

MOOC의 특징은 대체로 짧게 분절된 동영상 콘텐츠(약 7분 내외)를 학습한 후, 질의응답, 퀴즈, 토론, 과제 등의 학습활동을 통해 교수자와 학습자 간, 학습자와 학습자 간 양방향 소통이 가능하다는 것이다. MOOC를 운영하는 대표적인 해외 교육플

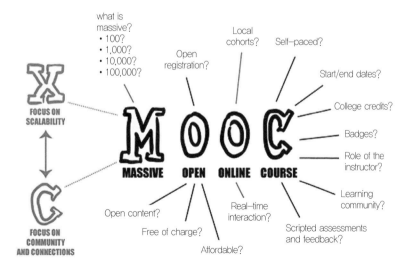

[그림 13-5] MOOC와 관련된 이슈

랫폼으로는 2012년부터 운영하고 있는 미국의 Coursera, 하버드대학교 중심으로 운영이 시작된 edX, 컴퓨터공학 강좌 중심으로 운영되고 있는 Udacity 등이 있다. 국내에서는 2015년부터 K-MOOC를 출범하여 서비스를 시작하고 있다.

초창기 MOOC는 대학에서 이러닝으로 운영할 수 있도록 하기 위해 15주차 동안 운영하고 학점을 부여할 수 있는 강좌나 주제로 한정되었다. MOOC 참여자들이나 개발자들이 컴퓨터공학 전공자들이 많다 보니 IT 관련 강좌들이 주를 이루었으나 최근에는 전 학문영역에 걸쳐 MOOC가 개발 · 운영되고 있다. 강좌 규모도 15주차부터 5주차 이내의 짧은 강좌들도 운영되고 있고, 블렌디드러닝(Blended Learning)이나 플립러닝(Flipped Learning)으로 활용가능한 강좌들도 증가하고 있다. MOOC는 스탠퍼드, 예일, 하버드와 같이 미국의 우수대학 소속 교수들을 중심으로 개발되어 영어권 위주의 강좌가 주를 이루었으나 최근에는 다국어강좌 개발을 통해 전 세계적으로 개발 및 활용이 확대되고 있다.

인터넷이 처음 개발되었을 당시 물리적 캠퍼스를 차지하고 있는 대학의 존재에 대한 의문이 제기되었던 것처럼, 오늘날 MOOC의 출현은 앞으로 캠퍼스 기반의 대학은 소수만 남고 경쟁에서 뒤처진 많은 대학이 사라질 것이라는 주장을 또다시 일으켰다. 그러나 MOOC가 본격적으로 출현한 지 10여 년이 지난 지금, MOOC는 대학의 존폐에는 크게 영향을 미치고 있지는 않고 대학교육을 보완하거나 일반인들을 위한 평생교육의 역할을 충실하게 수행하고 있다. 전 세계의 많은 사람이 정규 대학교육을 받지 않고도 우수한 교육을 받을 수 있는 기회가 생긴 것이고, 대학생들은 학교교육에서 받을 수 없는 또 다른 교육을 받을 수 있는 방법으로서 MOOC를 활용하고 있다.

MOOC강좌로 학습할 수 있는 대표적인 플랫폼으로 edX, Coursera, Udacity, Udemy, K-MOOC에 대해서 소개하고자 한다. edX는 하버드와 MIT가 협력해서 비영리목적으로 2012년에 설립한 MOOC 플랫폼이다. edX는 다양한 전공의 3600개 이상의 강좌가 등록되어 있으며 우리나라에서는 서울대학교가 참여하고 있다. 대부분의 강좌는 무료로 제공되나 수료증을 발급받기 위해서는 일정금액을 지불해야 한다. edX와 협약을 맺은 일부 대학에서는 이수했을 경우 학점으로도 인정받는다. edX는 학습 편의성이 높은 플랫폼을 제공하고 있으며 edX 플랫폼에 대한 오픈소스를 공개하여 다른 나라 또는 타기관에서 MOOC기반 플랫폼 생성을 돕고 있다. 우리나라의 K-MOOC도 Open edX를 활용하여 구축하였다. 대체로 강좌에서 사용하는 언어는 영어 또는 스페인어인데 스크립트를 제공하고 있으며 주제별로 학습이 모듈화되어 있어 학습이 용이하다. 예를 들어, 강의영상보기, 읽기자료 읽기, 강의영상보기, 퀴즈 보기 등과 같이 일련의 학습과정을 따라 학습하면 된다.

Coursera는 스탠퍼드대학교 컴퓨터공학 교수인 앤드류 응(Andrew NG)과 다프네 콜러(Daphne Koller)가 설립한 1세대 MOOC 플랫폼 중 하나이다. 2023년 기준 275개 대학 또는 기업과 협력하여 강좌를 개발·운영하고 있으며, 한국어를 지원한다. 스탠퍼드대학교 등 전 세계의 유명대학들이 참여하고 있고, 구글, IBM 등 글로벌 기업도 협력기관으로 참여하고 있다. 한국의 경우에는 연세대, KAIST, 포항공대가 참여하고 있다. 다수의 강좌는 무료로 수강 가능하지만 수료증을 받기 위해서는 일정금액을 지불해야 한다. 우수한 수업의 경우에는 대부분 유료강좌로 운영되고 7일간 무료로 청강할 수 있는 기회를 제공하고 있다. Coursera는 기본적으로 영리기관으로 단기강좌로 이수하거나 한 달 동안 무제한 수업을 들을 수 있는 플러스 회원은 매월 59달러씩 지불하고 가입할 수 있다.

다음으로 Udacity는 기업의 요구에 기반 한 기업 맞춤형 교육을 제공하는 플랫폼이다. 스탠퍼드대학교의 세바스찬 스런(Sebastian Thrun)교수가 2011년 설립하였다. 지속적으로 학습을 해야 하는 기술의 변화와 발전 속도가 빠른 컴퓨터 과학 분야에 특화된 교육내용을 중심으로 강좌를 구성하여 제공하고 있다. 대부분 강좌는 유료로 운영되고 2015년도에는 특정기업이나 부서에서 필요한 인력을 양성하는 나노디그리(Nanodegree)프로그램을 운영하고 있다. Udacity는 타 MOOC 플랫폼과 같이 학습 편의성이 높고 기술수준(skill level)별로 과정 검색이 가능하다는 장점과 함께 과정 소개 시 기본적인 과정에 대한 소개와 함께 해당강좌 기술과 관련된 기업체와 급여수준을 동시에 제공한다는 특징이 있다.

그리고 Udemy는 대부분 강좌가 유료로 운영되는 상업적 MOOC 플랫폼으로 18만

5,000개 이상의 강좌를 운영하고 있다. 다른 MOOC 플랫폼과는 다르게 강의자가 직접 강의를 제작하여 공유하는 강의거래 플랫폼이며, 강의비용은 교수자가 직접 결정함에 따라 저렴한 가격으로 강의가 제공되고 있다. 쇼핑몰에서 상품을 선택하듯이 강좌를 선택하여 수강하는데 대체로 1차시 맛보기 차시를 제공하고 있으며 다수의 강좌에서 한국어 서비스가 지원되고 있다. 강의 주제는 비즈니스, IT, 소프트웨어, 사무생산성, 자기계발, 디자인, 마케팅 등 다양한 주제를 다루고 있다. 강좌소개 페이지에는 학습목표, 사전요구지식, 수업료, 지원언어, 강의후기평점 등이 제공되고 있다.

마지막으로 K-MOOC(Korean Massive Open On-line Course)는 한국형 온라인 공개강좌로 교육부 산하의 국가평생교육진흥원에서 관리하고 해외와는 다른 목적인 국가평생교육의 일환으로 추진하고 있다. 2023년 11월 기준 198개의 국내대학 또는 기관이 참여하고 있으며 매년 100개 이상의 강좌가 선정되어 추가 개발되고 있다. edX studio를 커스터마이징하였기 때문에 매우 유사한 플랫폼 구조를 가지고 있고 평생교육의 일환으로 일반 국민들의 관심이 높은 강좌 위주로 개발하다 보니 교양수준의 강좌가 대다수이다.

활동하기 2 **MOOC 탐색하기**

☞ 여러분이 현재 관심있는 분야와 관련된 MOOC 수업을 검색해 보고 각 프로그램의 장점에 대해 분석한 뒤 학습계획을 세워 보자.

1) edX, Coursera, Udacity, Udemy, TedEd, K-MOOC에서 찾아보고 프로그램별 장단점을 분석해 보자.
2) 찾아본 프로그램 중 학습해 보고 싶은 것을 선택하고 학습계획을 수립해 보자.

---

5) 교육제도의 다양화

학습을 공식적으로 인정받기 위해서는 교육부에서 승인받은 학교나 그와 유사한 교육기관에서 교육을 이수했을 때에만 가능하였다. 그러나 오늘날에는 대학 졸업 후 학생들이 취업을 하고자 함에 있어서 취업하려는 기업에서 인정하는 교육이 오히려 더 동기를 부여하기도 한다. 이러한 특징을 이용한 곳이 MOOC이고 대부분의 플랫폼에서 기업과 연계하여 맞춤형 자격과정을 제공하고 있다. 예를 들어, Udacity는 기업에서 원하는 맞춤형 인재를 발굴하는 나노디그리(Nano-degree) 프로그램을 운영하고 있다. 나노(Nano)는 학습내용 세분화, 단기화를 의미하며, 디그리(degree)는 인증 받을 수 있는 프로그램이라는 것이다. Udacity는 구글, IBM과 같은 우수 기업과 협력하여 그들이 필요로 하는 능력을 함양시킬 수 있는 단기 교육프로그램을 개발하여 운영하고, 이를 이수했을 경우 이수증을 제공한다.

미국의 나노디그리를 벤치마킹하여 우리나라 많은 대학은 나노디그리제도(단기 교육과정 인증제도)를 도입하여 운영하고 있다. 충남대학교는 2021학년도부터 금융소비자과정, 생활트렌드분석과정, 사회조사데이터분석 전문과정, 인공지능 기본과정, 방위 산업과정, 미생물 기능분석과정, 건강정보 관리과정의 총 7개 과정을 신설하여 운영하고 있다. 이를 시작으로 다양한 대학에서 가상현실, 증강현실, 사물인터넷, 클라우드 등 4차 산업혁명 시대의 미래 유망 분야를 중심으로 나노디그리전공을 운영하고 있다. 나노디그리는 기술발전이 급속도로 이루어지는 분야에서 각 기업의 요구에 부합하는 인재를 양성할 수 있는 제도일 수 있으나 자칫 잘못하면 학생들이 쌓아야 할 스펙이 더 늘어나는 현상이 될 수 있기도 하다.

활동하기 3 **학습계획 수립하기**

☞ 현대사회의 특징과 미래교육의 방향을 생각해 보았을 때, 우리가 비판적 사고력, 창의력, 협업능력, 소통능력, 시민의식을 함양하기 위해서는 어떻게 학습해야 하는가?

1) 여러분은 현재 어떠한 방식으로 학습하고 있는가?
2) 위의 다섯 가지 능력을 함양하기 위해서 여러분은 앞으로 어떤 방식의 학습경험을 갖기 위해서 노력해야 하겠는가?

참고문헌

교육부(2022). 초중등학교 교육과정 총론.

교육부(2023). 교원의 학생 생활지도에 관한 고시 해설서.

교육부, 통계청(2022). 초중고사교육조사 결과.

김성길(2009). 배움의 의미. 서울: 학지사.

김재춘(2012). 교육과정. 경기: 교육과학사.

나일주, 진성희(2008). 인쇄텍스트와 온라인텍스트에 대한 학습자들의 인식 및 태도에 관한 연구. 교육정보미디어연구, 14(2), 213-235.

남궁지영, 김양분, 박경호, 정동철, 박현정, 김유원(2015). KEDI 학생역량 조사 연구: 조사도구 개발 및 타당화. 한국교육개발원.

머니투데이(2021. 5. 6.). 인사담당자가 뽑은 불필요한 스펙 1위 '한자·한국사 자격증'.

문화체육관광부(2021). 2021년 국민 독서실태 조사결과.

박기현, 온정덕, 정제영, 조용상, 김수환(2023). 디지털 교육 트렌드 리포트 2024. 테크빌교육.

박성혁(2015). 이토록 공부가 재미있어지는 순간. 경기: 다산북스.

박은숙(2020). 대학생의 융합역량 증진을 위한 PBL(Project-based learning) 수업 효과 연구. 홀리스틱융합교육연구, 24(1), 31-53.

박인우, 류지헌, 조상용, 손미현, 장재홍(2017). 증강현실과 가상현실 콘텐츠 이해 및 교육적 활용 방안 이슈리포트. 한국교육학술정보원.

베리타스알파(2022. 1. 3.). 최근 10년 사이 '읽기 문해력' 급락… '부모 직업 지위' 따른 학습 격차 '심화'.

서울대학교교육연구소 편(1994). 교육학용어사전. 서울: 하우.

성문주, 김창환, 최성수, 조인영(2021). 교육 불평등과 계층이동성. 국회미래연구원. 연구보고
　　서 21-02호.

송인섭(2006). 현장적용을 위한 자기주도학습. 서울: 학지사.

숭대시보(2018. 10. 8.). 우리나라 학제는 어떻게 정해진 것일까?

신종호(2019). 연구로 본 교육심리학. 서울: 학지사.

에듀동아(2018. 11. 5.). 교사가 학생에게 가장 해주고 싶은 교육 1위 '인성교육', 방법은?

이동섭(2013). 자기주도적학습력 평가도구 개발 및 타당화. 인제대학교 박사학위논문.

이영욱(2023). 우리나라 중산층의 현주소와 정책과제. 한국교육개발원.

이혜영, 황준성, 강대중, 하태욱, 문혜림(2009). 대안학교 운영 실태 분석 연구. 한국교육개발원.

잡코리아. (2020. 12. 16.). 인사담당자가 원하는 "진짜 스펙".

중앙일보(2022. 12. 12.). 고려대 60% 연세대 30%…똑같은 전공도 A+ 비율 달랐다, 왜.

중앙일보(2023. 8. 6.). 고령화 · 디지털화 · 기후변화 · 사이버보안… 글로벌 메가트렌드 알
　　면 진로 결정 도움.

진성희, 김태현(2013). 공대생들을 위한 자기주도학습전략. 인하대학교 공학교육혁신센터.

진성희, 유미나, 김성욱, 임동관(2023). 디지털 기술을 활용한 교사의 교육활동지원에 대한 요구분
　　석. 교육정보미디어연구.

진성희, 유미나, 서경원(2023). 인공지능 기반 맞춤형 교육서비스에 대한학교교육 이해관계자의 인
　　식 및 요구 분석. 교육공학연구.

최진석(2015). 생각하는 힘, 노자인문학. 서울: 위즈덤하우스.

황난솔(2023). 온라인 수업 학습성과 향상을 위한 학습자 역량: 디지털 리터러시와 커뮤니케
　　이션 능력을 중심으로. 서울대학교 대학원 석사학위논문.

Ballantine, J. H. (1988). *The Sociology of Education*. Prentice-Hall.

Baron, N. (2022). *How We Read Now*. 전병근 역(2023). 다시, 어떻게 읽을 것인가: 종이에서
　　스크린, 오디오까지 디지털 전환 시대의 새로운 읽기 전략. 서울: 어크로스.

Ben-Shahar, T. (2007). *Happier: learn the secrets to daily joy and lasting fulfillment*. 노혜
　　숙 역(2007). 해피어. 서울: 위즈덤하우스.

Bloom, B. S. (1984). The 2 sigma problem: The search for methods of group instruction as effective as one-to-one tutoring. *Educational researcher, 13*(6), 4-16.

Boechler, P., Dragon, K., & Wasniewski, E. (2014). Digital literacy concepts and definitions: Implications for educational assessment and practice. *International Journal of Digital Literacy and Digital Competence, 5*(4), 1-18.

Bowles, S., & Gintis, H. (1976). *Schooling in Capitalist America*. Basic.

Candy, P. C. (1991). *Self-direction for lifelong learning: A comprehensive guide to theory and practice*. Jossey-Bass.

Coleman, J. S., Campbell, E., Hobson, C., McPartland, F., Mood, A., & Weinfeld, F. (1966). *Equality of educational opportunity study*. United States Department of Health, Education, and Welfare.

Deci, E. L. (1971). Effects of externally mediated rewards on intrinsic motivation. *Journal of personality and Social Psychology, 18*(1), 105.

Delbanco, A. (2014). *College: What It Was, Is, and Should Be*. 이재희 역(2016). 왜 대학에 가는가: 대학은 우리에게 무엇이었고 무엇이고 무엇이어야 하는가. 경기: 문학동네.

EBS (2015). 왜 우리는 대학에 가는가. 서울: 해냄.

Fowler, J. H., & Christakis, N. A. (2008). Dynamic spread of happiness in a large social network: longitudinal analysis over 20 years in the Framingham Heart Study. *Bmj, 337*, a2338.

Gardener, H. (2000). *The Disciplined Mind*. 류숙희 역(2015). 인간은 어떻게 배우는가? 서울: 사회평론.

Gilster, P., & Glister, P. (1997). *Digital literacy*. Wiley Computer Pub.

Goddard, J. (2001). *The Survivor : 24 Spine-Chilling Adventures on the Edge of Death*. 임경현 역(2008). 존 아저씨의 꿈의 목록: 어린이 스스로 꿈을 기록하고 실천하게 하는 책. 서울: 글담어린이.

Guglielmino, L. M. (1977). *Development of the self-directed learning readiness scale*. Unpublished doctoral dissertation. University of Georgia, USA.

Helliwell, J. F., Layard, R., Sachs, J. D., Aknin, L. B., De Neve, J. E., & Wang, S. (Eds.). (2023). *World Happiness Report 2023* (11th ed.). Sustainable Development Solutions Network.

Illich, I. (2000). *Deschooling Society*. 안희곤 역(2023). 학교 없는 사회. 경기: 사월의 책.

Inkeles, A. (1969). Making Man Modern. *American Journal of Society, 75*(2), 209-225.

Jaspers, K. (1946). *Philosophy of Education*. 이수동 역(1997). 대학의 이념. 서울: 학지사.

Jin, S., Im, K., Yoo, M., Roll, I., & Seo, K. (2023). Supporting students' self-regulated learning in online learning using artificial intelligence applications. *International Journal of Educational Technology in Higher Education 20,* 37.

Keller, J. M. (1979). Motivation and Instructional design: A theoretical perspectives. *Journal of Instructional Development, 2*(4), pp. 26-34.

Keller, J. M. (2009). *Motivational design for learning and performance: The ARCS model approach*. Springer Science & Business Media.

Knowles, M. (1975). *Self-directed learning: A guide for learners and teachers*. Cambridge Books.

Kolb, D. (1984). *Experiential Learning: Experience as the source of learning and development*. Prentice-Hall.

Lyubomirsky, S., Sheldon, K. M., & Schkade, D. (2005). Pursuing happiness: The architecture of sustainable change. *Review of general psychology, 9*(2), 111-131.

Morehead, K., Dunlosky, J., & Rawson, K. A. (2019). How much mightier is the pen than the keyboard for note-taking? A replication and extension of Mueller and Oppenheimer (2014). *Educational Psychology Review, 31*(3), 753-780.

Mueller, P. A., & Oppenheimer, D. M. (2014). The pen is mightier than the keyboard: Advantages of longhand over laptop note taking. *Psychological science, 25*(6), 1159-1168.

OECD (2019). An *OECD Learning Framework 2030* (pp. 23-35).

OECD (2022). *Trends Shaping Education 2022*.

Raghunathan, R. (2016). *If You're So Smart, Why Aren't You Happy?* 문희경 역(2017). 왜 똑똑한 사람들은 행복하지 않을까? 행복에 서툰 당신을 위한 7단계 심리수업. 서울: 더퀘스트.

Rawls, J. (2009). *A theory of justice*. Harvard university press.

Schunk, D. H., Pintrich, P. R., & Meece, J. L. (2008). *Motivation in Education: Theory, Research, and Applications* (3rd ed.). 서울대학교 인지학습연구회, 신종호 공역(2013).

학습동기: 이론, 연구 그리고 지원. 서울: 학지사.

WEF (2020). *Global Social Mobility Index 2020: why economies benefit from fixing inequality.*

Weiner, B. (1979). A theory of motivation for some classroom experience. *Journal of Educational Psychology, 71,* 3-25.

Young, M. (2010). The future of education in a knowledge society: The radical case for a subject based curriculum. *Journal of the Pacific Circle Consortium for Education, 22*(1), 21-32.

참고 사이트

http://koreaneducentreinuk.org/

http://www.eduinnews.co.kr/news/articleView.html?idxno=8430

https://chatgpt.skku.edu/chatgpt/chatGPT_ex_student.do

https://ikokos.co.kr/v7/aus/edu/ausedu.php

https://medicine.yonsei.ac.kr/medicine/about/specific/absolute.do

https://myhomeschool.com/us/

https://premium.chosun.com/site/data/html_dir/2014/10/31/2014103104435.html

https://recruit.taejae.ac.kr/info/introduce

https://www.coursera.org

https://www.edx.org/

https://www.goodnewsnetwork.org/terrifying-terrific-man-redesigns-medical-machine-delightchildren-instead-scare/

https://www.index.go.kr/

https://www.kmooc.kr

https://www.ted.com/talks/dan_pink_the_puzzle_of_motivation

https://www.udacity.com/

https://www.webtools.ncsu.edu/learningstyles/

https://www.who.int/news-room/fact-sheets/detail/preterm-birth

https://www.youtube.com/watch?v=bZT71YPhnL4

찾아보기

내용

저자 소개

진성희(Jin Sunghee)

교육공학자입니다. 서울대학교 교육학과 교육공학 전공으로 박사학위를 취득하였습니다. 현재 한밭대학교 인문교양학부 부교수로 재직 중입니다.

경인교육대학교와 서울교육대학교에서 학사와 석사학위를 취득하여 교육실천가로서의 경력을 바탕으로 학교현장에 도움을 줄 수 있는 학습분석, 인공지능의 교육적 활용에 관한 실천적인 연구(2004년 2월 기준 8편의 SSCI, 3편의 SCIE, 74편의 등재지)를 수행하고 있습니다.

인하대학교 프런티어 학부대학에서의 조교수 경력과 미국 인디애나대학교와 하와이대학교에서의 교환교수 경력이 있습니다.

공학교육혁신과 관련된 연구와 교육으로 공학교육에도 관심이 있으며, 최근에는 인공지능을 활용한 학생 맞춤형 교육을 실현하고자 하는 공교육의 교육혁신에 관심을 갖고 서울시교육정보연구원, 한국교육학술정보원과 협력하여 관련 연구를 수행하고 있습니다.

인간 삶과 교육(2판)
Human Life and Education (2nd ed.)

2020년 2월 20일 1판 1쇄 발행
2021년 3월 25일 1판 3쇄 발행
2024년 3월 20일 2판 1쇄 발행

지은이 • 진성희
펴낸이 • 김진환
펴낸곳 • ㈜ **학지사**
　　　　　04031 서울특별시 마포구 양화로 15길 20 마인드월드빌딩
대표전화 • 02-330-5114　　팩스 • 02-324-2345
등록번호 • 제313-2006-000265호

홈페이지 • http://www.hakjisa.co.kr
인스타그램 • https://www.instagram.com/hakjisabook

ISBN 978-89-997-3063-4 93370

정가 17,000원

│ 출판미디어기업 학지사

간호보건의학출판 **학지사메디컬** www.hakjisamd.co.kr
심리검사연구소 **인싸이트** www.inpsyt.co.kr
학술논문서비스 **뉴논문** www.newnonmun.com
교육연수원 **카운피아** www.counpia.com
대학교재전자책플랫폼 **캠퍼스북** www.campusbook.co.kr